统计学基础

（第3版）

主　编◎罗洪群　王青华
副主编◎田义江

清华大学出版社
北京

内 容 简 介

本书是根据教育部最新教材改革精神编写的一本实用型教材。

本书内容主要包括总论、统计调查、统计数据的整理与展示、总量指标与相对指标、数据分布特征的描述、抽样估计、假设检验、相关与回归分析、动态数列分析和指数分析等。本书语言流畅通俗，注重提高学生的实际动手能力。通过学习本书，读者可以掌握统计学的基本知识和技能，并为进一步学好相关课程打下基础。

本书可作为应用型本科院校经济管理类相关专业的统计学课程教材，也可作为高职高专层次经济管理类各相关专业的统计学教材，还可用作在职人员的职业培训教材和相关职业资格考试的参考用书。

本书封面贴有清华大学出版社防伪标签，无标签者不得销售。
版权所有，侵权必究。举报：010-62782989，beiqinquan@tup.tsinghua.edu.cn。

图书在版编目（CIP）数据

统计学基础 / 罗洪群，王青华主编．—3版．—北京：清华大学出版社，2021.2（2024.12重印）
ISBN 978-7-302-57251-0

Ⅰ．①统… Ⅱ．①罗… ②王… Ⅲ．①统计学 Ⅳ．①C8

中国版本图书馆 CIP 数据核字（2020）第 260555 号

责任编辑：杜春杰
封面设计：刘　超
版式设计：文森时代
责任校对：马军令
责任印制：沈　露

出版发行：清华大学出版社
　　　　网　　址：https://www.tup.com.cn，https://www.wqxuetang.com
　　　　地　　址：北京清华大学学研大厦A座　　邮　　编：100084
　　　　社 总 机：010-83470000　　邮　　购：010-62786544
　　　　投稿与读者服务：010-62776969，c-service@tup.tsinghua.edu.cn
　　　　质量反馈：010-62772015，zhiliang@tup.tsinghua.edu.cn
印 装 者：三河市龙大印装有限公司
经　　销：全国新华书店
开　　本：185mm×260mm　　印　　张：15.5　　字　　数：368千字
版　　次：2008年3月第1版　　2021年4月第3版　　印　　次：2024年12月第4次印刷
定　　价：49.00元

产品编号：089738-01

前 言 | Foreword

决策离不开信息,而信息的收集、整理和分析离不开统计学理论和方法的应用。统计学是一门研究数据、为决策提供科学依据的方法论学科,广泛应用于经济、医学、生物、工程、技术等领域。随着经济发展和社会进步,统计学的重要性日益受到人们的重视。

本书在第2版的基础上修订而成,内容包括总论、统计调查、统计数据的整理与展示、总量指标与相对指标、数据分布特征的描述、抽样估计、假设检验、相关与回归分析、动态数列分析和指数分析等。通过学习本书,读者可以掌握统计学的基本知识和技能,并为进一步学好后续相关课程打下基础。

全书各章均包括学习目标、本章小结、思考与讨论、实训题和案例分析。学习目标简明扼要地对该章的教学内容提出总体要求;本章小结对该章要点进行概括;思考与讨论提出若干问题以加深学生对该章的基本概念和基本理论的理解;实训题主要是一些计算练习题,通过练习,学生可熟练掌握该章的基本统计方法和技能;案例分析是一些较为复杂、综合性的思考或计算分析题,旨在增强学生运用统计知识和技能去分析、解决实际问题的能力。

在编写过程中,本书力求在以下几个方面有所强化和创新。

首先,着重阐述统计思想,注重培养学生的岗位职业能力和综合素质,强调实用性,未做过多的数学推导和证明。

其次,文字表达简洁、通俗、易懂,举例生动实用,并尽可能采用最新的实际统计数据,紧密联系实际。

再次,为了让读者真正能够学以致用,进一步了解统计理论和方法是怎样应用于实践的,本书在每一章中专门增设了案例分析,收集了一些最新的、具有实用价值的典型案例,并附有分析要求和案例分析要点提示。教师可以根据实际情况有选择地在课堂上进行讲解,也可以组织学生进行课堂讨论或作为课后作业让学生思考和练习。

最后,本书主张将统计知识的学习与现代技术的掌握有机结合。统计要对各种数据进行制表、绘图、分组整理和分析及管理等。在信息时代,烦琐的数据处理工作可以通过简单的计算机操作去完成,使统计学的学习与实际应用变得更加轻松和容易。因此,本书在每一章最后一节均结合具体实例介绍了 Excel 在该章的具体应用。在众多的数据处理软件中,之所以选择 Excel,是因为它能够与 Windows 操作系统及 Office 中的其他软件良好结合,而且功能强大、简便易学,是目前实际工作中最为普及的应用软件之一。对各章 Excel 有关内容的教学,可以根据具体情况灵活安排。教师可以在课堂上将统计方法和例题与相应的 Excel 操作结合起来讲解和演示,也可以在讲授了每一章或一个单元的基本理论和方法之后再专门安排上机实践操作。对未学过 Excel 的读者,可以先阅读本书附录 A 学习 Excel 的基本操作。如果没有上机操作的教学条件或要求,建议直接忽略每章最后一节,也不会影响全书统计学内容体系的完整性和逻辑性。

本书可用作应用型本科院校经济管理类相关专业的统计学课程教材，也可用作高职高专层次经济管理类各专业的统计学课程教材，还可作为在职人员的职业培训用书及相关职业资格考试的参考用书。

本书由具有多年统计学教学经验的几所高校教师集体讨论编写而成，由罗洪群、王青华担任主编，田义江担任副主编。具体分工是：罗洪群负责拟定编写大纲及全书稿的修改，并编写第五章、第八章、第九章和第十章的基本理论部分；王青华负责编写第七章、附录A、各章中Excel应用的有关内容、各章案例分析要点提示，并参与全书的修改；田义江负责第一章、第三章、第六章基本理论部分的编写；于翠婷负责第二章基本理论部分的编写；王凤负责第四章基本理论部分的编写。

由于作者水平有限，本书难免存在疏忽与不妥之处，敬请同行专家及广大读者多提意见和建议，以便我们进一步修改和完善。

编 者

2020年3月

目 录 | Contents

第一章 总论 1
  第一节 统计学的研究对象和方法 1
    一、"统计"的含义 1
    二、统计学的研究对象 2
    三、统计研究的基本方法 3
    四、社会经济统计的任务和职能 5
  第二节 统计的基本概念 7
    一、统计总体与总体单位 7
    二、统计标志与标志表现 7
    三、变异与变量 8
    四、统计指标和统计指标体系 9
  第三节 用 Excel 进行统计分析 11
    一、统计函数 11
    二、分析工具 11
    三、图表 12
  本章小结 13
  思考与讨论 13
  实训题 13
  案例分析 13

第二章 统计调查 17
  第一节 统计调查的含义、种类和方法 17
    一、统计调查的含义及其质量要求 17
    二、统计调查的种类 18
    三、统计调查的方法 19
  第二节 统计调查方案的设计 19
    一、确定调查目的 20
    二、确定调查对象与调查单位 20
    三、确定调查项目 20
    四、设计调查表或调查问卷 21
    五、确定调查时间 22
    六、确定调查的组织实施计划 22

第三节 统计调查方式 22
　一、统计报表 22
　二、普查 23
　三、抽样调查 25
　四、重点调查 27
　五、典型调查 28
本章小结 29
思考与讨论 29
实训题 29
案例分析 30

第三章 统计数据的整理与展示 37
第一节 统计数据的整理 37
　一、统计数据整理概述 37
　二、统计分组 38
　三、分配数列 42
第二节 统计数据的展示 46
　一、统计表 46
　二、统计图 48
第三节 统计数据整理中 Excel 的运用 52
　一、利用 Excel 对原始数据进行分组并得到频数分布和直方图 52
　二、利用 Excel 绘制统计图 54
本章小结 55
思考与讨论 55
实训题 56
案例分析 57

第四章 总量指标与相对指标 59
第一节 总量指标 59
　一、总量指标的定义与作用 59
　二、总量指标的种类 60
　三、总量指标的计量单位 61
　四、总量指标的统计要求 62
第二节 相对指标 62
　一、相对指标及其表现形式 63
　二、相对指标的种类及计算方法 64
　三、相对指标计算的应用原则 70

第三节　Excel 在总量指标与相对指标计算中的应用 70
　　　　一、利用 Excel 计算总量指标 70
　　　　二、利用 Excel 计算相对指标 72
　本章小结 72
　思考与讨论 72
　实训题 73
　案例分析 74

第五章　数据分布特征的描述 75
　第一节　总体分布集中趋势的测定 75
　　　　一、测定总体分布集中趋势的指标及其作用 75
　　　　二、数值平均数 76
　　　　三、位置平均数 79
　第二节　总体分布离散程度的测定 82
　　　　一、测定总体分布离散程度的指标及其作用 82
　　　　二、变异指标的计算方法 83
　第三节　Excel 在数据分布特征分析中的应用 85
　　　　一、由未分组数据计算分布特征的有关指标 85
　　　　二、由分组数据计算分布特征的有关指标 88
　本章小结 89
　思考与讨论 89
　实训题 89
　案例分析 91

第六章　抽样估计 93
　第一节　抽样估计概述 93
　　　　一、抽样估计的概念和特点 93
　　　　二、抽样估计的理论基础 94
　　　　三、有关抽样估计的一些基本概念 94
　第二节　抽样误差 97
　　　　一、抽样误差的概念 97
　　　　二、度量抽样误差的指标 97
　第三节　抽样估计的方法 101
　　　　一、点估计 101
　　　　二、区间估计 102
　第四节　样本容量的确定 105
　　　　一、确定样本容量应考虑的因素 105

二、确定样本容量的方法 ... 106
第五节　Excel 在抽样推断中的应用 ... 107
　　一、Excel 在总体平均数区间估计中的运用 ... 107
　　二、Excel 在估计总体成数中的运用 ... 109
本章小结 ... 109
思考与讨论 ... 110
实训题 ... 110
案例分析 ... 111

第七章　假设检验 ... 113

第一节　假设检验的基本原理 ... 113
　　一、问题的提出 ... 113
　　二、假设检验的基本思想和主要特点 ... 113
　　三、假设检验中的两类错误 ... 115
第二节　假设检验的一般步骤 ... 116
　　一、提出原假设和备择假设 ... 116
　　二、选择适当的检验统计量，明确其概率分布 ... 117
　　三、给定显著性水平 α，确定临界值和拒绝域 ... 117
　　四、计算出检验统计量的观测值及其对应的 P 值 ... 118
　　五、做出检验结论 ... 118
第三节　总体均值的检验 ... 119
　　一、总体方差 σ^2 已知时对正态总体均值的检验 ... 119
　　二、总体方差 σ^2 未知时对正态总体均值的检验 ... 120
第四节　总体成数的检验 ... 122
第五节　Excel 在假设检验中的运用 ... 123
本章小结 ... 125
思考与讨论 ... 125
实训题 ... 125
案例分析 ... 126

第八章　相关与回归分析 ... 128

第一节　相关分析的含义与种类 ... 128
　　一、相关关系的概念 ... 128
　　二、相关关系的种类 ... 129
第二节　相关关系的判断与测定 ... 129
　　一、相关关系的判断 ... 129
　　二、相关关系的测定 ... 131

第三节 一元线性回归分析 132
一、回归分析概述 132
二、一元线性回归模型的参数估计 134
三、一元线性回归模型的拟合效果 136
四、一元线性回归模型的显著性检验 140
五、一元线性回归模型的应用 142

第四节 多元线性回归分析 143
一、多元线性回归模型的参数估计 143
二、多元线性回归模型的拟合效果 144
三、多元线性回归模型的显著性检验 146

第五节 Excel 在相关与回归分析中的应用 148
一、利用 Excel 绘制相关图 148
二、利用 Excel 计算简单相关系数 149
三、利用 Excel 进行一元线性回归分析 149
四、利用 Excel 进行多元线性相关分析与回归分析 151

本章小结 153
思考与讨论 153
实训题 153
案例分析 155

第九章 动态数列分析 158

第一节 动态数列的意义和种类 158
一、动态数列的意义 158
二、动态数列的种类 159
三、动态数列的编制原则 160

第二节 现象发展的水平指标分析 161
一、发展水平 161
二、平均发展水平 161
三、增长量与平均增长量 165

第三节 现象发展的速度指标分析 166
一、发展速度 166
二、增长速度 167
三、平均发展速度和平均增长速度 169

第四节 现象变动的趋势与季节变动分析 171
一、动态数列的影响因素分析 171
二、长期趋势的测定 172
三、季节变动的测定 176

第五节　Excel 在动态数列分析中的应用 180
　　一、利用 Excel 的函数功能计算平均发展水平 180
　　二、利用 Excel 计算增长量和速度指标 181
　　三、利用 Excel 计算移动平均序列，绘制移动平均线 182
　　四、利用 Excel 求趋势方程 184
本章小结 186
思考与讨论 186
实训题 186
案例分析 188

第十章　指数分析 190

第一节　指数的意义和种类 190
　　一、指数的意义 190
　　二、指数的种类 191
第二节　总指数的编制方法 192
　　一、综合指数 192
　　二、平均指数 197
第三节　指数体系与因素分析 199
　　一、指数体系 199
　　二、因素分析 200
第四节　几种常见的经济指数 204
　　一、居民消费价格指数 204
　　二、商品零售价格指数 206
　　三、工业生产者出厂价格指数 207
　　四、股票价格指数 208
第五节　Excel 在指数分析中的应用 210
本章小结 212
思考与讨论 212
实训题 213
案例分析 214

附录 A　Excel 的基本操作 217
附录 B　正态分布概率表 224
附录 C　t 分布的临界值表 226
附录 D　各章案例分析要点提示 227
参考文献 238

第一章 总 论

【学习目标】
① 了解统计的含义及其关系。
② 熟悉社会经济统计学的研究对象和统计研究的基本研究方法。
③ 了解统计的任务与职能。
④ 掌握统计学的基本概念,包括统计总体与总体单位、统计标志与标志表现、变异与变量、统计指标与统计指标体系等。
⑤ 了解 Excel 在统计分析中的主要功能及其使用方法。

第一节 统计学的研究对象和方法

一、"统计"的含义

在日常生活中人们经常会接触到"统计"这一术语。"统计"一词由来已久,其英文表示为 Statistics,最早出自拉丁语 Status(状态),是指各种现象的状态和状况。汉语中"统计"原为合计或汇总计算的意思。在东汉时期称"统计"为"通计",在南北朝时期称"统计"为"总计"。至清乾隆十二年(公元 1747 年),开始使用"统计"一词。

现代"统计"一词有三种含义,即统计工作、统计资料和统计学。

统计工作即统计实践活动,是指运用科学的方法,按照预先设计的要求,对社会现象的数量方面进行收集、整理和分析的工作过程的总称。社会经济统计则是指对社会经济现象的数量方面进行收集、整理和分析的工作过程的总称。一个完整的统计工作过程包含统计设计、统计调查、统计资料整理和统计分析等几个阶段。参加统计实践的工作人员称为统计工作者。领导、组织并从事统计工作的部门称为统计机构或统计部门。

统计资料是在统计工作过程中取得的各项反映社会经济现象和过程的数字资料及与之有联系的其他资料的总称。统计资料是统计工作各阶段的成果,既包括统计调查收集的原始资料,也包括经过加工整理、分析研究而形成的综合统计资料,如综合统计报表、统计汇编、统计年鉴、统计公报以及统计分析报告。准确可靠的统计资料是宏观经济决策和微观经济管理中分析、研究社会经济问题不可缺少的重要依据。

统计学也称统计理论,是关于认识客观现象总体数量特征和数量关系的科学。它是从统计实践中概括、提炼、总结出来的系统地论述统计理论和方法的科学。统计学按照研究领域和研究重点的不同可以分为许多分支。其中,研究一般理论和方法的科学称为理论统计学,理论统计学一般可分为描述统计学和推断统计学两大类。而应用统计方法研究各领域客观现象的数量规律性的科学称为应用统计学，如国民经济统计学、人口统计学、卫生统计学、工业统计学、农业统计学等。社会经济统计学则是关于社会经济现象数量方面的收集、整理、分析的原理、原则和方式方法的科学。按其性质，它属于应用统计学。

统计的三种含义之间存在着密切的联系。

统计学与统计工作的关系是理论与实践的关系。一方面，统计工作是形成统计学的基础。统计理论是统计工作经验的总结，只有当统计工作实践发展到一定阶段，才能形成独立的统计科学。统计实践的发展，又不断地丰富并推进着统计科学理论的发展。另一方面，统计工作的发展又需要统计理论的指导，统计科学研究大大促进了统计实践工作水平的提高，统计工作的现代化与统计科学的进步是分不开的。

统计工作和统计资料的关系是统计活动与统计成果的关系。一方面，统计资料的需求支配着统计工作的设计；另一方面，统计工作的质量高低又直接影响统计资料的数量和质量。统计工作的现代化关系向社会提供丰富的资料和信息，以及提高决策可靠性和工作效率的重要问题。

本书作为统计学基础，介绍的是统计学的基本理论和方法，并且侧重于介绍这些理论和方法在社会经济领域中的应用，但实质上大部分知识可以通用于各个领域，如数据分布特征描述、动态数列分析、抽样推断和相关与回归分析等。

二、统计学的研究对象

统计学的研究对象是现象总体的数量特征和数量关系，通过这些数量方面的内容来反映现象变动的规律性。

现象的数量方面所涉及的内容很广泛，如人口数量、劳动力资源、社会财富、自然资源、社会生产和建设、商品的交换与流通、国民收入分配和国家财政收入、金融、信贷、保险事业、城乡人民物资生活水平、政治生活、科学技术进步与发展等。这些都是国民经济和社会发展的总体情况，是现象的基本数量特征和基本数量关系，它们构成了人们对社会的基本认识。在社会主义现代化建设过程中，如果不能准确、及时、全面、系统地掌握这些数量及其变化的信息，就不可能有正确的政策与计划，不可能有效地调节和控制，也不可能加强经济管理和经济研究，从而导致决策上的失误和行动上的失败，更谈不上现代化建设。所以，经济越发展，越需要加强统计；经济越搞活，越需要发挥统计的作用。

研究现象数量方面，具体地说，就是用科学的方法去收集、整理、分析国民经济和社会发展的实际数据，并通过统计所特有的统计指标和指标体系，表明所研究现象的规模、水平、速度、比例和效益等。统计学的研究对象具有以下三个主要特点。

（1）数量性。统计研究的是现象的数量方面，通过对数量的研究来揭示现象的本质和发展规律。现象的数量方面具体是指它的规模、水平、结构、比例关系、速度等。

首先，通过静态的统计数字，反映同一时间现象总体的规模和结构分布情况。如2019年，我国国内生产总值为990 865亿元，其中，第一产业增加值为70 467亿元，占国内生产总值的7.1%；第二产业增加值为386 165亿元，占国内生产总值的39.0%；第三产业增加值为 534 233 亿元，占国内生产总值的 53.9%。再如，我国陆地面积为 960 万平方千米，其中 33% 为山地、26% 为高原、19% 为盆地、12% 为平原、10% 为丘陵。

其次，使用一系列不同时间的数据所构成的时间数列资料，反映同一现象总体在不同时间上的发展速度和变动趋势。如我国普通高等学校本科招生人数 2015 年为 738 万人，2016 年为 749 万人，2017 年为 761 万人，2018 年为 791 人，2019 年为 915 万人，这几年平均每年增长 5.52%，这些数字说明了我国普通高等教育本科招生规模不断扩大的变动趋势。

（2）总体性。统计研究社会现象的数量方面，是从总体的角度来认识现象的数量特征，如研究我国国民经济态势，就要研究我国所有部门、地区或所有经济活动单位组成的总体的发展变化情况；若研究某企业职工的基本情况，就要研究该企业所有职工组成的总体的基本特征，统计研究的是总体综合的数量特征，而不是个别事物的数量。因而，统计具有总体性特点。

要形成对总体数量特征的认识，必然以个体事物量的认识为起点。统计在认识现象时，需要通过对组成其总体的个别事物量的认识来达到对总体的认识。例如，为研究全国人口数量、性别构成、出生率（死亡率）等方面的情况，首先必须对每一个人进行调查研究，收集与研究总体数量相应的资料，汇总整理后才能形成对现象总体量的认识。认识总体的数量特征是目的，而调查研究个体是起点。

（3）具体性。统计学研究的是具体事物的数量方面，即研究社会现象在一定时间、地点、条件下的数量表现，而不是研究抽象的数量，故具有具体性的特点。这是统计学和数学的一个重要区别。数学也是以数量作为研究对象，但它在研究客观世界的空间形式和数量关系时，具有高度的抽象性，可以撇开所研究客体的具体内容。而统计在研究现象的数量方面时，则必须紧密联系被研究现象的具体内容，联系其质的特征。

三、统计研究的基本方法

在调查、整理、分析的各个阶段，统计运用各种专门的方法对社会经济现象进行分析研究。其最基本的研究方法有大量观察法、统计分组法、综合指标法、归纳推断法和统计模型法等。

（一）大量观察法

大量观察法是指统计研究社会经济现象和过程，反映社会经济现象的数量特征，要从总体上进行观察，对总体中的全部单位或足够多的单位进行调查并加以综合研究的方法。统计研究运用大量观察法是由社会经济现象的大量性和复杂性所决定的。大量的、复杂的社会经济现象是在诸多因素的错综作用下形成的，各单位的数量特征有很大差别，不能仅取少数单位或任意抽取个别单位进行观察，必须从总体出发，收集大量调查单位的材料，才能从中认识社会经济现象的规律性。大量观察法是社会经济统计学中的基本观察方法。统计研究以大量观察为基础，首先对大量现象的数量进行调查，继而展开整理和分析。

(二）统计分组法

统计分组法是指根据统计研究的任务和现象本身的性质特点，按照某种标志将总体区分为若干组成部分的一种统计方法。例如，将人口按性别分组，职工按职业分组，学生按成绩分组，企业按经济类型分组，公司按经营收入分组等。

社会经济现象总体是由具有同质性的许多单位组成的群体，但由于总体范围内的单位之间具有一定的差别，因此有必要进行统计分组，以区分社会经济现象的不同类型。统计分组法是统计研究的基本方法之一。

统计分组法是研究社会经济现象总体内部差异的重要方法，通过分组可以研究总体中不同类型的性质。例如，工业企业按所有制不同划分和按轻重工业划分等，都说明了经济类型的不同特点。通过分组可以研究国民经济的生产力布局和产业结构问题。例如，第一产业增加值、第二产业增加值和第三产业增加值占国内生产总值的比重资料能够较为清楚地表明国内生产总值在三个产业之间的分布情况。通过分组还可以研究总体中各变量之间的依存关系，如劳动者的收入和劳动生产率之间的关系、商品销售额与流通费用率之间的关系等。

(三）综合指标法

所谓综合指标，是指综合反映社会经济现象总体数量特征和数量关系的指标。常用的综合指标有总量指标、相对指标、平均指标等。

综合指标法是指运用各种统计综合指标对社会经济现象的数量方面进行综合、概括的分析方法。它是统计分析的基本方法之一。对大量的原始数据进行汇总整理，计算出各种综合指标，可以反映出现象在具体时间、地点、条件下的总体规模、相对水平、平均水平和差异程度，概括地描述总体的综合数量特征及其变动趋势。

综合指标法和统计分组法之间存在着密切的关系。统计分组如果没有相应的统计指标来反映现象的规模水平，就不能揭示现象总体的数量特征；而综合指标如果不进行科学的统计分组，就无法划分事物变化的数量界限，就会掩盖现象的矛盾，成为笼统的指标。所以，在研究社会经济现象的数量关系时，必须科学地进行分组，合理地设置统计指标，指标体系和分组体系应相适应。一般应把统计分组和综合指标结合起来进行应用。

(四）归纳推断法

归纳推断法是指对所获得的大量观察资料，通过观察各单位的特征，归纳推断总体特征的研究方法。一般以一定的置信度要求，采用归纳推理方法，根据样本数据来推断总体数量特征。这是从个别到一般，由具体事实到抽象概括的推理方法。归纳推断法可以用于总体数量特征的估计，也可以用于对总体的某些假设进行检验，在统计研究中有广泛的用途，是现代统计研究的基本方法之一。

(五）统计模型法

统计模型法是根据一定的经济理论和假定条件，用数学方法模拟客观经济现象相互关系的一种研究方法。利用这种方法可以对社会经济现象和过程中表现出来的数量关系进行比较完整和近似的描述，从中将客观现象的其他复杂关系的影响加以抽象和抵消，以便利用数学模型对社会经济现象的变化进行数量上的模拟和预测，如长期趋势分析、相关分析、统计预测等。

统计模型法一般必须包含三个方面的构成因素，即社会经济变量、基本数学关系式和模型参数。在进行实际计算与分析时，一般将总体中一组相互联系的统计指标作为社会经济变量，其中有些变量会被描述为其他变量的函数，可称为因变量，而它们所依存的其他变量则称为自变量。往往要用一个或一组数学方程式来表示现象的基本关系式，该数学方程式可以是直线的，也可以是曲线的；可以是二维的，也可以是多维的。

统计模型法将客观现象存在的总体内部结构或各构成因素之间的相互关系，以一定的数学公式有机地表现出来，提高了统计分析的认识能力，也扩展了统计分析的应用范围，使统计分析方法更丰富，对社会经济现象的分析研究程度也更深入。

四、社会经济统计的任务和职能

（一）社会经济统计的任务

《中华人民共和国统计法》（以下简称《统计法》）根据 1996 年 5 月 15 日第八届全国人民代表大会常务委员会第十九次会议《关于修改〈中华人民共和国统计法〉的决定》修正，2009 年 6 月 27 日第十一届全国人民代表大会常务委员会第九次会议修订，自 2010 年 1 月 1 日起施行。修订后的《统计法》第二条指出："统计的基本任务是对经济社会发展情况进行统计调查、统计分析，提供统计资料和统计咨询意见，实行统计监督。"

社会经济统计的基本任务主要包括两个方面：一方面是以国民经济和社会发展为统计调查的对象，在对其数量方面进行科学的统计分析的基础上，为党政领导制定政策、各部门编制计划、指导经济和社会发展以及进行科学管理提供信息和咨询服务；另一方面则是对国民经济和社会的运行状态、国家政策、计划的执行情况等进行统计监督。

提供统计资料和咨询意见与实行统计监督，即统计信息服务与统计监督是统计基本任务不可分割的两个方面，没有高质量的统计信息服务，就谈不上统计监督；没有统计监督，统计的信息服务就失去了应有的意义。统计信息服务与统计监督是相辅相成的。

统计信息服务与统计监督都必须借助统计资料进行。为此，统计工作的基本原则要求准确、及时、完整地提供统计资料。统计资料必须客观真实地反映情况，只有这样，才能在了解国情国力、指导国民经济和社会发展中起到重要的作用。

（二）社会经济统计的职能

如前所述，对社会经济现象的研究活动也就是对社会经济现象的认识过程。统计要达到认识社会的目的，不仅需要科学的方法，而且需要强有力的组织领导，即必须有健全的统计领导机构。我国的统计领导机构是由国家统计系统来完成的，它自上而下地建立全国的统计信息网络。

随着社会经济的发展，国家管理系统分工的日趋完善，特别是统计信息对于国家经济决策作用的日益增强，国家统计的职能也在不断扩大。现代国家管理系统包括决策、执行、信息、咨询、监督等五大组成部分。统计部门作为国家管理系统的重要组成部分，同时具有信息、咨询和监督三大职能。

1. 信息职能

统计信息职能是指统计部门根据统计方法制度，利用科学的统计指标体系和统计调查方法，灵敏、系统地收集、整理、分析、储存和传递以数量描述为特征的社会经济信息的一种服务职能。

未来社会是信息社会。统计信息是社会经济信息的主体，是监测国民经济和社会运行的一把尺子，是党和政府进行宏观管理、决策的基本依据。党和政府在进行宏观经济决策和调控时，经常遇到这样一些问题：当前的国民经济和社会运行处于什么状态？国民经济和社会运行是否正常？如果不正常，又如何进行调控？宏观调控措施出台之后的效果如何？对上述问题的正确回答与解决，离不开统计所提供的信息服务。

统计信息也是企业转换经营机制不可或缺的重要依据。随着经营机制的转换和市场体系的发育与完善，企业生产经营活动主要取决于市场需求，及时、准确地掌握市场需求信息、了解市场的走向与变化态势、科学地组织生产经营活动显得尤为重要。然而，由于市场的广阔与千变万化，仅靠企业自身的力量是难以把握与驾驭的。而统计部门则具有不可替代的优势，它能广泛地收集商品、资金、劳动、技术等众多有用信息，为企业经营决策提供优质的信息服务。

2. 咨询职能

统计咨询职能是统计部门利用已掌握的丰富的统计信息资源，运用科学的分析方法和先进的技术手段，深入开展综合分析和专题研究，为科学决策和管理提供各种可供选择的咨询建议和对策方案的一种服务职能。

当前，各级统计部门参与党政领导决策，定期向人民代表大会汇报经济形势，参与制定国民经济和社会发展规划，已成为国家重要的咨询机构之一。

3. 监督职能

统计监督职能是根据统计调查和分析，及时、准确地从总体上反映经济、社会的运行状况，并对其实行全面和系统的定量检查、监测和预警，为促进国民经济按照客观规律的要求持续、快速、健康发展提供统计支持的一项服务职能。

统计监督是更高层次上的一种社会服务，它服务于党的基本路线和社会主义建设事业的总方针，并起到保证国民经济和社会发展不偏离正常轨道的监督作用。

统计的三种职能是相辅相成的。统计信息职能是保证统计咨询职能和统计监督职能有效发挥作用的基础和前提条件。统计咨询职能是统计信息职能的延续和深化。而统计监督职能则是在统计信息职能、统计咨询职能基础上进一步拓展，并促使统计信息职能和咨询职能优化的保障。

统计只有发挥了信息、咨询和监督三者的整体功能，才能为党政各级领导机构决策和执行系统提供优质的服务，为企事业单位进行管理提供优质的服务，为科研机构进行理论研究提供优质的服务，为广大人民群众了解社会经济情况、参与社会政治活动提供优质的服务，为各国人民相互了解、发展国际交流与合作提供优质的服务。因此，必须建立和健全统计组织，建立适合我国国情的统计系统，加强统计工作领导，把国家统计部门建设成为国家重要的咨询机构和监督机构，实现信息化和信息社会共享的目标。

第二节 统计的基本概念

一、统计总体与总体单位

统计总体简称总体,是指根据一定的目的要求所确定的研究对象的全体。它是由客观存在的、在某一共同性质的基础上集合起来的许多个别事物的整体。总体单位是构成统计总体的基本单位。例如,要研究全国钢铁企业的生产经营情况,则全国所有的钢铁企业就是总体,每个钢铁企业就是总体单位。

各总体单位在某一点上的同质性(共同性)是形成统计总体的必要条件,同时也是总体的一个重要特征。例如,上例中每一个钢铁企业之间是存在诸多不同点的,但是它们都是"我国的钢铁企业",在这一点上是相同的,即具有相同性质。但总体的同质性不要求总体单位在各个方面都具有共同性,而只是当统计研究目的确定后,总体所构成的各总体单位在某一点上或某些方面应具有共同性。如上例,研究钢铁企业的发展,只要是钢铁企业就应该包括在该总体内,而不考虑它是国有的还是个体的。但研究目的是研究个体经济的发展时,则只要是个体经济就应该包含在该总体之中,并不考虑其行业的归属。

一个统计总体所包含的总体单位的数量有时是无法计量的,如宇宙中星球的个数,这样的总体称为无限总体;有时是可以计量的,如一个国家或地区的人口总数,称为有限总体。社会经济现象一般都是有限总体。统计总体是否有限,对统计调查方法的确定十分重要,显然对无限总体就不能采用全面调查方法,而对有限总体则既可以用全面调查方法,也可以用非全面调查方法。当然,即使是有限总体也应该根据现实需要和可能来确定统计调查方法,只要是调查单位足够多就符合大量性的要求了。

由于统计研究的目的和任务不同,构成统计总体的总体单位也不尽相同。总体单位可以是人,如一名职工;可以是物,如一台设备;也可以是企事业单位,如一个公司;还可是事件、状况、长度、时间等。

统计总体和总体单位的确定是由统计研究的目的和任务决定的。因此,总体和总体单位不是一成不变的,当统计研究的目的和任务发生变化时,统计总体和总体单位必将随之发生变化,甚至可能会出现两者的换位。

二、统计标志与标志表现

统计标志简称标志,是说明总体单位属性或特征的名称,如学生的身高、体重、性别,企业的收入、规模、经济性质等。每个总体单位从不同角度去观察,都具有许多特征,如将职工作为总体单位,他们都具有性别、文化程度、民族、职业、年龄、工龄、工资收入等特征。将企业作为总体单位,都具有所属行业、职工人数、占地面积、生产能力、经营收入、上缴税金、成本、利润等特征。由此可见,所谓总体单位的特征是就广义而言的。但它都是从某一方面说明总体单位的性质。总体单位是标志的载体。统计研究往往从登记标志开始，进而反映总体的数量特征，因而标志成为统计研究的起点。所以，总体单位的标志是一个重要的概念，统计就是通过对各个总体单位的标志值的汇总综合得出所要研究的社会经济现象总体的综合数量特征。

标志表现是标志所反映的总体单位质或量的特征的具体体现，如某学生的某门课程考试成绩为 80 分，某单位的经济性质是股份制企业等。任何一项统计工作，首先要掌握的是现象总体的各个总体单位在特定的时间、地点、条件下实际发生的情况。因此，标志的具体表现便是统计最为关心的问题。如果标志就是统计所要调查的项目，那么标志表现则是调查所得的结果。

标志按其性质不同可分为品质标志和数量标志。品质标志是说明总体单位属性特征的名称，一般用文字表现，如人的性别、民族、文化程度，企业的经济类型、行业、地址等。数量标志是说明总体单位数量特征的名称，一般用数值表现，如人的年龄、学生的学习成绩、企业的利润和产量等。数量标志的标志表现称为标志值，如某人的年龄为 25 岁、某企业的利润为 800 万元等。

标志按其标志表现有无差异可分为不变标志和可变标志。不变标志是指总体中各单位在某个标志的具体表现上都相同。例如，调查某一个工业企业的职工情况时，该企业所有职工是总体，其每一名职工是总体单位，每一名职工的"工作单位"就是不变标志。不变标志体现了总体的同质性，同时也确定了总体的空间范围。可变标志是指总体中各单位在某一标志的具体表现上不尽相同。例如，学生的学习成绩、企业的利润等。可变标志的存在是统计研究的前提条件。只有不变标志而缺乏可变标志的总体是没有必要进行统计研究的。

三、变异与变量

变异是指可变标志具体表现在各总体单位之间所存在的差异。例如，研究我国的人口状况，则全国的全部人口构成了一个统计总体，其中每一个人则为总体单位，不同人的年龄、民族、身高、体重、文化程度、性格、爱好等方面均存在着差异，这种差异即是可变标志的具体表现上的差异，称为变异。再如，研究我国企业的生产经营情况，则全部企业就是一个统计总体，每一个企业就是总体单位，企业之间在利润、经营收入、上缴税金、占地面积、生产经营能力、职工人数、工资总额等方面也同样存在着不同，这种不同是可变标志的具体表现上存在差异，这也是变异。变异的存在是统计研究的前提条件，没有变异就没有统计。

在数量标志中，不变的数量标志称为常量或参数；可变的数量标志称为变量。变量的具体表现称为变量值。变量按其变量值是否连续可分为离散型变量和连续型变量。离散型变量是指可以按一定顺序一一列举其整数变量值，且两个相邻整数变量值之间不可能存在其他数值的变量，如企业数、设备数、学生人数等都是离散型变量。连续型变量是指其变量值不能一一列举，任何相邻整数变量值之间存在无限多个变量值的变量，如职工的工资、企业的产值、设备利用率等。

四、统计指标和统计指标体系

（一）统计指标

1. 统计指标的概念

统计指标简称指标，是说明同类社会经济现象总体综合数量特征的范畴和具体数值。统计指标显示总体共同的属性和特征，但由于各单位所处的条件不同，因此各单位所属特征的具体表现通常也是不相同的。因此，我们需要通过统计调查登记并汇总计算得出表明现象总体数量特征的数字资料，才能获得对统计指标的完整认识。例如，"2019年年末我国大陆总人口数为140 005万人"就是一个完整的统计指标，它包括指标名称、指标数值、空间范围、时间和计量单位等构成因素。在统计设计阶段，统计指标是说明总体现象数量特征的名称。例如，"全国的国内生产总值"，它不含数值，只有名称，因为其指标数值尚待统计。但设计统计指标最终都是为了取得相应的指标数值。

统计指标是统计中常用的重要概念。无论是统计研究，还是统计实践活动，自始至终都是围绕着设计统计指标、汇总形成统计指标、正确应用统计指标反映总体数量特征。统计指标虽然依照客观实际具有不同类型，但其共同作用表现为：从认识的角度，统计指标是以具体数值来反映社会经济现象的数量特征、变化规律以及数量关系；从社会管理和科学研究的角度，统计指标是制定政策、管理国民经济、进行科学研究的事实依据。

2. 统计指标的特点

统计指标具有如下两个方面的特点。

（1）可量性。所谓可量性，是指客观存在的现象的大小、多少可以实际进行计量。统计指标是离不开数量的，凡是不能直接表现为数量的，都不能称为统计指标。可量性是社会经济现象的范畴转化为指标的前提，只有在性质上属于同类而在数量上又可量的大量社会经济现象，才能成为统计指标反映和研究的对象。

（2）综合性。统计指标是大量个别单位标志表现的综合结果。例如，以某城市商业企业为统计总体，统计其企业数、经营收入、上缴税金、职工平均工资收入等指标，当通过统计调查，进而通过汇总综合得出这些指标后，从这些指标所反映的情况看不到企业规模的差异，各职工在劳动效率和工资水平上的差异也被忽略了，显示的是该城市商业企业的整体情况和所有职工的一般收入水平。由此可见，统计指标的形成必然经过从个别到整体的过程，通过个别单位数量差异的抽象化，来体现总体各单位的综合数量特征。

3. 统计指标的分类

统计指标按其所反映的总体现象的数量特征的性质不同，可分为数量指标和质量指标。数量指标是反映社会经济现象总规模水平和工作总量的统计指标，一般用绝对数表示，如职工人数、工业总产值、工资总额等。质量指标是反映总体相对水平或平均水平的统计指标，一般用相对数和平均数表示，如计划完成程度、平均工资等。

由于统计指标反映一定社会经济范畴的内容，因此统计指标的确定，一方面必须和经济学理论对范畴所做的一般概括相符合，要以经济理论为指导，设置科学的统计指标；另一方面统计指标又必须是对社会经济范畴的进一步具体化，这样才能确切地反映社会经济现象的数量关系。如政治经济学对劳动生产率这个经济范畴做了一般的概括说明，即劳动生产率是表明单位劳动时间所创造的使用价值。但劳动生产率作为一个统计指标时，就必须明确规定其劳动时间是指工人的劳动时间还是企业全体职工的劳动时间，即确定是工人劳动生产率还是全员劳动生产率。

4. 统计指标与统计标志的区别与联系

统计指标和统计标志是既有联系又有区别的两个概念。

统计指标和统计标志存在着明显的区别：第一，统计指标和统计标志说明的对象不同，统计指标是说明总体特征的，而统计标志则是说明总体单位属性或特征的；第二，统计指标都能用数量来反映，具有明显的可量性特点，而统计标志中只有数量统计标志能用数量来说明；第三，统计标志是说明总体单位特征的，一般不具有综合性特点，而统计指标是对统计标志及其表现综合后得到的，具有强烈的综合性。

统计指标和统计标志又存在着联系：第一，统计标志是统计指标的基础，没有统计标志和统计标志表现，就没有统计指标；第二，统计指标和统计标志的确定也不是一成不变的，当总体和总体单位随研究目的发生变化时，统计指标和统计标志也必然随之发生相应的变化。

（二）统计指标体系

社会经济现象总体存在着多个互相联系的方面，不同的社会经济现象总体之间也存在着各种各样的联系。由于某一单个指标只能反映总体某一个特定的数量特征，很明显，采用某一个统计指标说明现象总体的数量特征，有着明显的局限性。要反映客观现象各方面的数量特征，需要将一系列有联系的统计指标有机地结合起来进行分析研究，描述事物发展变化的全过程，就要设置统计指标体系。

统计指标体系是由一系列相互联系的统计指标所构成的整体，它说明所研究的社会经济现象各方面相互依存和相互制约的关系。例如，为了全面反映工业企业生产经营的全貌，有必要设置产量、生产能力、收入、成本、税金、产品品种和质量、职工人数、职工工资、劳动生产率、原材料、设备、资金等方面组成的工业企业统计指标体系。再如，为了完整地反映我国人口的有关情况，为党政领导制定政策、经济决策提供理论依据，就有必要设置全国人口总数，按性别、民族、年龄、工种、地区等划分的人口数及其比重，人口的平均年龄等人口统计指标体系。

一般来讲，统计指标体系分为两大类，即基本统计指标体系和专题统计指标体系。基本统计指标体系一般分为三个层次：最高层是反映整个国民经济和社会发展的统计指标体系；中间层是各部门和各地区的统计指标体系；最基层是各企业和事业单位的统计指标体系。专题统计指标体系是针对某一社会经济问题而制定的统计指标体系，如经济效益指标体系、人民物质文化生活水平指标体系、商品价格指标体系、财政金融统计指标体系等。

国民经济和社会发展的统计指标体系是最主要的指标体系，以它为中心组成了一个既有分工又有联系的统计指标体系系统。在对社会经济现象进行了解、研究、评价和判断时，要使用配套的、口径和范围一致的、互相衔接的统计指标体系。

第三节 用 Excel 进行统计分析

在统计工作中需要对各种数据进行制表、绘图、分组整理、分析和管理等。在计算机时代，烦琐的数据处理工作离不开先进实用的数据处理软件。在众多的数据处理软件中，由于 Excel 能够与 Windows 操作系统以及 Office 中的其他软件良好地结合，而且普及面广、使用简便、功能强大、能够满足一般统计分析的需要，所以本书也选择用 Excel 来进行统计分析。

利用 Excel 进行统计分析，主要是利用 Excel 中的统计函数、数据分析工具和图表。[①] 本节先对 Excel 的几种统计功能做一个简单的概述，在后面的各章中将会结合各章例题分别介绍怎样使用这些功能进行各种统计分析。

一、统计函数

Excel 内置的函数中有很多可用于统计，其中常用的统计函数有 AVEDEV（绝对偏差的平均值）、AVERAGE（算术平均值）、CONFIDENCE（总体平均值的置信区间）、CORREL（相关系数）、COVAR（协方差）、GEOMEAN（几何平均值）、HARMEAN（调和平均值）、KURT（峰度）、MEDIAN（中位数）、MODE（众数）、NORMDIST（正态分布的概率值）、NORMINV（正态分布的累积函数的逆函数）、NORMSDIST（标准正态分布的概率值）、NORMSINV（标准正态分布累积函数的逆函数）、SKEW（偏度）、STANDARDIZE（正态化数值）、STDEV（样本的标准差）、STDEVP（总体的标准差）、VAR（样本方差）、VARP（总体方差）和 ZTEST（Z 检验的 P 值）。

在 Excel 工作表的标准工具栏中单击 f_x 图标，就会弹出"插入函数"对话框，在该对话框的"选择类别"中选择"统计"，选择相应的函数即可得到所需统计指标或估计量的数值，其操作方法可参见本书后面各章和附录 A 中相关内容的介绍。

二、分析工具

Excel 提供了一组可直接使用的数据分析工具，称为"分析工具库"，为统计分析提供了极大的方便。使用这些工具的方法是：在 Excel 工作表中选择"数据"→"数据分析[②]"命令；在弹出的"分析工具"中选择所需的分析工具，如图 1-1 所示；在所选工具的对话框中填写必要的数据或参数的信息后，单击"确定"按钮，即可得到所需的输出结果（表格或图表形式）。各种分析工具的使用方法将在后面章节中具体说明。

[①] 未学过 Excel 的读者在学习有关 Excel 的运用之前可先参见"附录 A　Excel 的基本操作"。
[②] 如果"数据"菜单栏右端没有出现"数据分析"命令，则应先加载分析工具库。在 Excel 工作表中，单击左上角的 Office 按钮，再单击"Excel 选项"，在其后弹出的选项中，单击"加载宏"，在其右侧对话框中选择"分析工具库"后单击下端的"转到（G）..."，在弹出的可用加载宏中勾选"分析工具库"，单击"确定"按钮即可。

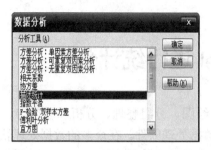 

图 1-1　数据分析中的分析工具菜单

三、图表

　　Excel 具有强大而灵活的图表功能，使枯燥乏味的数据形象化。利用 Excel 的图表向导可以轻松地创建图表。在 Excel 工作表中，单击菜单栏中的"插入"按钮，工具栏图表区域就会显示出常用的柱形图、折线图、饼图、条形图、散点图等图表类型，单击任一类图形后还可展示出若干子图形供进一步选择，还可单击"其他图表"后选择其他类型的图表或查看所有图表类型及其子图形。Excel 提供的图表类型如图 1-2 所示。

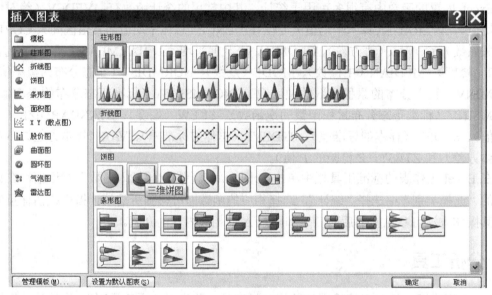

图 1-2　Excel 的图表类型

　　选定图表类型后单击"下一步"按钮，弹出"图表数据源"对话框，在"数据区"选项卡中输入数据所在区域。每一行（或一列）数据作为一个系列，如果有多个系列，则可在"系列"选项卡中添加（或删除）、命名、指定相应数据区域，并指定分类轴，然后根据提示填写标题、分类轴和数值轴的名称等，即生成所需的统计图表。

　　对自动生成的图表可以进行缩放、移动、复制和删除等操作，也可以单击图表的任一部分（如标题、图例、坐标轴、绘图区等）对其进行修改或美化。

本章小结

本章共三节，主要介绍统计的含义及其关系、统计学的研究对象、统计研究对象的特点、统计研究的基本方法、社会经济统计的任务和职能，同时将理论与实践相结合，说明统计学的基本概念（包括统计总体与总体单位、统计标志与标志表现、变异与变量、统计指标和统计指标体系）及其应用、Excel 中的主要统计功能等内容，目的是使读者对统计的任务、概念、内容和方法有一个总体的认识。

思考与讨论

1. 如何理解统计的不同含义？它们之间构成哪些关系？
2. 统计数据与数学中的数字有什么区别？
3. 举例说明统计总体、总体单位、统计指标和统计标志之间的关系。
4. 一次统计活动中，一个完整的统计工作过程包括哪几个阶段？
5. 数量指标和质量指标如何区别？

实训题

1. 在班里组织一个 5~7 人的学习小组，自选课题确定调查目的并展开统计调查，列出在此目的下的统计总体、总体单位，同时列出统计标志（包括品质标志、数量标志、不变标志、可变标志）与标志表现、变量（包括离散型变量、连续型变量）、变量值、统计指标（包括数量指标、质量指标）等，并尝试列出一套指标体系。

2. 2019 年年末中国大陆总人口数为 140 005 万人，比 2018 年年末增加 467 万人，其中城镇常住人口 848 43 万人，占总人口的比重（常住人口城镇化率）为 60.60%，比 2018 年年末提高 1.02 个百分点。户籍人口城镇化率为 44.38%，比 2018 年年末提高 1.01 个百分点。2019 年全年出生人口 1 465 万人，出生率为 10.48‰；死亡人口 998 万人，死亡率为 7.14‰；自然增长率为 3.34‰。上述指标中哪些是数量指标？哪些是质量指标？

案例分析

【案例 1-1】 应届大学毕业生就业状况的调研

就业竞争越来越激烈，大学毕业生的就业问题也越来越受到社会各方面的关注。很多大学专门成立了毕业生就业指导机构，这些机构常常需要对大学生的求职与就业的状况进行调查和分析研究，以及时了解学生们的就业意愿、择业倾向、求职经历、主要困难和障碍等相关状况，调查目的是为某高校有针对性地做好大学生就业指导工作、完善学校教育改革、及时采取促进就业的必要措施提供科学的参考信息。

为了搞好大学生求职与就业状况的统计调查和分析，必须首先理解统计总体、总体单位、统计标志、变量、统计指标、统计指标体系等概念,以及它们之间的关系、它们在统计研究中的作用。

案例思考与分析要求:

1. 要进行这项调查研究,统计总体和总体单位是什么?
2. 研究者需要了解哪些信息?这些信息具体用哪些指标来反映?
3. 为了得到这些信息需要对每个总体单位调查哪些内容?其中哪些是数量标志?哪些是品质标志?
4. 上述统计指标与统计标志之间存在什么样的联系?

【案例1-2】 稳中上台阶 进中增福祉——《2019年统计公报》评读①

2019年是中华人民共和国成立70周年,是决胜全面建成小康社会、实现第一个百年奋斗目标的关键之年。面对内外矛盾叠加的复杂局面,在以习近平同志为核心的党中央的坚强领导下,全国上下深入贯彻落实党中央、国务院决策部署,按照新发展理念和推动高质量发展要求,坚持稳中求进工作总基调,深化供给侧结构性改革,着力打好三大攻坚战,持续扩大高水平开放,全面做好"六稳"工作,我国经济运行总体平稳、稳中有进,主要预期目标较好实现,全面建成小康社会取得新的重大进展。最新发布的《2019年国民经济和社会发展统计公报》用一笔笔沉甸甸的数据,全景展现了新时代全国人民团结奋斗的新成就,谱写了经济社会持续发展的新篇章。

一、综合国力迈上新台阶,大国发展基础不断巩固

经济总量逼近100万亿元大关。初步核算,2019年我国国内生产总值990 865亿元,比2018年增长6.1%;人均国内生产总值70 892元,按年平均汇率折算达到10 276美元,首次突破1万美元大关。我国对世界经济增长贡献率达30%左右,持续成为推动世界经济增长的主要动力源。

就业扩大,物价总体稳定。2019年全国城镇新增就业1 352万人,连续7年保持在1 300万人以上。月度全国城镇调查失业率保持在5.0%~5.3%,低于5.5%左右的预期目标。市场价格涨幅总体温和。2019年居民消费价格比2018年上涨2.9%,低于全年预期目标。

产业发展水平继续提升。农业基础地位得到加强:2019年第一产业增加值70 467亿元,比2018年增长3.1%。粮食总产量66 384万吨,创历史新高。工业持续发展:2019年工业增加值317 109亿元,比2018年增长5.7%,主要产品产量稳居世界前列。服务业增势较好:2019年服务业增加值534 233亿元,比2018年增长6.9%,其中信息传输、软件和信息技术服务业增长18.7%,租赁和商务服务业增长8.7%。

基础设施建设成绩斐然。交通运输设施不断完善:2019年年末,高速铁路营业总里程超过3.5万千米,占全球高铁里程2/3以上;高速公路里程超过14万千米,稳居世界第一。邮政快递服务能力提升:2019年邮政行业业务总量达到16 230亿元,比2018年增长31.5%;

---

① 摘自国家统计局副局长盛来运于2020年2月28日发布在国家统计局网站(http://www.stats.gov.cn/)的文章。原文篇幅较大,此处有删减。

快递业务量635.2亿件，增长25.3%。信息通信发展步伐加快：2019年移动互联网用户接入流量比2018年增长71.6%；5G商用稳步推进，大数据、云计算、人工智能等现代信息技术快速发展，"网络强国"建设迈出坚实步伐。

二、供给侧结构性改革扎实推进，创新引领作用持续增强

供给侧结构性改革成效明显。"三去一降一补"成果巩固。2019年全国工业产能利用率为76.6%，比2018年提高0.1个百分点。2019年年末商品房待售面积比2018年年末减少2 593万平方米。2019年教育、生态保护和环境治理业固定资产投资分别比2018年增长17.7%和37.2%。财政金融支持实体经济力度加大：2019年减税降费超过2.3万亿元。2019年年末对实体经济发放的人民币贷款余额151.6万亿元，比2018年年末增长12.5%。

科技创新引领作用增强。创新环境不断改善：2019年我国位列全球创新指数排名第14位，比2018年上升3位。2019年全国研究与试验发展（R&D）经费支出比2018年增长10.5%，与国内生产总值之比为2.19%。创新成果不断涌现：2019年发明专利申请量140.1万件。

发展新动能茁壮成长。新产业、新模式、新产品快速发展，成为推动经济增长、结构调整的新动力。2019年工业战略性新兴产业增加值比2018年增长8.4%，快于规模以上工业2.7个百分点；战略性新兴服务业企业营业收入增长12.7%，快于规模以上服务业3.3个百分点；服务机器人产量增长38.9%。2019年实物商品网上零售额比2018年增长19.5%。

三、经济结构持续优化，发展协调性稳步提高

三大产业升级发展。农业种植结构调整优化；制造业向中高端迈进：2019年装备制造业、高技术制造业增加值增速分别快于规模以上工业1.0和3.1个百分点；2019年服务业增加值占国内生产总值比重为53.9%，比2018年提高0.6个百分点。

内需结构持续改善。内需特别是消费对于稳定经济运行的压舱石作用明显。2019年内需对经济增长贡献率为89.0%，其中最终消费支出贡献率为57.8%。弱项短板领域投资得到加强。2019年高技术产业和社会领域投资分别比2018年增长17.3%和13.2%。

城乡区域协调发展成效明显。新型城镇化稳步推进：2019年年末，常住人口城镇化率为60.60%。重大区域发展战略统筹推进：中部、西部地区生产总值分别比2018年增长7.3%和6.7%，快于全国；京津冀地区生产总值增长6.1%，长江经济带地区生产总值增长6.9%，长江三角洲地区生产总值增长6.4%。

四、生态文明加快建设，绿色发展取得新成效

资源利用效率不断提升。节能降耗减排成效显现。2019年全国万元国内生产总值能耗比2018年下降2.6%，万元国内生产总值二氧化碳排放量下降4.1%，万元国内生产总值用水量下降6.1%。

生态保护改善加强。生态系统保护和修复力度加大，水土流失综合治理扎实推进。2019年完成造林面积707万公顷，森林抚育面积773万公顷，新增水土流失治理面积5.4万平方千米。截至2019年年底，国家级自然保护区474个。

环境质量总体改善。2019年，全国337个地级及以上城市空气质量平均优良天数比例为82%。细颗粒物（PM2.5）未达标城市平均浓度比2018年下降2.4%。

五、全面开放力度加大，对外经贸逆势增长

对外贸易稳中提质。贸易规模再创新高：2019年我国货物进出口总额31.6万亿元，有望蝉联世界第一。贸易结构继续优化：2019年一般贸易进出口占货物进出口总额比重达59.0%，比2018年提高1.2个百分点。服务贸易规模稳步扩张。

利用外资继续扩大。在全球跨境投资大幅下降的情况下，2019年我国实际使用外商直接投资金额9 415亿元，比2018年增长5.8%。自贸试验区引资作用增强。共建"一带一路"成果丰硕：2019年，我国对"一带一路"沿线国家进出口总额92 690亿元，比2018年增长10.8%；我国对"一带一路"沿线国家非金融类直接投资额150亿美元，占对外总投资比重比2018年提高0.6个百分点；"一带一路"沿线国家对华直接投资金额84亿美元，增长30.6%。

六、社会事业全面进步，人民生活持续改善

居民收入与经济增长基本同步。2019年全国居民人均可支配收入30 733元，比2018年实际增长5.8%，快于人均国内生产总值增速。脱贫攻坚成效突出：2019年1 109万农村贫困人口脱贫，连续7年减贫1 000万人以上；贫困发生率为0.6%，比2018年下降1.1个百分点。

社会保障体系继续完善。养老和医疗保险参保人数增加。社会帮扶力度不断加大。2019年临时救助918万人次，资助7 782万人参加基本医疗保险，实施门诊和住院救助6 180万人次。困难群体住房保障持续推进。

社会事业繁荣发展。教育文化持续加强：2019年，九年义务教育巩固率为94.8%，比2018年提高0.6个百分点；高中阶段毛入学率为89.5%，提高0.7个百分点。2019年，全国规模以上文化及相关产业企业营业收入86 624亿元，比2018年增长7.0%。医疗卫生机构和人员增加：2019年年末，全国共有医疗卫生机构101.4万个、卫生技术人员1 010万人。

案例思考与分析要求：

1. 该报告中运用了大量统计指标来说明国民经济运行态势。请从中举几个例子来说明每个统计指标包括哪些构成因素，并体会怎样在分析报告中运用统计指标的信息。

2. 怎样理解统计指标具有可量性和综合性两个特点（结合该报告中的指标来说明）？

3. 该报告中有哪些统计指标是数量指标？有哪些统计指标是质量指标？其中，哪些是绝对数表示的？哪些是相对数表示的？哪些是平均数表示的？

4. 从该报告中可以看出国民经济统计指标体系至少包括哪几大方面的统计指标？

第二章 统 计 调 查

【学习目标】

① 了解统计调查的含义和种类。
② 熟悉统计调查方案和调查问卷的设计方法。
③ 掌握普查、统计报表、抽样调查、重点调查、典型调查等各种调查方式的概念、特点及应用场合。

第一节 统计调查的含义、种类和方法

一、统计调查的含义及其质量要求

统计调查就是根据统计研究的目的和要求，运用科学的统计调查方法，有组织、有计划地收集统计资料的过程。统计调查的基本任务是按照所确定的指标体系，通过具体调查，得到反映社会经济现象总体全部或部分单位以数字资料为主体的信息。这些信息可以是没有进行整理、系统化的原始资料，也可以是已经经过初步整理、还须进一步系统化的次级资料。

统计调查是统计工作的基础阶段，它为统计整理和分析提供基础资料，这一阶段工作质量的好坏直接影响统计整理和分析结果的可靠性、真实性，关系能否确切地反映客观实际并得出正确的结论。因此，对统计数据收集的质量要求是：准确性、及时性、全面性和系统性。

准确性就是要求收集的数据必须符合客观实际，真实可靠。因为只有这样，才能对事物做出正确的判断，得出科学的结论。统计数据的准确性不仅涉及技术性问题，而且还涉及统计制度和纪律、是否坚持实事求是的原则问题。在中国，统计立法是为了保障统计资料的准确性。各机关、社会团体、企事业组织以及个体工商户都应该按照《统计法》的规定如实提供统计资料，不得虚报、瞒报、拒报、迟报，不允许伪造、篡改。公民有义务如实提供国家统计调查所需要的资料。统计工作人员也应该如实反映情况，要有高度的责任心和良好的职业道德。

及时性就是要求收集数据应在规定的时间内及时完成。统计数据是进行管理、决策以及制定政策不可缺少的依据，而客观社会经济现象又是不断发展变化的，因而统计数据具有很强的时效性，如果统计数据收集不及时，就难以发挥它的作用。而统计数据的及时性是一个全局性问题，每一项统计工作的完成，都是由诸多单位共同努力的结果，任何单位不按照规定完成，都会影响整个统计工作的开展。因此，要保证统计数据的及时性，就要

求各调查单位增强全局观念，共同遵守制度和纪律。

全面性就是要求统计调查收集的数据的完整性，只有齐全的统计数据，才能比较正确地反映所研究的社会经济现象的全貌。

系统性就是要求综合资料中的各项统计数据应该配套，要能从不同侧面、不同层次对调查对象进行研究，能够从事物的内部结构和外部联系上进行对比分析。

二、统计调查的种类

统计调查可以从不同的角度划分为不同的类型。

（一）按调查对象包括的范围不同分类

按调查对象包括的范围不同可分为全面调查和非全面调查。

全面调查是对构成调查对象总体的所有单位——进行调查。例如，人口普查就是对全国人口无一例外地进行调查，工业普查则是对所有工业企业逐一进行调查。全面调查包括普查和全面统计报表。全面调查能够掌握比较全面的、完整的统计资料，了解总体单位的全貌，但它需要花费较多的人力、物力和财力，操作比较困难。

非全面调查是对被调查对象中的一部分单位所进行的调查，并通过对这些部分单位的调查情况来了解全面或一定范围（如某种类型）的情况。例如，为了获得城市居民的电视收视率资料，可以对该城市一定数量的住户进行调查；为了了解产品的质量问题，可以抽取部分产品进行调查；等等。重点调查、抽样调查、典型调查以及非全面统计报表等均属于非全面调查。非全面调查的优点是调查单位少，可以用较少的时间和人力调查较多的内容，并能反映总体情况，收到事半功倍之效；非全面调查的缺点是掌握的资料不够齐全，调查结果有时不够准确。

（二）按调查登记的时间是否连续分类

按调查登记的时间是否连续可分为连续调查和不连续调查。

连续调查是指随着调查对象的变化，连续不断地进行调查登记，以了解事物在一定时期内发生、发展的全部过程。例如，企业的产品生产、原材料的消耗等就必须在观察期内进行连续不断的登记。连续调查的数据说明了现象的发展过程，体现了现象在一段时期内的总量。

不连续调查是指间隔一段时间对事物的变化进行的调查，用以了解事物在一定时点上的状态。例如，我国的人口普查每隔 10 年进行一次，是一种不连续调查。

（三）按调查的组织形式分类

按调查的组织形式不同可分为定期统计报表制度和专门调查。

定期统计报表制度是一种按国家有关法规的规定，自上而下地布置统一的报表，然后自下而上地逐级上报汇总报表资料的调查方式。因为它要求按规定的报表格式、内容、报送程序和报送时间报送数据资料，所以是一种严格的报告制度。

专门调查是为了研究某些专门问题或为某一目的而对某些社会经济现象专门组织的登记和调查。普查、重点调查、抽样调查和典型调查均属于专门调查。

三、统计调查的方法

统计调查的方法主要有直接观察法、报告法、采访法、通信调查法和网络调查法等。

直接观察法就是由调查人员亲自到现场对调查对象进行观察和计量以取得资料的一种调查方法。例如，要了解销售商品的质量，调查者可以亲自到销售现场接触商品，辨认真假伪劣。这种方法能够保证调查数据的准确性，但需要花费大量的人力、物力和时间，而且收集历史数据根本不可能采用此方法。

报告法就是报告单位以原始记录和核算资料为基础，依据统一的表格形式和要求，按照隶属关系，逐级向有关部门提供统计资料的一种方法。我国现行的统计报表制度就是采用报告法收集资料逐级上报的。

采访法是由调查人员以调查表和有关资料为依据，逐项向被调查者询问有关情况，并将答案记录下来的一种方法。由于调查者与被调查者直接接触，逐项询问，因而采用这种方法收集的资料的准确性较高。

通信调查法是通过邮寄或者电话等收集资料的调查方式的总称。通信调查法简便易行、省力、费用低，适于大范围收集资料。电话调查是调查人员利用电话同被调查者进行语言交流，从而获得信息的一种调查方式。随着电话的普及，电话调查在我国的应用也越来越广泛。2018 年，我国全国电话用户净增 1.37 亿户，总数达到 17.5 亿户，比 2017 年年末增长 8.5%；全年净增移动电话用户 1.49 亿户，总数达到 15.7 亿户，移动电话用户普及率达到 112.2 部/百人，比 2017 年年末提高 10.2 部/百人，全国已有 24 个省市的移动电话普及率超过 100 部/百人；固定电话用户总数 1.82 亿户，比 2017 年年末减少 1151 万户，普及率为 13.1 部/百人。所以电话调查在我国有良好的发展前景。邮寄调查，即由调查机关或研究者把调查表邮寄给被调查者，对方填写后寄回。该方法调查范围广、节省人力财力，但时效性较差，回收率较低，使得样本对涉及总体的代表性难以预先准确控制。

网络调查法是利用互联网（Internet）的交互式信息沟通渠道来收集有关统计资料的一种方法。这种资料收集方法包括两种形式：一是在网上直接用问卷进行调查；二是通过网络来收集统计调查中的一些二手资料。这种方法的优点是便利、快捷、调查效率高、调查成本低；缺点是调查范围受到一定的限制，在调查时还有可能遭到计算机病毒的干扰和破坏，甚至前功尽弃。网络调查法是一种新兴的调查方法，它的出现是对传统调查方法的一个补充，随着我国互联网事业的进一步发展，网络调查法将会被更广泛地应用。

第二节 统计调查方案的设计

统计调查是一项系统工程，为了使统计调查顺利进行，在组织调查之前，必须设计一个周密的调查方案，使得调查工作有计划、有组织地进行。设计一项完整的统计调查方案一般包括以下几个方面的内容。

一、确定调查目的

确定调查目的是制订统计调查方案的首要问题。所谓调查目的，是指为什么要进行调查，调查要解决什么问题。只有调查目的确定后，才能据此确定调查对象、调查单位和应采用的调查方式方法，才能做到有的放矢、节约人力、缩短调查时间、提高调查资料的时效性。调查目的应尽可能规定得具体明确、中心突出，以使调查得来的资料正是我们所需的资料，避免人、财、物的浪费。

二、确定调查对象与调查单位

调查对象是指要调查的社会经济现象的总体，它由性质相同的许多调查单位所组成，是统计总体在统计调查阶段的具体化。例如，我国的人口普查，其调查对象就是具有中华人民共和国国籍并在中华人民共和国国境内居住的人。再如，工业普查，其调查对象就是全部工业企业。需要注意的是，调查对象应该有明确、严格的定义，明确所要调查的社会经济现象总体的界限，避免界限不清而产生调查资料的重复和遗漏，以保证调查资料的准确性。

调查对象确定之后，就要确定调查单位。调查单位是构成调查对象的基本单位，也就是在调查对象中所要调查的具体单位，是总体单位在统计调查阶段的具体化。例如，我国人口普查的调查单位就是每一个国民。在进行工业普查时，调查单位就是每一个工业企业。只有确定了调查单位，才能明确有关调查的内容和资料由谁来提供，这对于保证资料的准确性和完整性至关重要。

在确定调查单位的同时，还应规定报告单位。报告单位也叫填报单位，也是调查对象的组成要素，是指负责回答或提交调查资料的单位，一般是基层企事业组织。例如，在进行工业普查时，报告单位就是每一个企业。

调查单位和报告单位有时一致，有时不一致。例如，在进行全国工业企业普查时，调查单位是每一个工业企业，报告单位也是每一个工业企业，两者一致；但在进行工业企业设备普查时，调查单位是每一台设备，而报告单位则是每一个企业，两者则不一致。

三、确定调查项目

调查项目就是需要向调查单位了解的有关标志，包括品质标志和数量标志，是调查内容的具体表现。设计具体调查项目是落实调查任务的关键环节，调查项目制定得成功与否，关系整个调查的成效。

具体调查项目的设计或取舍，一般应从理论模型分析和统计数据分析两个方面进行。理论模型分析就是根据调查目的，详细列出有关概念、相关因素，并判断这些因素或概念之间的关系，即形成"假设"。内容上有关联的一组假设就构成了"理论模型"。这种理论模型分析能够使调查规划人员清楚地从逻辑上分析：这次调查的主体是否体现在调查项目中？有无遗漏？有无偏离？哪些是关键因素？因而，这种分析是决定调查项目保留或舍弃的理论基础，从而使最终确定的调查项目适当。统计数据分析也是确定调查项目的有效途径，它是根据需要何种分析资料来决定所需调查项目，调查项目就是为了获得这些资料而定的。我们可以构想一个调查项目可以得到哪些统计数据，这些数据对这次调查的主题有什么作用，有用的就保留，没用的则舍弃。

此外，在设计调查项目时还应注意以下几个问题。

（1）所选的调查项目必须是能够取得确切资料的项目，以便获得更可靠的资料，对于不必要或虽然需要但不可能取得资料的内容不应列入调查项目中。

（2）调查的每一个项目应该有确切的含义和统一的解释，避免调查人员或被调查者按照各自的理解进行回答，使调查结果无法汇总。

（3）各调查项目之间应尽可能做到相互联系，以便有关项目之间相互核对，提高调查资料的质量。

四、设计调查表或调查问卷

调查表是将调查项目按照一定的逻辑顺序用框格形式表现的一种表格。设计调查表的目的是便于登记和汇总。

调查表有单一表和一览表两种形式。单一表是指每个调查单位填写一份的调查表，它可以容纳较多的项目。一览表是在一张表格上填写许多调查单位的调查表，它主要适用于调查项目不多的情况。两种调查表各有利弊，可视具体情况而采用。单一表可以容纳较多的调查项目，便于详细了解情况和数据的汇总，但是在每张表格上必须注明调查地点、时间等，造成人力和时间的浪费；一览表可以容纳许多调查单位，每个单位的共同事项只需登记一次，可以节省人力和时间，还可以将调查表中的各单位的数据进行相互核对，以保证数据填报的准确性，但是每个调查单位不可能登记更多的标志。

设计调查表时，还应该附填表说明，以提示填表人正确理解和按照规定填写。填表说明应该按照统一标准，以保证统计调查中采用的指标含义、计算方法、分类目录和统计编码等方面的标准化。填表说明应力求通俗易懂、简明扼要。

调查问卷是收集数据的工具，是调查者根据调查的目的和要求设计的，由一系列问题、备选答案、说明以及代码表组成的一种书面文件。调查问卷在统计调查中扮演着非常重要的角色，绝大多数数据的收集都是依赖于问卷而完成的。

对调查问卷的设计，首先要进行探索性分析，明确问题设计的起点是什么，弄清楚问卷调查的各种不利因素，防止它们的发生，目的是使问卷设计具有客观性和可行性。其次是设计调查问卷的初稿，包括设计问题和答案、排列问题的顺序等。对于问题的设计要注意：提问的内容要尽可能短，用词要通俗，必须是应答者知识、能力所及的问题，尽量少用专业术语表示，避免诱导性提问，避免否定式提问，问题不要太笼统，要尽量具体，不用程度副词，不用抽象概念，避免敏感性问题等。对于问题顺序的排列应该注意：问题顺序的排列应先易后难，一般是把能引起被调查者兴趣的问题放在前面，开放性问题放在后面，即问卷中问题顺序的排列既要便于被调查者顺利回答，又要便于调查者事后的整理分析。对于问卷中问题答案的设计，要遵循互斥性和完备性原则，表述要准确，通常也要有一定的逻辑顺序。最后还要对问卷初稿进行试用和修改，通过小样本试用和专家评定后才能定稿。

在本章案例分析中，我们选录了一份"应届毕业生就业状况调查问卷"（见案例 2-2），从中可以领会到问卷设计的基本要求和方法。

五、确定调查时间

调查时间包括两种含义，即调查的标准时间和调查的工作期限。调查的标准时间是指调查资料所属的时间。如果所反映的现象是时期现象，则调查的标准时间就是资料所反映的起止时间；如果调查的是时点现象，调查的标准时间就是规定的统一标准时点。调查的工作期限是进行调查工作的期限，包括收集资料和报送资料的整个工作所需要的时间。例如，某企业进行设备调查，按照 8 月 1 日进行登记，调查登记工作从 8 月 1 日开始持续到 8 月 20 日结束，则前一个时间 8 月 1 日就是此项调查的标准时间，而后一个时间 8 月 1 日至 8 月 20 日就是此项调查的工作期限。

六、确定调查的组织实施计划

调查的组织实施计划包括：确定调查地点、确定调查组织机构、选择调查方法、确定参加调查的单位和人员、调查文件的准备、经费来源和开支计划等。

如果是大规模的统计调查，方案设计好后，还应该进行试调查，以验证该计划的可行性，发现问题及时修改、补充，以使调查工作保质保量地完成。

调查方案的设计案例请参阅本章案例 2-1 "××市香烟消费市场调查方案"。

第三节 统计调查方式

所谓调查方式，是指组织收集调查数据的形式与方法。常用的统计调查方式主要有五种，即统计报表、普查、抽样调查、重点调查和典型调查。各种调查方式各有其特点和作用，适用于不同的调查对象。在统计实践中，只有科学并综合利用多种调查方式，才能达到满意的效果。

一、统计报表

统计报表是按照国家有关法规的规定，自上而下地统一布置，以一定的原始记录为依据，按照统一的表式、统一的指标项目、统一的报送时间和报送程序，自下而上地逐级定期提供基本统计资料的一种调查方式。统计报表也是一张调查表，报表中的项目就是调查项目。

统计报表制定、实施和管理的一整套规章制度统称为统计报表制度。按照《统计法》的有关规定，执行统计报表制度是各地方、各部门、各单位必须向国家履行的一种义务。统计报表制度的基本内容有报表目录、表式以及填表说明三部分。报表目录是指应报送的报表名称、报送日期、编报单位、编报范围等有关事项的说明。表式是指报表的具体格式、要求填报的各项指标等。填表说明是指填表时有关事项的说明，包括统计范围、统计目录和指标的解释、计算方法等的具体规定。

统一性是统计报表的基本特点，具体表现为：第一，统计报表的内容和报送的时间是由国家强制规定的，以保证调查资料的统一性；第二，统计报表的指标含义、计算方法、计算口径是全国统一的。

统计报表可从以下不同的角度进行分类。

1. 按调查范围不同分类

按调查范围不同统计报表可分为全面统计报表和非全面统计报表。

全面统计报表要求调查对象中的每一个单位都要填报。非全面统计报表只要求调查对象的一部分单位填报。

2. 按报送周期长短分类

按报送周期长短统计报表可分为日报、周报、旬报、月报、季报、半年报和年报。

日报、周报、旬报称为进度报表，主要用来反映生产、工作的进展情况。月报、季报和半年报主要用来掌握国民经济发展的基本情况，检查各月、各季、半年的生产工作情况。年报是每年上报一次，主要用来全面总结全年经济活动的成果，检查年度国民经济计划的执行情况等。报告的周期长短不同，不仅是时间上的差别，在内容和作用方面也是有差别的，报送的周期越短，其指标项目就越简单，反之，指标项目就越复杂。

3. 按实施范围不同分类

按实施范围不同统计报表可分为国家统计报表、部门统计报表和地方统计报表。

国家统计报表由国家统计部门统一制发，用来反映全国性的经济和社会基本情况。部门统计报表是为了适应本部门业务管理的需要而制定的专业统计报表，在本系统内实施，用来收集有关部门的业务技术资料，作为国家统计报表的补充。地方统计报表是针对地区特点而补充规定的地方性统计报表，是为本地区的计划和管理服务的。

统计报表的资料来源于基层单位的原始记录。从原始记录到统计报表，中间还经过统计台账。原始记录是基层单位通过一定的表格形式，对生产经营活动的具体内容和状况所进行的最初的数字和文字记载，具有广泛性、群众性、经常性和具体性的特点，如企业的产品产量、工人的出勤和工时记录、库存物资收付记录等。设置原始记录时，应遵循切合实际、统一协调、简明通俗、容易操作的设计原则，这样才能保证原始记录的准确、可靠。

统计台账是基层单位根据统计报表的要求和基层经营管理的需要，按时间顺序设置的一种系统积累统计资料的表册。设置统计台账便于准确、及时地填报统计报表，也便于系统积累统计资料。原始记录、统计台账和统计报表之间联系密切，逐层递进。

二、普查

普查是一种为某种特定目的而专门组织的一次性全面调查。普查一般用来调查属于一定时点状态的重要社会经济现象，如人口普查、工业普查、农业普查、经济普查等。普查能够掌握全面系统的国情国力统计资料，是进行社会主义现代化建设的一项十分重要的基础工作，对于国家从实际情况出发制定国民经济和社会发展计划与产业政策、加强国民经济管理具有重要意义。

普查具有以下特点。

（1）普查是一种不连续调查。因为普查的对象是时点现象，时点现象的数量在短期内往往变动不大，不需要做连续调查。

（2）普查是一种全面调查。它比其他任何调查方法都更能全面系统地反映国情国力方面的基本统计资料。

（3）普查花费的人力、物力、财力和时间较多，不宜经常组织。普查和全面统计报表都属于全面调查，但两者是有区别的。普查属于不连续调查，调查内容主要是反映国情国力方面的基本统计资料；而全面统计报表属于连续调查，调查内容主要是需要经常掌握的各种统计资料。全面统计报表需要经常填报，报表内容固定，调查项目较少；而普查是专门组织的一次性调查，在调查时可以包括更多的单位，分组更细，调查项目更多。有些社会经济现象不可能也不需要进行经常调查，但又需要掌握更全面、详细的资料，这就要通过普查来解决。普查要耗费较大的人力、物力和财力，还会耗费较多的时间，所以不能经常进行。因此，取得经常性的统计资料还要靠全面统计报表来完成。

进行普查的方式有两种：一种是自上而下成立专门普查机构，并由这个机构组织普查人员对调查单位进行直接登记，我国历史上几次人口普查都采用这种形式；另一种是在各单位的会计统计和业务核算资料、报表资料的基础上，结合实际盘点和实际观察，由调查单位自己填写调查表，如我国历次进行的物资库存普查。

在组织普查工作时应遵循以下原则。

（1）规定统一的普查标准时间，即普查资料的所属时间，以避免收集资料的重复或遗漏。例如，我国第六次人口普查的标准时间是 2010 年 11 月 1 日零时。

（2）普查期限应尽可能统一。在普查范围内的各调查单位应尽可能同时进行调查，并尽可能在最短期限内完成，以便在方法上、步调上取得一致，以保证资料的真实性和及时性。

（3）统一规定普查的项目和指标。普查项目一经统一规定，就不能任意改变或增减，以免影响汇总综合，降低资料质量。

（4）同类普查应按照一定的周期进行。普查可以不定期地进行，但是某些重要的普查应尽可能按照一定周期进行，以便对历次资料进行动态对比，也便于尽早做好普查的各项准备工作。例如，我国对目前法定的几项全国性普查的规定是：人口普查每 10 年进行一次（逢 0 年份实施）；农业普查每 10 年进行一次（逢 6 年份实施）；经济普查每 10 年进行两次，分别在逢 3、逢 8 的年份实施（2003 年由于"非典"的特殊原因，第一次全国经济普查延至 2004 年实施）。

按照普查资料汇总特点的不同，普查又可分为一般普查和快速普查两种组织形式。一般普查是采取逐级布置和逐级汇总上报的方法，这种普查所花费的时间较长。快速普查无论是布置普查任务，还是报送资料，都越过中间环节，由组织领导普查工作的最高机关直接把任务布置到各基层单位，各基层单位把调查结果直接报送组织普查工作的最高领导机关。同时，布置任务和报送资料一般都采用报表超级汇总的办法，这样可以缩短资料的传递和汇总时间。

三、抽样调查

抽样调查是一种非全面调查，可分为随机抽样和非随机抽样两种。随机抽样是在全部调查单位中按照随机原则抽取一部分调查单位进行调查，根据调查的结果推断总体的一种调查方式。例如，要检验某种产品的质量，从全部产品中随机抽取若干产品进行检验，看它们的合格率或不合格率分别是多少，然后以此推断全部产品的合格率或不合格率，还可以推算合格或不合格产品的总量等。非随机抽样是有意识地抽取单位进行调查，从而认识研究对象的变动情况和发展规律。它一般不以样本数据来推断总体，而且其误差难以事先计算，主要用于探索性调查。以下涉足的抽样调查仅指随机抽样调查。

与其他非全面调查相比较，随机抽样调查具有以下基本特征。

（1）按照随机原则抽选单位。所谓随机原则，是指总体的每一个单位都有同等抽中或不被抽中的可能，哪个单位选中或不被选中不受主观因素的影响。例如，采用随机数表法来抽选调查单位，总体中每个单位都有同等被选中的可能，因此，抽选的结果有很大的可能性使样本保持同总体相似的结构，样本对总体的代表性大大增强，能够如实地反映总体的特征，估计误差也较小。

（2）对部分单位调查的目的是为了推算总体的基本情况。根据数理统计的原理，抽样调查中样本指标和对应的总体指标之间存在内在联系，而且两者误差分布也是有规律可循的，因而提供了用实际调查的部分信息对总体数量特征进行推断的科学方法。

（3）抽样误差可以事先计算并加以控制。以样本资料对总体数量特征进行推断，不可避免地会产生误差，但这种误差是所有非全面调查所固有的，是可以根据有关资料事先计算并可经过一定途径来控制的，这样可以保证推断结果达到预期的可靠程度。

抽样调查的优越性包括以下几点。

（1）费用少。与全面调查相比较，抽样调查的调查单位少，可以大大减少工作量，节省各种费用开支。

（2）速度快。抽样调查是组织专业队伍，只对抽取样本单位进行调查，减少了很多中间环节，增强了调查的时效性。

（3）灵活性大。抽样调查组织方便，调查项目可多可少，调查范围可大可小，既适用于各种专门调查，也适用于经常性调查。只要需要，随时都可以进行调查。

（4）准确性高。抽样调查是采用随机原则从总体中抽取样本单位进行调查，完全排除了调查者主观因素的影响，同时经由少数优秀人员施与特殊训练及配合特殊设备实行调查，可得到较深入、正确的调查结果。

抽样调查的主要应用场合有以下几种。

（1）用于没有可能或没有必要进行全面调查的场合。抽样调查能够解决全面调查无法解决的问题，如要检查灯泡的使用寿命情况，属于破坏性实验，只有通过抽样调查来完成。再如，要了解炮弹的平均射程，只有通过有限次的实验，利用样本数据来进行估计。另外，还有些现象由于总体范围大、时间空间跨度大，很难也没有必要进行全面调查，则一般采用抽样调查。如要了解某城市某商品的市场包括多少家生产商、多少家销售商、多少个品牌、多少种包装、多少种价格、多少个消费者等。

（2）用于补充和修正全面调查的结果。例如，我国的人口普查每10年进行一次，在每两次普查之间要进行一次1%人口抽样调查（逢5的年份），用以补充人口普查的结果。再如，在每次人口普查填报和复查完毕后，按照规定就要采用抽样方法抽出一定比例人数进行重新调查，以此为标准来衡量普查的出错率，以修正普查的数字。

抽样调查的组织形式有多种，其基本形式有以下几种。

（1）简单随机抽样。简单随机抽样是指按随机原则直接从总体 N 个单位中抽取 n 个单位作为样本。即在抽样之前，对总体不做任何分组、排列，完全客观地从总体中抽取样本单位。简单随机抽样在抽取样本单位时主要有以下几种抽选方法。

①抽签法，即先给总体的各个单位编上序号，将号码写在纸片上，掺和均匀后从中随机抽选，直到抽够预先规定的样本单位数为止。例如，在某城市某街道所管辖的10 000户居民中，采用抽签法抽出200户居民进行调查。其操作方法为：做10 000张纸片，写上1～10 000号，从中抽取200张，被抽中的居民就是样本。

②随机数表法，即先将总体的全部单位加以编号，根据编号的位数确定使用随机数表的栏数，然后从任意一栏、任意一行的数字开始，可以向任何方向摘录属于编号范围内的数字，即为样本单位。

③利用摇号机或计算机随机取数。随着科学技术的进一步发展，应用现代技术进行的随机抽样也大量应用于抽样实践中，如许多彩票的中奖号码就经常是使用摇号机来随机产生的。采用计算机随机取数的方法是利用一个计算机程序或随机函数来自动生成一系列随机数字。

简单随机抽样的优点是方法简单，易于理解，直接从抽样框中抽取样本，抽取概率相同，计算抽样误差和总体指标比较方便。当总体较小时，可采用抽签法；当总体较大且能够方便得到一个有顺序号的清单时，可采用随机数表法。简单随机抽样在理论上是最符合随机原则的一种方式，但在实际调查时遇到的总体往往很大，给编号带来困难，而且有些总体清单是根本无法得到的，所以这种方式在实际调查时很少单独应用。

（2）类型抽样。类型抽样也称分层抽样，它先对总体各单位按一定标志进行分类（也叫分层），然后再分别从每一类（层）中按随机原则抽取一定的单位构成样本。类型抽样可分为等比例抽样和不等比例抽样两种组织方式。

等比例抽样是指各层中的抽样比例相同，即各层样本单位数与该层总体单位数的比例相同，如抽样比例为5%，则各层都按5%来抽样，那么包含500个总体单位的层就要抽25个样本单位，包含800个总体单位的层就要抽40个样本单位。采用等比例抽样是为了使样本结构与总体结构接近，避免样本平均数因各组比重差异而产生误差。等比例抽样易于理解和操作，可以保证样本结构与总体结构在选中的分类标志方面的一致性，因而提高了样本的代表性。但在实际操作中，特别是在各类别的差异很大时，等比例抽样显得很不经济。

不等比例抽样是指各层中的抽样比例不完全相同。一般是根据实际情况和大数定理要求，对有较大影响但数量较少的层次分配给较大的抽样比例，而对数量较多的层次分配给较小的抽样比例。

类型抽样比简单随机抽样更精确，能够通过对较少的样本单位的调查，得到较精确的推断结果。但是，类型抽样要求在抽样之前必须具有完整的包含总体单位分类信息的抽样框。

（3）等距抽样。等距抽样也称机械抽样或系统抽样，它是事先将总体按某标志进行顺序排列，然后按固定间隔来抽选样本单位的一种抽样组织形式。等距抽样表面的特点是"等距"，而实质的特点是对其抽样框的要求，按"一定标志"排列起来，这种标志可以是已经存在的，如家庭住址、电话号码等，也可以是陆续出现的，如流水作业上连续不断出现的产品，则以"出现时间顺序"为标志。作为总体各单位顺序排列的标志，可以是无关标志，也可以是有关标志。

无关标志排序抽样是指排序的标志与所研究的单位标志值的大小无关或不起主要作用，如居民家庭生活水平调查按街道的门牌号码抽取调查户；学生的学习情况调查按班级里的学号顺序抽取学生等。无关标志排序抽样可以保证抽样的随机性，实质上相当于简单随机抽样。

有关标志排序抽样是指排序的标志与被研究的标志有关，如要研究家庭消费水平，按家庭收入额进行排序；要了解学生的学习情况，按考试成绩进行排序等。按有关标志排序可以利用辅助信息，使抽样估计的效率提高，但必须采用科学的方法，以避免由于抽样间隔与排序标志的周期性变化的重合所产生的系统性误差。

等距抽样能够使抽出的样本单位更均匀地分布在总体中，其误差一般较简单随机抽样的误差小，特别是当研究的现象标志变异程度较大时，更能显示出它的优越性。

（4）整群抽样。整群抽样是先将总体划分为若干群，然后从中随机抽取部分群，对抽中群的所有单位进行全面调查。整群抽样的优点是节约和方便。整群抽样不需要编制总体单位的名单，只需要编制总体群的名单，确定一群便可以调查许多单位。但是，正由于抽样单位比较集中，限制了样本在总体中分布的均匀性，所以代表性较低，抽样误差较大。在实际工作中，运用整群抽样时通常都应增加一些样本单位，以减小抽样误差，提高估计的准确性。

四、重点调查

重点调查是在全部调查单位中，只选择一部分重点单位进行调查，借以了解总体基本情况的一种非全面调查。所谓重点单位，是指其数目在全部单位数中只占很小的比重，但其调查的标志值在总体的标志总量中却占很大的比重，通过对这部分单位进行调查，就能够从数量上反映出总体的基本情况。例如，要了解全国钢铁生产的基本情况，只需要对钢铁产量位居全国前列的少数几家钢铁企业进行调查，就能及时掌握全国钢铁生产的基本情况。因为这些重点钢铁企业在全国钢铁企业中虽然是少数，但它们的产量却占很大的比重，足以反映我国钢铁生产的基本情况。由此可见，采用重点调查要比全面调查节省人力、物力和时间，能及时了解并掌握调查对象的基本情况。正确选择重点单位，是组织重点调查的关键。重点单位并不是固定不变的，而是随着调查任务、调查对象、调查时间的不同会有所变化。因此，要随着情况的变化而随时调整重点单位。选择重点单位的一般原则是：首先，选出的重点单位要尽可能少，而它们的指标值在总体指标中所占的比重要尽可能大。其次，要求选中单位的管理制度必须健全完善，统计工作扎实，这样才能及时提供详细准确的资料。根据调查任务和所研究问题的性质不同，重点单位可以是一些重点企业，也可以是某些重点行业、重点地区和重点城市。

重点单位的选择不带有主观因素是重点调查的主要特点。由于重点调查中重点单位的选择主要取决于所研究现象的主要标志总量的比重，因而其选择不带有主观因素，如某单位管理先进、技术先进，但是其主要标志的标志总量不占有绝大比重，那么这个单位就不能被列为重点单位。

由于调查单位较少，调查项目可多一些，所以了解的信息就更详细。又由于所选择的重点单位一般管理水平较高，技术水平较强，统计基础工作较好，因此在调查资料的质量方面会比全面调查的效果好。对于具有大量总体单位的现象，其中一些单位规模很小，重点调查就更具有应用意义了。

实际工作中，根据研究问题的需要，重点调查可以定期进行，也可以不定期进行，更多的重点调查是临时专门组织进行的调查。

五、典型调查

典型调查是一种非全面调查，它是根据调查的目的与任务，在对所研究现象的总体进行初步分析的基础上，有意识地选取若干具有典型意义的或有代表性的单位进行的调查，其目的是认识事物发展变化的规律。

与其他非全面调查相比，典型调查具有如下特点。

（1）调查单位的选择主要取决于调查者的主观判断与决策。因为调查单位是根据调查的目的与任务，在对现象总体进行初步分析的基础上，有意识地选择出来的，所以调查单位的选择更多地取决于调查者的主观判断与决策。因此，调查人员的经验将会影响调查单位的选择。

（2）典型调查的结果一般不宜用于推断总体。典型调查主要是为了探索认识事物发展变化的趋势和规律性。

在统计实践中，典型调查的作用也是其他调查方式无法取代的，具体表现在以下方面。

（1）典型单位能最充分、最有代表性地体现出调查对象的共性，确切地反映调查单位的一般情况。

（2）它只对少数典型单位进行调查，其调查范围小、调查单位少，能对典型单位做深入细致的调查并进行具体剖析。

（3）调查的内容具有很大的灵活性。根据需要，调查既可以从事物的数量方面，也可以从事物的质量方面进行。

典型调查有两种：一种是"解剖麻雀"式的典型调查，这是一种对个别典型单位进行的深入细致的调查；另一种是"划类选典"式的典型调查，这是先对现象总体按照与研究目的、任务有关的主要标志进行分类，然后再在各类型中选择典型单位进行调查。

做好典型调查的关键是正确选择典型单位，保证其有充分的代表性。典型单位的多少，要根据调查对象的特点来确定。如果调查对象的各单位之间差异较小，发展比较均衡，可选择一个或若干个典型单位进行，即采用"解剖麻雀"式的典型调查；如果调查对象的各单位之间差异较大，发展很不均衡，或者研究的问题比较复杂，可采取"划类选典"式的典型调查，从各种类型中选取少数典型单位进行调查。

一般情况下，为推动事物的发展，形成科学预见，应选择新生事物的典型；为推广先进的经验、树立榜样，应选择先进的典型；为总结经验教训，应选择落后的典型。

不同的统计调查方式，各有其特点和作用。在实际工作中，并不是单独使用一种调查方式、方法，而是多种方式、方法结合应用。因为国民经济和社会发展情况复杂，国民经济门类众多，必须应用多种多样的统计调查方式，才能收集到丰富的统计资料。任何一种统计调查方式，都有它的优越性和局限性，也有不同的应用条件，所以只用一种统计调查方式是无法满足多种需要的。

本章小结

本章共三节，主要介绍了统计调查的含义、种类和方法；统计调查方案的设计，结合实际介绍了一个完整的统计调查方案以及问卷的设计方法；统计调查方式，包括统计报表、普查、抽样调查、重点调查、典型调查等。目的是使读者掌握统计调查的各种方式、方法。

思考与讨论

1. 我国第六次人口普查的调查对象、调查单位、填报单位、调查的标准时间、调查工作期限是什么？调查项目有哪些？

2. 某公司想把某电视节目制作成影音光盘（VCD），调查其潜在市场，所设计的问卷中标题和说明部分均表明调查是关于该电视节目的。问卷首先要求被调查者列举出最喜欢的三个电视节目（开放题），结果该节目名列榜首，98%的被调查者声称最喜欢该节目。

问：你认为这个调查结果真实有效吗？为什么？

3. 结合现实说明抽样调查主要应用于哪些场合。

4. 重点调查、抽样调查、典型调查在选取调查单位时有何不同？试举例说明。

实训题

1. 请在本校随机抽取部分学生，对其手机消费情况进行调查，通过调查，了解以下主要内容并达到以下目的：

（1）了解大学生每个月的手机消费状况，包括每月平均话费等。

（2）了解大学生对手机品牌的喜好偏向。

（3）通过调查，分析现在大学生对手机品牌及生产商的认知情况。

（4）掌握大学生对各种手机品牌的态度。

（5）分析大学生对手机的消费行为和消费特点。

要求：

（1）设计一个完整的调查方案。

（2）设计一份调查问卷。

(3) 利用业余时间进行调查。
(4) 将调查资料收集好待整理分析使用。

2. 某床上用品公司为了解某市床上用品、布艺品、睡衣等产品的市场竞争环境和客户需求等情况，决定进行一次市场调查。这次调查的主要目的是以下几点。

(1) 获得某市以及调查对象的个性化特征，包括年龄、性别、收入、职业、教育、婚姻、家庭人口、居住城区等信息，并作为分析变量与其他因素结合进行深入分析某市消费者行为特征。

(2) 了解相关产品在市场上主要竞争品牌的品牌知名度、最喜欢的品牌、目前使用的品牌、打算购买的品牌等。

(3) 了解相关产品的消费者行为特征，包括获得采购信息的主要途径、购买时间选择、购买渠道选择、购买动机、价格段分布（包括单件、套件）、影响购买决策的主要因素、顾客最喜欢的促销方式、产品规格、花色、款式、质地、包装等。

(4) 结合消费者的购买渠道选择情况，了解该市主要商圈的租金、人流量等信息。

(5) 结合消费者获得采购信息的主要途径，提供该市相关媒体的受众和价格信息。

要求：根据以上调查目的，确定调查对象及调查单位，确定具体调查项目，设计一份调查问卷，选择具体调查方式。

案例分析

【案例 2-1】　　××市香烟消费市场调查方案[①]

1. 调查背景、目的

为加强烟草专卖管理，有计划地组织烟草专卖品的生产和经营，提高烟草制品质量，维护消费者利益，以期对××市香烟市场有一个更为准确、真实的认识。

本次调查收集××市香烟市场的第一手数据，了解××市的烟民现状及烟民变化趋势、××市香烟消费者的香烟消费现状及消费变化趋势、××市香烟的消费特性及变化趋势、××市香烟市场结构现状及变化趋势、××市香烟市场容量状况及香烟需求变化趋势、××市香烟市场业态结构状况及其行为状况分析。

2. 调查范围和调查对象

本次调查将对××市香烟市场进行第一手资料的收集，对××市香烟的消费者和香烟零售商分别进行问卷调查。

调查范围为××市及所辖区、县。

调查对象：①消费者调查，16~65 岁的卷烟消费者；②终端销售调查，卷烟零售商。

3. 调查方法

本次专题调查采用对抽中样本派访问员到户面访法（Door to Door）。

---

① 这是一家调查咨询中心受某市××烟草公司的委托所策划和实施的一项调查计划。本书尊重有关单位的意愿，隐藏了调查地区和相关单位的名称。编者对方案内容做了适当删减和修改。

拟采用分层、多阶段、整群、等距随机抽样。根据调查经费来确定调查的样本量，然后收集区县（市）人口数，并按全市各区县（市）的地理位置和人口等进行抽样，确定抽选距离，并确定抽样调查城市。

分层就是将被调查城市居民调查总体按地理区域（区县）分为 N 层。每一居民家庭作为一个群体，对抽中家庭中的卷烟消费成员进行调查。

多阶段抽样是指在总体中分别采用四个阶段抽选居民调查户：第一阶段，按人口比例确定区县样本；第二阶段，从区（县）抽选调查街道；第三阶段，从抽中街道中抽选调查居委会；第四阶段，从抽中居委会中抽选最终调查单位居民家庭。

抽选调查街道、抽选调查居委会中均采用人口比例法（PPS），抽选调查户采用随机等距法。

本次烟草专题调查的主要指标调查结果既要兼顾所抽中城市的代表性，又要考虑委托方所能够提供的调查经费等因素。为保证调查信息的准确性，根据调查经验，初步确定调查样本由 6 000 个样本单位组成，其中居民家庭 4 500 个，零售商 1 500 个。以抽样地区的母体结构抽取样本。在各调查城市按第二阶段 PPS。各调查区县具体建议样本量如表 2-1 所示。

表 2-1　各调查区县具体建议样本量　　　　　　　　　单位：户

区县（市）编号	居 民 家 庭	零 售 商
1	300	120
2	280	100
3	300	120
4	300	120
5	300	120
6	200	50
7	200	50
8	220	70
9	200	60
10	240	90
11	220	70
12	220	90
13	200	60
14	200	60
15	220	60
16	220	60
17	240	80
18	220	70
19	220	50
合　计	4 500	1 500

4. 调查内容

（1）消费者调查的内容。消费者的基本信息：性别、年龄、职业、文化程度、个人月收入、居住、区域、家庭结构、家庭月消费状况，卷烟消费总量，消费频率，各品牌知名度测试，各品牌市场占有率（主抽率），消费者的品牌偏好及原因，消费者了解新品上市的途径，购烟时最关心的因素，改换常抽品牌的原因，对所消费产品的评价，今后消费变化趋势。

（2）零售商（户）调查的内容。卷烟销售数量及品牌、接受过的宣传促销活动、各品牌销量、主要销售品牌、最畅销品牌及原因、最乐意销售品牌及原因、影响销售原因。

5. 调查分析的流程及质量控制

调查分析的流程：确定项目→确定调查方案→项目培训→抽样实施→访问开始→返回问卷→问卷审核、编码→数据处理→提供分析报告。

时间进度的安排如下。

今年11月中旬	××调查咨询中心准备"××市香烟消费市场调查方案"策划书
今年11月下旬	××烟草公司对策划书进行研究、比较和认定
今年11月底	项目组设计问卷
今年12月初	××烟草公司与信息中心共同讨论、确认问卷
今年12月上旬	开始抽样工作
今年12月中旬	对调查负责人和访问员培训
今年12月下旬	各地进行入户调查
明年1月初	各地对调查结果进行复查，对部分区县进行检查
明年1月上旬	各地对数据审核并上报
明年1月中旬	数据审核、汇总、检索
明年2月初	提交调查报告
明年3月初	提交深度分析报告

调查质量控制的要求和措施如下。

（1）要严格按照抽样方案抽选调查样本，保证调查样本的随机性、准确性。

（2）现场调查中，在对每一名调查者访问记录后，调查员都要对填写的内容进行全面检查，如有疑问应重新询问落实，如有错误应立即改正。

（3）调查员对每天的调查结果应进行检查，如发现疑问应尽快重访，不得主观臆造、弄虚作假。

（4）督导员对调查员经过复查送交的调查表，要认真核实，无误后方可签字验收。

（5）在数据录入过程中，录入人员若发现调查表有错误，要及时记录并报告督导员，必要时应通知调查责任人回访。

（6）调查实施过程中，××调查咨询中心和××烟草公司将组成联合检查组，随时对部分市县的调查工作进行抽查。

6. 调查分析报告

本项目除了得到××市香烟市场的第一手原始数据外，还将整理调查数据，撰写调查报告。

（1）撰写统计报告，对第一手资料进行简单汇总，绘制相应的统计图表。

（2）撰写深度分析报告。为便于××烟草公司对调查结果的充分利用，将调查得到的第一手资料进行深加工,利用经济学、市场学、心理学的理论和先进的运筹学、统计学方法,以及现代数据挖掘技术,对原始数据进行处理和专题分析。利用调查原始数据,进行四方面的专题深度分析:烟民现状及变化特性分析、香烟市场结构及变化趋势预测分析、香烟市场容量及趋势预测分析以及香烟零售商现状及其行为特性分析。

7. 调查组织

为保证项目的顺利进行,××烟草公司、××局、××学会、××大学工商管理学院将组织项目小组负责项目研究及协调进度。

双方项目小组固定两周开会一次(或电话会议),讨论相关信息及研究进度。决策主管须参与会议,若不能参加,须派决策主管助理参与会议讨论。定期讨论项目执行情况。会议由××调查咨询中心主持。

8. 成本预算

调查过程中必然发生的费用:调查礼品费、调查劳务费、抽样费、复核费、会议费、培训费、交通费、通信费、问卷设计费、问卷印刷费、数据处理程序费、数据处理费、调查报告费等。平均摊在每份问卷上的费用及费用总额(具体数据略)。

案例思考与分析要求:

1. 为什么要分别就香烟消费者和零售商进行调查?
2. 该调查方案是否完整?
3. 该项调查选择的调查方法是什么?为什么?
4. 尝试根据本方案中的要求设计出对香烟消费者的调查问卷或对香烟零售商的调查问卷。

【案例 2-2】　　　　应届毕业生就业状况调查问卷

亲爱的同学:

你好!

我们正在进行一项关于应届本科毕业生就业问题的问卷调查,希望通过这一调查对完善学校的就业指导工作提供科学参考,从而对有效解决毕业生面临的就业难题产生积极影响。请根据自己的实际情况回答每一个问题。你的回答将直接影响本项研究的可信度和有效性。

谢谢你的理解和合作!

××大学就业指导中心

主 问 卷

Q1. 你的毕业去向是(　　)。
　　A. 就业　　　　　　　　B. 读研
　　C. 出国　　　　　　　　D. 其他(请注明＿＿＿＿)

Q2. 在求职过程中，你优先考虑的因素是（　　）。（可选一项或两项）
  A. 地域　　　　　　　　B. 单位性质　　　　　　C. 家庭期望
  D. 薪酬与福利　　　　　E. 个人发展机会

Q3. 你优先考虑的就业单位类型是（　　）。（限选一项）
  A. 政府机关　　　　　　B. 国有企业　　　　　　C. 三资企业
  D. 民营企业　　　　　　E. 其他（请注明_____）

Q4. 你能接受的月薪起点是（　　）。
  A. 4 000 元以下　　　　B. 4 000～6 000 元　　　C. 6 000～8 000 元
  D. 8 000～10 000 元　　E. 10 000 元以上

Q5. 在求职过程中最困扰你的问题是（　　）。（可选一项或两项）
  A. 个人能力不足　　　　B. 学校就业指导不够（包括就业信息不足）
  C. 求职方法、技巧欠缺　D. 缺乏社会关系
  E. 用人单位选拔不公正　F. 其他（请注明_____）

Q6. 你在求职过程中遇到的与自身能力相关的主要问题是（　　）。（可选一项或两项）
  A. 专业能力　　　　　　B. 自我表达能力　　　　C. 外语能力
  D. 人际交往能力　　　　E. 环境适应能力

Q7. 你的求职现状是（　　）。
  A. 已签约　　　　　　　B. 已有意向但还没有签约（转到 Q10）
  C. 还没有签约意向（转到 Q10）

Q8. 你已签约的就业地区是（　　）省（市）。

Q9. 你已签约的就业单位是（　　）。
  A. 政府机关　　　　　　B. 国有企业　　　　　　C. 三资企业
  D. 民营企业　　　　　　E. 其他（请注明_____）

Q10. 所找的工作与所学专业的关联程度是（　　）。
  A. 专业对口　　　　　　B. 有一定关联　　　　　C. 几乎没有联系

Q11. 你认为解决就业问题的有效方法是（　　）。（可选一项或两项）
  A. 调整个人心态，降低择业标准
  B. 学校与社会提供更好的就业指导和服务
  C. 在大学期间重视自身能力的全面培养
  D. 政府相关政策的支持
  E. 其他（请注明_____）

Q12. 你认为最有效的求职途径是（　　）。（可选一项或两项）
  A. 通过家庭和个人社会关系、托熟人
  B. 通过学校提供信息和推荐
  C. 人才招聘会和人才市场
  D. 人才招聘网络
  E. 其他（请注明_____）

Q13. 你认为以下证书对于找工作的影响程度是（请在您认为合适的空格上打√）。

证　　书	很重要	重　要	一　般	不重要	很不重要
计算机等级证书					
外语六级证书					
辅修专业证书					
从业资格证书					
省部级以上获奖证书					
其他（请注明）					

Q14. 就个人知识结构与职业需求来看，你认为改革学校教育包括改革课程体系对改善大学生就业状况有帮助吗？（　　）
  A. 非常有帮助　　　　　B. 比较有帮助
  C. 不太有帮助　　　　　D. 没有帮助

Q15. 结合你的求职经历，你认为现在用人单位需求与学校教育模式，包括专业培养（如课程设置）和其他能力培养之间存在怎样的差距？
  回答：

Q16. 请问你对解决大学生就业难问题有何建议？
  回答：

个人基本情况

D1. 你的性别是（　　）。
  A. 男　　　　　　　　　B. 女
D2. 你的专业是（请注明_____）。
D3. 你来自（　　）。
  A. 大城市　　　　　B. 中小城市　　　　　C. 农村
D4. 你在大学期间是否担任过学生干部？（　　）
  A. 是　　　　　　　　　B. 否
D5. 你的家庭经济状况使你在大学学习期间（　　）。
  A. 不需要申请助学贷款或其他方面的资助
  B. 需要申请经济方面的资助但没有申请
  C. 依靠助学贷款或其他形式的资助以完成学业

案例思考与分析要求：

1. 该调查问卷由哪几大部分的内容组成？设计"个人基本情况"的调查项目（问题）对此项调查分析有何具体意义？

2. 该调查问卷中设计了哪些类型的问题？哪些是封闭式问题？哪些是开放式问题？

3. 该调查问卷中设计的问题答案选项有哪些类型？为什么有些问题可选两项答案，而有的问题只要求选择一项答案？两者对数据汇总有何影响？

4. 该调查问卷中问题的排列顺序是否合理？每个问题下面备选答案的表述、数量以及顺序是否恰当？

5. 如果要对全国应届本科毕业生进行就业状况调查，你认为该调查问卷是否同样适用？

6. 如果采用网络调查法来收集数据，你认为有何优缺点？其调查结果质量如何？调查数据与实际情况的误差可能来源于哪些方面？

第三章 统计数据的整理与展示

【学习目标】
① 了解统计数据整理的含义。
② 掌握统计分组的方法。
③ 掌握分配数列的编制方法。
④ 熟悉统计表的结构及编制规则。
⑤ 熟悉统计图的特征和绘制方法。
⑥ 掌握 Excel 在统计数据整理中的运用。

第一节 统计数据的整理

一、统计数据整理概述

(一) 统计数据整理的含义

统计数据整理是根据统计研究任务的要求,对统计调查阶段所收集到的大量原始资料进行加工与汇总,使其系统化、条理化、科学化,最后形成能够反映现象总体综合特征的统计资料的统计工作过程。

通过统计调查所收集到的统计数据是零星的、分散的、不系统的,它只能说明总体单位的情况,而不能反映总体的特征,不能深刻揭示现象的本质,更不能从量的方面反映现象发展变化的规律性。统计数据整理是对调查所收集的资料进行科学加工,使之系统化、条理化,成为说明总体特征的综合资料,实现由反映总体单位特征的标志向反映总体综合数量特征的统计指标的转化,是从对社会经济现象个体量的观察到对社会经济现象总体量的认识的连接点,是人们对社会经济现象从感性认识到理性认识的过渡阶段。

(二) 统计数据整理的程序

1. 统计资料的审核

在数据进行汇总整理之前,必须对调查收集的原始数据进行审核,以确保统计工作的质量。对原始资料的审核主要包括资料的及时性、完整性和准确性审核。经审核后若发现错误,应根据不同情况及时纠正和处理。

2. 进行统计分组

按照整理表的要求选择最能说明现象本质特征的分组标志对原始资料进行科学的统计分组,统计分组是统计数据整理的关键。

3. 进行加工汇总，编制分配数列

按统计分组的要求对统计调查单位的项目进行分组汇总，并在此基础上加以全面汇总，编制分配数列，使之能反映调查对象的全貌。

4. 编制统计表和绘制统计图

将汇总整理后所得的结果采用恰当的统计表格或统计图简明扼要地表达出来，以表明现象总体的综合特征。

5. 统计数据资料的积累、保管和公布

为了便于对统计数据的长期对比和分析，研究现象的变化规律，有必要将统计数据进行积累和保管。对于必须向全社会公开发布的数据，应按照指定的时间和渠道等要求进行发布。

二、统计分组

（一）统计分组的意义和种类

1. 统计分组的意义

统计分组是根据统计研究的需要，按照某种标志将统计总体区分为若干性质不同而又有联系的几个部分的一种统计方法。

总体的变异性是统计分组的客观依据。其做法对总体而言是"分"，对总体单位而言是"合"。其目的是把同质总体中的具有不同性质的单位分开，把性质相同的单位合并在一个组，保持各组内统计资料的一致性和组与组之间统计资料的差异性，以便进一步运用各种统计方法研究现象的数量表现和数量关系，从而正确地认识事物的本质及其规律性。

科学的统计分组在统计资料整理中占有十分重要的地位，它是统计研究中最重要、最基本的方法之一，人们对社会现象进行的不同类型的研究，以及对现象内容结构及其相互关系等的研究，都是通过统计分组进行的。

2. 统计分组的种类

（1）统计分组按照分组标志的多少分为简单分组和复合分组。根据研究现象总体的复杂程度和分析研究的任务，只按照一个标志进行分组，称为简单分组；如果分组按两个或两个以上的标志进行，并且层叠在一起，称为复合分组。例如，企业按经济类型、隶属关系、规模、轻重工业分组均属于简单分组：按经济类型分组分为国有经济企业、集体经济企业、私营经济企业、个体经济企业、联营经济企业、股份制经济企业、外商投资经济企业、港澳台投资经济企业、其他经济企业；按隶属关系分组分为中央工业企业、地方工业企业；按企业规模分组分为大型工业企业、中型工业企业、小型工业企业；按轻重工业分组分为轻工业企业、重工业企业。

复合分组是先按第一个标志分组，在此基础上再按第二个标志分组，又在此基础上层叠地按第三个标志分成更小的组，依此类推。例如，工业企业先按轻重工业分组，在此基础上又按企业规模分组，形成图3-1所示的复合分组。

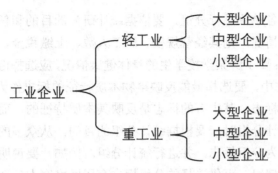

图 3-1 工业企业复合分组

复合分组的特点：可以从几个不同的角度了解总体内部的差别和关系，比简单分组更全面、更深入地研究问题。但在应用时要注意：第一，复合分组的标志不宜过多，复合分组随着分组标志的增加，所分组数也会成倍增加，被分配到各组的总体单位就会更加分散，这样违背了"大量"的原则，因而失去了通过分组来分析问题的意义；第二，只有在总体包括的单位数很多的条件下，适当采取复合分组才有意义。

（2）统计分组按分组标志的性质分为品质分组和变量分组。品质分组是指按品质标志进行的分组，主要反映的是被研究现象的质的属性或特征。例如，人口按性别分为男、女两组，按居住地区分为城市和乡村两组；企业按经济类型分为国有经济企业、集体经济企业、私营经济企业、个体经济企业、联营企业、股份制经济企业、外商投资经济企业、港澳台投资经济企业等。变量分组是指按照数量标志进行的分组，主要反映的是总体单位的数量特征。例如，企业按职工人数、生产能力、产量、产值分组等。

（二）统计分组的原则

统计分组必须遵循穷尽和互斥两条原则。穷尽原则就是总体中的每一个单位都有组可归，无一遗漏。互斥原则就是在特定的分组标志下，总体中的任何一个单位只能归属于某一组，而不能同时归属于几个组。

（三）关于分组标志的选择问题

分组标志是将现象总体划分为不同类型的组的标准或依据。如学生按照年龄进行分组，则"年龄"就是分组标志；企业按所有制关系进行分组，则"所有制关系"就是分组标志。统计分组的关键是分组标志的选择，因为选择什么样的分组标志就有什么样的分组、什么样的分组体系。分组标志选择得是否正确，关系到能否正确地反映总体的性质特征，能否实现统计研究的目的和任务。分组标志一旦选定，就必然突出了总体在该标志下的性质差异，而掩盖了总体在其他标志下的差异。分组标志选择不当，就无法显示现象的根本特征，歪曲社会经济的真实情况。因此，正确选择分组标志是保证实现统计分组任务的关键，是统计研究获得正确结论的前提。

因此要恰当地选择好分组标志，必须注意以下问题。

（1）要根据统计研究的目的进行选择。任何一个总体单位都有许多标志，究竟选择什么样的标志对总体中各单位进行分组，要依据统计研究的目的和任务来确定。例如，要研究某单位的生产经营情况，则其经营规模、职工人数、上缴税金、盈利能力、业务收入等都可以成为分组标志；要了解某学校学生的身体健康情况，应选择健康状况作为分组标志。

（2）若干个标志中，要选择最能反映事物本质特征的标志作为分组标志。每一个总体单位一般都具有多个标志，其中有的标志是反映其本质特征的，而有些则是非本质的、次要的。因此，进行统计分组时，要根据统计分组的目的，从众多的标志中选择最能反映现象本质特征的标志作为分组标志，并进行统计分组。例如，要说明改革开放以来我国居民家庭生活水平提高的情况，可供选择的分组标志有居民家庭人口数、就业人口数、赡养人口数、家庭收入总额、家庭成员人均收入额等。其中，最能体现我国居民家庭生活水平高低的标志应当是居民家庭人均收入额。

需要注意的是，同一标志在某一历史条件下最能反映事物的本质特征，而在另一历史条件下不一定能反映事物的本质特征。因此，随着历史条件的变化，分组标志也应改变。例如，在技术不发达的条件下，用职工人数的多少来表示企业的规模比较恰当，而在技术进步的时期或技术装备比较先进的条件下，采用固定资产的价值或产值作为分组标志就会更恰当，更切合实际。

（四）统计分组的方法

1. 品质标志分组

品质标志分组就是选择反映事物属性差异的品质标志作为分组标志，并在品质标志的变异范围内划分各组界限，将总体划分为若干性质不同而又有联系的几个部分。

按照品质标志进行分组有比较简单的，也有比较复杂的。简单的品质标志分组是指一个品质标志分组对总体的划分只分一次，每个组不再往下细分，不存在组与组之间的界限区分等问题，如人口按性别、民族分组等。但在大多数情况下，分组都比较复杂，各组界限不易划分，如农业人口与非农业人口的划分、国民经济按部门进行分类等就比较复杂。在实际工作中，对于比较复杂的分组，国家有统一规定的统计分类标准或分类目录。

2. 变量分组

变量分组就是选择反映事物数量差异的数量标志作为分组标志，并在数量标志的变动范围内划分各组界限，将总体划分为若干性质不同而又有联系的组成部分，如学生按考试成绩进行分组，职工按月工资进行分组等。按数量标志进行分组的目的并不是单纯地确定各组在数量上的差别，而是要通过数量上的变化来区分各组的不同类型和性质。按数量标志分组比较复杂，涉及诸多问题，现分别加以说明。

（1）单项式分组与组距式分组。分组时，如果一个数值作为一组，称为单项式分组。如居民家庭按人口数分组可分为：1人、2人、3人、4人和5人及以上五个组。

如果一个区间作为一组，称为组距式分组。区间的距离叫作组距。如产品按合格率分组可分为：70%~80%、80%~90%和90%~100%三个组，组距为10%。

分组时，究竟应该在什么情况下采用单项式分组，什么情况下采用组距式分组呢？对于离散变量，如果变量值的变动幅度较小，就可采用单项式分组，如前面的家庭按人口数进行分组。如果变量值的变动幅度较大，变量值的个数又很多，则可采用组距式分组。因为这时如果再采用单项式分组，组数就会太多，单位在各组之间的分布也太分散，这就会失去分组的意义。如某地区将企业按职工人数划分为 1 999 人以下、2 000~2 999 人、3 000~3 999 人、4 000~4 999 人和 5 000 人以上五个组，这是因为该地区职工人数变动幅度大，所以采用了组距式分组。

对于连续变量，由于不能一一列举出其变量值，就不能采用单项式分组，只能采用组距式分组，如职工按月工资分组为：3 000 元以下、3 000~4 000 元、4 000~5 000 元、5 000~6 000 元和 6 000 元以上五个组。

按组距式分组是假定变量值在各组内的分布是均匀的，而实际情况并非如此，因此它会使资料的真实性受到一定程度的影响。

在进行组距式分组时，还应该注意组数与组距的确定问题。如果分组太多、太细，组距太小，容易将属于同类性质的单位划分到不同的组中；如果组数太少，组距太大，就会把不同性质的单位划分到同一组中，失去区分事物的界限，达不到正确反映客观事实的目的。因此，组距的大小、组数的多少，从原则上说，应该力求符合现象的实际情况，能够将总体分布的特点充分反映出来，不能强求一致。对于组数与组距应该先确定哪个，不能做机械规定，应该在大致了解原始资料分布集中趋势的基础上，对两者都要考虑。

（2）等距分组与不等距分组。在组距式分组中，如果每组的组距相等，称为等距分组；如果组距不全等，称为不等距分组。一般来说，在标志值变动比较均匀的情况下，采用等距分组。例如，产品按合格率分组、企业按职工人数分组、职工按月工资分组均属于等距分组。在标志值变动很不均匀、变动幅度较大时，采用不等距分组。不等距分组更多地应根据事物性质变化的数量界限来确定组距，如我国第六次人口普查，将人口按年龄分组为：0~14 岁、15~64 岁和 65 岁及以上三个组。

有时，标志值是按照一定比例发展变化的，则可按照等比的组距间隔进行分组。如某商店按销售额分为 50 万元~500 万元、500 万元~5 000 万元和 5 000 万元~50 000 万元三个组，这是一个公比为 10 的不等距分组。不等距分组有时更能说明现象的本质特征。

（3）组限与组中值。在进行组距式分组时，组距两边的数据称为组限。其中，每组的起点值称为下限，每组的终点值称为上限。如上例中，第一组销售额 50 万元是下限，500 万元是上限。组距等于上限与下限之差。

在确定组限时应该注意以下几点。

第一，最小组下限应低于最小变量值，最大组上限应高于最大变量值。

第二，组限的确定应该有利于反映总体分布的规律性。

第三，如果组距为 5，10，…，100，则每组的下限最好是它们的倍数。

组限的表示方法应根据变量的性质而定，对于离散变量，由于可以一一列举其变量值，而且相邻两个数值之间没有中间数值，不会出现遗漏问题。因此，离散变量相邻两组的上下限既可以间断，也可以重叠。如前面列举的企业按职工人数分组，其相邻两组上下限是间断的，也可采用重叠分组：2 000 人以下、2 000~3 000 人、3 000~4 000 人、4 000~5 000 人和 5 000 人以上。

连续变量相邻两个数值之间可能有无限多个中间数值，不可能一一列举，所以只能采用重叠组限，即上一组的上限就是下一组的下限，如前面列举的职工按月工资分组。

需要注意的是，在分组时，当某个标志值刚好就是相邻两组上下限数值时，一般是把此值归并到下限组，如前例的月工资为 4 000 元时，应归为第三组中。

组中值是上限和下限之间的中点数值，它是各组上下限数值的简单平均，用来代表各组标志值的一般水平。计算方法为：(上限+下限)/2 或(下限+组距)/2。如月工资 3 000～4 000 元一组的组中值为 3 500 元，4 000～5 000 元一组的组中值为 4 500 元。

在组距式分组中，经常采用"多少以上"或"多少以下"来表示，这种组叫"开口组"。如企业按职工人数分组中的"2 000 人以下""5 000 人以上"，再如职工按月工资分组中的"3 000 元以下""6 000 元以上"，均属于开口组。

开口组组中值的确定是参照相邻组组距来确定的，即将相邻组组距作为本组组距以计算组中值。如上例职工按工资分组中，月工资"3 000 元以下"的组中值为 2 500 元，即(2 000+3 000)/2；6 000 元以上的组中值是 6 500 元，即(6 000+7 000)/2。

三、分配数列

（一）分配数列的定义

分配数列也称次数分布或次数分配，是统计资料经过对某一标志分组后按一定的分组顺序，列出各组的总体单位数，形成一个反映总体单位在各组之间分配情况的统计数列。分布在各组的总体单位数叫作次数，又称频数。各组次数与总次数之比称为频率。

分配数列是统计资料整理的一种重要形式和结果。它可以表明总体的分布特征及内部结构情况，并可以据此研究总体某一标志的平均水平及其变动的规律性。

分配数列的构成必须同时具备两个要素：一是总体按某标志进行的分组；二是各组所出现的次数或比重。表 3-1 是 2019 年年末我国人口性别分布表。

表 3-1　2019 年年末我国人口性别分布表

性　　别	人口数/万人	占总人口的比重/%
男	71 527	51.10
女	68 478	48.90
合　　计	140 005	100.00
⇑	⇑	⇑
组的名称	次数（频数）	比重（频率）

资料来源：《中华人民共和国 2019 年国民经济和社会发展统计公报》。

（二）分配数列的种类

分配数列按分组标志的性质不同可分为品质数列和变量数列。

按品质标志分组所编制的分配数列称为品质数列。它由分组的名称和频数（或频率）等要素构成。对于品质数列，如果分组标志选择得当，分组标准定得合理，那么事物性质的差异表现得也比较清楚，总体中各组的划分也较容易解决，从而能准确地反映总体的分布特征。如表 3-1 是我国人口按性别分布的数据，属于品质数列。

按数量标志分组形成的分配数列称为变量数列。根据分组的方法不同，变量数列又可分为单项数列和组距数列两种。如果一个数据代表一个组，这样形成的数列称为单项数列；如果一个区间代表一个组，这样形成的数列称为组距数列。组距数列根据组距是否相等又可分为等距数列和不等距数列两种：若每组的组距相等，这样形成的数列称为等距数列；如果每组的组距不全等，这样形成的数列称为不等距数列。如表 3-2 是一个不等距的变量数列。

表 3-2 2019 年年末我国人口年龄分布表

按年龄分组/岁	人口数/万人	占总人口的比重/%
0～15	24 977	17.84
16～59	89 640	64.03
60 岁及以上	25 388	18.13
合　计	140 005	100.00

资料来源：《中华人民共和国 2019 年国民经济和社会发展统计公报》。

（三）变量数列的编制方法

下面举例说明变量数列的编制。

【例 3-1】某车间工人进行技能测试的成绩分别为（单位：分）：

57　89　49　84　86　87　75　73　72　68
75　82　97　81　67　81　54　79　87　95
76　71　60　90　65　76　72　70　86　85
89　89　64　57　83　81　78　87　72　61

要分析该车间工人的测试成绩，可以通过编制变量数列来反映工人的成绩情况，具体编制步骤如下。

1. 将原始资料按数据大小顺序进行排列，确定变量值的变动范围

以上资料杂乱无章，不易看出问题，我们将这些成绩按大小顺序加以排列，就可以确定其变动范围、最大值、最小值，显示出基本趋势。

49　54　57　57　60　61　64　65　67　68
70　71　72　72　72　73　75　75　76　76
78　79　81　81　81　82　83　84　85　86
86　87　87　87　89　89　89　90　95　97

通过初步整理，可以看出工人测试成绩的基本情况，最低分为 49 分，最高分为 97 分，成绩的变动幅度在 49～97 分，全距为 97-49=48 分。另外，从数列中也可以看出大多数工人的测试成绩在 60～90 分，不及格的和优秀的工人人数不多。

2. 确定组数和组距

测试成绩属于连续变量，且变动幅度较大，采用组距式分组。组数的确定要根据研究

对象的具体情况而定,对测试成绩的分析主要是从不及格、及格、中、良好、优秀等方面来考虑,于是分为五组。

组数确定之后,就可以确定组距了。从资料及其研究目的来考虑,采用等距分组比较合适。组距的计算方法为:组距=(最大值-最小值)/组数=(97-49)/5=9.6 分。从计算角度出发,组距一般为 5、10 的倍数最好,尽量用整数,所以将组距定为 10。

3. 确定组限及其表示方法

工人的测试成绩是连续变量,采用重叠组限的形式。

4. 汇总各组次数,并计算频率

根据所确定的组数、组距以及组限的表示方法,可以分别汇总出各组测试成绩出现的次数,并计算频率,形成变量分配数列,如表 3-3 所示。

表 3-3　某车间工人技能测试成绩统计表

按测试成绩分组/分	工人数/人	各组工人占总人数的比重/%
60 以下	4	10.0
60~70	6	15.0
70~80	12	30.0
80~90	15	37.5
90~100	3	7.5
合　计	40	100.0

从变量数列中可以看出该车间工人在不同分数层次上的分布情况。

为了进一步分析工人数在某一成绩段上的分布情况,还可以在分组计算的基础上计算累计频数和累计频率。向上累计是从最小变量值向最大变量值的累计;反之称为向下累计。

【例 3-2】仍以例 3-1 的资料,分别进行向上累计和向下累计,如表 3-4 所示。

表 3-4　某车间工人技能测试成绩累计表

向　上　累　计				向　下　累　计			
成绩分组上限	频　数	累计频数	累计频率/%	成绩分组下限	频　数	累计频数	累计频率/%
60	4	4	10.0	0	4	40	100.0
70	6	10	25.0	60	6	36	90.0
80	12	22	55.0	70	12	30	75.0
90	15	37	92.5	80	15	18	45.0
100	3	40	100.0	90	3	3	7.5
合　计	40	—	—	合　计	40	—	—

向上累计的意义是各组上限以下的累计频数或累计频率,当所关注的是标志值较小的现象的次数分配情况时,通常采用向上累计,以说明这些数值以下的所有数值所占的比重。表 3-4 中第一组说明在 40 名工人中,测试成绩在 60 分以下的有 4 人,占总数的 10.0%,第二组则说明成绩在 70 分以下的有 10 人,占总数的 25.0%,依此类推。有时为表示在一

定成绩以上的累计频数和累计频率，则采用向下累计。各累计数的意义是各组下限以上的累计频数或累计频率，当所关注的是标志值较大的现象的次数分配情况时，通常采用向下累计，以说明在这些数值上所有数值所占的比重。例如，表 3-4 中第五组表示在 40 名工人中，90 分以上的工人有 3 人，占总数的 7.5%；第四组表示 80 分以上的有 18 人，占总数的 45.0%，依此类推。

由此可见，累计频数和累计频率可以更简便地概括总体各单位的分布特征。

（四）次数分布的主要类型

不同的社会经济现象会呈现出不同的次数分布，主要有以下几种类型。

1. 钟形分布

钟形分布的特征是"两头小，中间大"，所绘图形似一口古钟，如图 3-2 所示。

从图 3-2 中可以看出，靠近中间的变量值分布的次数多，靠近两边的变量值分布的次数少。一般社会经济现象的次数分布都服从于这种分布，如居民家庭月生活费收入、商品市场价格等。

2. U 形分布

U 形分布的特征是"两头大，中间小"，所绘图形似倒扣的古钟，又称倒钟形分布，如图 3-3 所示。

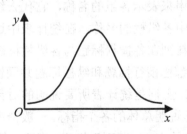
图 3-2　钟形分布示意图

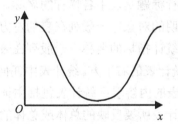
图 3-3　U 形分布示意图

从图 3-3 中可以看出，靠近中间变量值的频数少，两端变量值的频数多，如人口死亡现象按年龄分布即属于这种分布。

3. J 形分布

J 形分布的特征是次数随变量值的增大而增多，所绘图形是一条似字母 J 的曲线，如人口按年龄大小的分布，如图 3-4 所示。

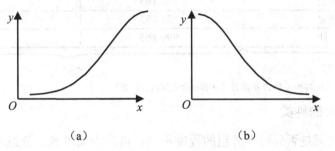
（a）　　　　　　　　　　（b）

图 3-4　J 形分布示意图

第二节　统计数据的展示

一、统计表

（一）统计表的意义和结构

1. 统计表的意义

统计表就是用纵横交叉的线条来表现统计资料的表格，是表现统计资料的常见方式。统计表能够将大量的统计数字资料加以综合组织安排，使资料更加系统化、标准化，更加紧凑、简明、醒目和有条理，便于人们阅读、对照比较，清楚地说明问题，从而更加容易发现现象之间的规律性。利用统计表还便于资料的汇总和审查，以及计算和分析。因此，统计表是统计分析的重要工具。

2. 统计表的结构

从形式上看，统计表由四个部分组成，即总标题、横行标题、纵栏标题和数字资料。总标题为整个统计表的名称，用来简明扼要地说明全表的主要内容，一般列在表的上端中部；横行标题是表中各横行的名称，在统计表中通常用来表示各组的名称，它代表统计表所要说明的对象，一般列在表的左方；纵栏标题是表中各纵栏的名称，在统计表中通常用来表示统计指标的名称，一般列在表的上方；数字资料列在各横行标题与各纵栏标题交叉处，即统计表的右下方。统计表中任何一个数字的含义都由横行标题和纵栏标题共同说明。

从表的内容看：统计表包括主词和宾词两个部分。主词是统计表所要说明的对象，也就是统计表所要反映的总体或总体的各个分组；宾词是说明总体的各个指标。一般情况下，主词排列在统计表的左方，即列于横行；宾词排列在表的上方，即列于纵栏。表 3-5 是 2019 年我国国内生产总值按三次产业分组形成的统计表。

表 3-5　2019 年我国国内生产总值

按三次产业分组	绝对额/亿元	比重/%
第一产业	70 467	7.1
第二产业	386 165	39.0
第三产业	534 233	53.9
合　计	990 865	100.0

资料来源：《中华人民共和国 2019 年国民经济和社会发展统计公报》。

（二）统计表的种类

统计表按照主词是否分组和分组的程度不同，可分为简单表、分组表和复合表三类。

1. 简单表

主词未经任何分组的统计表称为简单表。其特点是所反映的内容只按顺序或按逻辑进行排列，并有合计数，一般是在对调查的原始资料进行初步整理时采用这种形式。简单表的主词可以按总体单位简单排列，也可以按时间的先后顺序简单排列。表 3-6 是按时间先后顺序排列的简单表。

表 3-6　我国历次人口普查家庭规模统计表

年　份	家庭户规模/（人/户）
1953	4.33
1964	4.43
1982	4.41
1990	3.96
2000	3.44
2010	3.10

资料来源：《2010 年第六次全国人口普查主要数据公报（第 1 号）》。

2. 分组表

主词只按一个标志进行分组的统计表称为分组表。其主词可按品质标志分组，也可按数量标志分组，如表 3-7 所示。

表 3-7　2018 年我国高等教育学生情况 1　　　　　　　　单位：万人

按层次分组	招生数	在校学生数	毕业生数
研究生	85.80	273.12	60.43
普通本专科	790.99	2831.03	753.31
成人本专科	273.31	590.98	217.74
网络本专科	320.91	825.66	194.92

资料来源：国家统计局. 中国统计年鉴 2019[M]. 北京：中国统计出版社，2019.

3. 复合表

复合表是指主词按两个或两个以上标志进行重叠分组的统计表。复合表能把更多的标志结合起来，可更深入地分析现象的特征和规律性。将表 3-7 进一步细分，先按照层次分组，在此基础上再按照学历分组，则可形成一张复合表，如表 3-8 所示。

表 3-8　2018 年我国高等教育学生情况 2　　　　　　　　单位：万人

分　组	招生数	在校学生数	毕业生数
研究生	**85.80**	**273.12**	**60.43**
博士	9.55	38.95	6.07
硕士	76.25	234.17	54.36
普通本专科	**790.99**	**2831.03**	**753.31**
本科	422.16	1697.33	386.84
专科	368.83	1133.70	366.47

续表

分　　组	招生数	在校学生数	毕业生数
成人本专科	**273.31**	**590.98**	**217.74**
本科	140.04	297.11	99.58
专科	133.27	293.87	118.16
网络本专科	**320.91**	**825.66**	**194.92**
本科	104.44	282.58	68.19
专科	216.47	543.08	126.73

资料来源：国家统计局．中国统计年鉴2019[M]．北京：中国统计出版社，2019．

统计表还可按照宾词设计分为宾词简单排列、宾词分组平行排列和宾词分组层叠排列三种。宾词简单排列是指宾词不进行任何分组，只按一定顺序排列在统计表上。宾词分组平行排列是指宾词栏中各分组标志彼此分开，平行排列。宾词分组层叠排列是指统计指标同时有层次地按两个或两个以上的标志进行分组，各种分组层叠在一起。

（三）统计表的编制规则

（1）表的各种标题，特别是总标题，要简明确切，概括地反映出表的基本内容，表明统计资料所属地点和时间。

（2）表中的横行标题各行、纵栏标题各栏一般按先局部后整体的原则排列。即先排列各个项目，后排列总计，当没有必要列出所有项目时，可先列总计，后列其中一部分项目。

（3）如果统计表的栏数较多，通常应加以编号。主词栏和计量单位各栏，一般用甲、乙、丙等文字编号；宾词栏各统计指标一般用（1）、（2）、（3）等数字编号。

（4）表中的数字要对准位数，填写整齐，当某项无数据时，应用规定符号表示。例如，有的规定用"—"表示，有的规定用"…"表示。表的计量单位也应按规定进行填写，计量单位一般填写在每一栏的指标名后面，如表3-5、表3-6所示。若全表计量单位相同时，可将计量单位写在统计表的右上方，如表3-7、表3-8所示。

（5）统计表的上下横线一般用粗线条封口，左右两端不封口，即统计表采用"开口表"格式。

二、统计图

（一）统计图的意义和绘制原则

统计图是利用统计资料绘制成的几何图形或具体事物形象和符号来说明社会经济现象数量方面的一种形式。统计图与统计表一样，可以从数量方面反映出研究对象的规模、水平、结构、发展趋势和比例关系，是展示统计数据的一种主要形式。

统计图是表现统计资料的一种重要方法，它不仅使统计资料鲜明醒目、生动活泼，而且具体、形象、通俗易懂，给人以明晰而概括的印象，让人一目了然。所以，统计图是向广大群众进行宣传教育的有效工具,是进行评比的重要方法,也是进行统计分析加强经营管理的一种重要手段。

绘制统计图应遵循以下原则。

(1)统计图应能反映客观实际情况。统计图不同于一般的美术图,不允许夸张。绘制统计图所用的统计资料及绘制的统计图都必须准确,给人留下正确的印象。

(2)统计图要简明扼要,主题突出,通俗易懂。绘制的统计图要使读者一看就知道所表达的基本内容,每一个图形都应有一个确切的、简明扼要的标题,必要时可对图中的各项内容附加注解和说明。

(3)要根据不同的统计资料和不同的目的绘制不同的图形,尽量做到内容与形式的协调,在准确反映客观实际的前提下,尽量做到美观,以增加读者的兴趣,提高对读者的吸引力。

在多数场合,为了醒目、形象、美观地反映现象的特点,用统计图来表示次数分布则可达到此效果。用手工制作统计图是一件费工费时的工作,但计算机图表软件和一些专门用于演示报告软件的普及,使图表的制作越来越方便、轻松,而且利用计算机软件制作的图表十分美观。

(二)统计图的绘制步骤

统计图的绘制一般需要经过以下几个步骤。

(1)确定绘制统计图的目的。有了明确的制图目的,才能据此决定制图所应用的资料、图式和表达方法,制图的目的应根据实际需要来确定。

(2)收集统计资料。统计资料是绘制统计图的依据,制图所用的统计资料必须合乎制图的目的。因此,所选择的统计资料应是具有实际意义并能反映事物本质的重要资料。

(3)决定绘制的图式。要根据所确定的绘制统计图的目的、收集的统计资料的性质与内容,决定所要绘制的统计图的式样,并同时考虑统计图的作用、分布场合和应用对象。

(4)绘制图形。一般先用铅笔画好草图,待校对准确后再绘制出正式图形,并要书写图名、加注数字文字说明(如绘制单位、日期、资料来源等)和必要的图例。

以上介绍的是手工绘制统计图的程序,用计算机绘制统计图的操作将在本章第三节中介绍。

(三)几种常用的统计图

1. 线形图

线形图是以线条的连续升降来表示现象动态及现象之间的依存关系的统计图形。线形图是统计图形中最简单的图形也是最常见的图形,尤其适用于显示变量值在不同时间上的差异。

【例3-3】2010—2019年我国按当年价格计算的国内生产总值如表3-9所示。

表3-9 2010—2019年我国国内生产总值

年 份	国内生产总值/亿元	年 份	国内生产总值/亿元
2010	412 119.3	2015	685 992.9
2011	487 940.2	2016	740 060.8
2012	538 580.0	2017	820 754.3
2013	592 963.2	2018	900 309.5
2014	641 280.6	2019	990 865.0

资料来源：《中国统计年鉴2019》及《中华人民共和国2019年国民经济和社会发展统计公报》。

根据上述资料，在平面坐标图系上，以横轴表示年份、纵轴表示国内生产总值，可绘制线形图如图3-5所示。

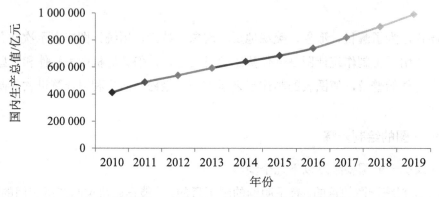

图3-5 2010—2019年我国国内生产总值

2. 直方图

直方图是用直方形的宽度和高度来表示次数分布的图形。绘制直方图时，横轴表示各组组限，纵轴表示次数或比率，依据各组组距的宽度与次数的高度绘制成直方形。

【例3-4】将表3-3某车间工人技能测试成绩统计表绘制成直方图，如图3-6所示。

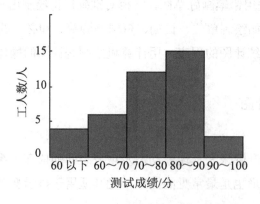

图3-6 工人技能测试成绩分布图

3. 条形图

条形图是用宽度相同的条形的高度或长度来表示数据变动的图形。条形图可以纵置，纵置时又称为柱形图。

【例 3-5】 将表 3-10 所示的数据绘制成条形图，如图 3-7 所示。

表 3-10　2015—2019 年我国各类教育招生人数　　　　　　单位：万人

年　份	普通本专科	中等职业教育	普通高中
2015	738	601	797
2016	749	593	803
2017	761	582	800
2018	791	557	793
2019	915	600	839

资料来源：《中华人民共和国 2019 年国民经济和社会发展统计公报》。

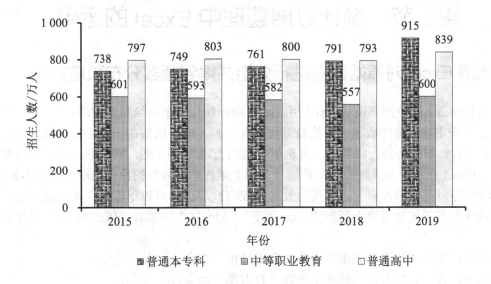

图 3-7　2015—2019 年我国各类教育招生人数

直方图与条形图不同。条形图的条形长度表示各类频数的多少，其宽度是固定的（表示类别）；直方图是用面积表示各组频数的多少，矩形的高度表示每组的频数密度，宽度则表示各组的组距，因此，其高度与宽度均有意义。此外，由于分组数据具有连续性，直方图的各矩形通常是连续排列的，而条形图则是分开排列的。

4. 饼状图

饼状图是以图形的面积来表现数值大小的图形。饼状图适合于表示总体中各组成部分所占的比例，主要用于研究结构性问题。

【例 3-6】 将表 3-5 中 2019 年我国国内生产总值（单位：亿元）的三次产业构成用饼状图展示，如图 3-8 所示。

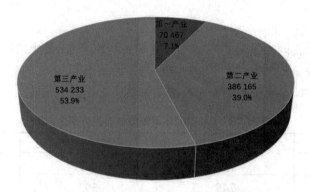

图3-8　2019年我国国内生产总值的产业结构图

以上介绍了几种常用的统计图，应用时可根据所掌握资料的性质和绘图的目的选择适合的图形。

第三节　统计数据整理中 Excel 的运用

一、利用 Excel 对原始数据进行分组并得到频数分布和直方图

下面以例3-1的数据来说明怎样利用 Excel 进行统计分组并绘制直方图。[①]

在工作表中输入原始数据（原始数据可放在一列，也可以放在一个矩形区域，本例中位于A1～J4），指定各组上限数值（本例五个组的上限为59，69，79，89，100）。需要注意的是，Excel 在统计各组频数时，是按"各组上限在本组内"的原则处理的（如本例中，59分及59分以下都归入第一组，其余数据中69分以及69分以下都归入第二组，这样得到的频数才相当于统计习惯上所指的"60以下""60～70"的频数，依此类推）。具体步骤如下。

第一步，选择"数据"菜单栏中的"数据分析"命令。

第二步，在"数据分析"菜单中选择"直方图"命令。

第三步，在"直方图"对话框的"输入区域"数值框中输入原始数据所在区域（本例中为A1:J4，这里的单元格引用使用绝对引用或相对引用均可）；在"接收区域"数值框中输入指定的分组上限值所在区域（本例为A8:A12。如果将数据名称所在单元格也包括在输入区域和接收区域中，就应选中"标志"复选框。本例未包括，因此不需要选中此复选框）；在"输出区域"数值框中指定频数分布表输出区域的起点单元格（本例中为C7）；选中"图表输出"（否则只输出频数分布而不显示直方图）复选框，如图3-9所示；单击"确定"按钮即可得到次数分布表和直方图，如图3-10所示。

第四步，对 Excel 输出的图表加以调整，使之更加规范、美观。可将输出表中的"接

---

① 对变量进行统计分组也可以使用 FREQUENCY 函数，该函数对话框虽然与直方图对话框相似，但操作较为复杂且容易出错（必须先选定输入区域，指定数据区域后不能直接单击"确定"按钮，而必须在键盘上按 Shift+Ctrl+ Enter 组合键，即先按下前两个键再按 Enter 键），而且只能得到频数数列而不能同时绘出直方图，所以我们推荐使用直方图工具而少用 FREQUENCY 函数。鉴于此，本书也不再专门介绍该函数的操作。

收"改为分组的变量名称（如本例中改为"测试成绩"），将"频率"改为频数的名称（如本例中改为"工人数"），将"接收"栏下各组组限改为惯用形式（如本例中分别改为"60以下""60～70""70～80""80～90"以及"90～100"，可取消"其他"一组）。由于 Excel 输出的图形和表中数据是相链接的，频数分布表中的上述改动也会同时出现在直方图中。此外，标准的直方图不同于一般的条形图。直方图的各个条形之间应该无间隔。为此，可在直方图的任一条形上单击鼠标右键，在弹出的快捷菜单中选择"数据系列格式"命令，在"数据系列格式"对话框中单击"选项"按钮，将其中的分类间距改为 0 即可得到条形之间无间隔的直方图，如图 3-10 所示。

图 3-9　Excel 的"直方图"对话框

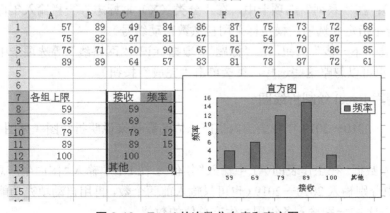

图 3-10　Excel 的次数分布表和直方图

在频数分布表的基础上，也可以进一步计算出各组频率（比重）及向上累计频数和频率等。如本例中，可先在单元格 D13 中单击"自动求和"按钮或输入公式"=SUM(D8:D12)"得到工人总数，然后在单元格 E7 中输入"比重/%"，在单元格 E8 中输入公式"=D8/$D$13*100"，按 Enter 键后利用鼠标拖动的方法将单元格 E8 复制到单元格 E9～E13 中，即可得到各组比重。

在单元格 F7 中输入"向上累计人数"，在单元格 F8 中输入公式"=D8"，在单元格 F9 中输入公式"=D9+F8"，按 Enter 键后将单元格 F9 复制到单元格 F10～F12 中，即可得到各组向上累计人数。在单元格 G7 中输入"向上累计频率"，在单元格 G8 中输入公式

"=F8/$D$13*100",按 Enter 键后将单元格 G8 复制到单元格 G9～G12 中,即可得到各组的向上累计频率。

二、利用 Excel 绘制统计图

在统计整理中常用的统计图有柱形图(条形图)、折线图、饼状图、雷达图等。利用 Excel 的图表向导可以很方便地绘制所需统计图。限于篇幅,下面仅说明柱形图、折线图和饼状图的绘制方法。

(一)利用 Excel 绘制柱形图(条形图)

单式柱形图(条形图)只有一个数据系列,绘制方法很简单、直观。这里以例 3-5 中 2015—2019 年我国各类教育招生人数的数据来说明复式柱形图(见图 3-7)的制作方法。

首先,输入数据。在工作表的 A1、B1、C1、D1 中分别输入"年份""普通本专科""中等职业教育"和"普通高中"字样。在其下方区域(A2:D6)分别输入相应的数值。

其次,选择"插入"→"柱形图",再选择其中的子图表类型"簇状柱形图",单击"下一步"按钮。

然后在"数据区域"栏中输入数据所在单元格区域。本例中输入"B1:D6",也可以单击输入栏尾端的小图标,再用鼠标选定该数据区域。这里把指标名称所在单元格包括在内,软件可自动识别出一列为一个数据系列,自动生成的图例也直接标明了各个系列的名称(若指定数据区域为 B2:D6,则须选定系列产生在"列",自动生成的图例依次名为"系列 1""系列 2"等);在"系列"选项卡中,在"分类(X)轴标志"一栏输入年份数据的区域"A2:A6"(若不指定此选项,横坐标采用自然数自动编号)。

最后,单击"下一步"按钮,在"标题""数据标识""网格线"等选项卡中按需要做出相应的选择(也可以忽略这些选择,直接单击"完成"按钮)。

(二)利用 Excel 绘制折线图

以例 3-3 中 2010—2019 年我国国内生产总值的数据来说明折线图(见图 3-5)的制作过程。

首先,输入数据。在工作表的 A1 中输入"年份",在 B1 中输入"国内生产总值/亿元",在 A2～A11 中分别输入 2010—2019(也可只输入前两个数,再用自动填充功能产生年份序列),在 B2～B11 中分别输入各年国内生产总值的数值。

其次,选择"插入"→"折线图",选择其中一种子图表类型"带数据标记的折线图",单击"下一步"按钮。

接着在"数据区域"栏中输入纵坐标数据所在单元格区域(本例中输入"B1:B11",也可以单击输入栏尾端的小图标,再用鼠标选定该数据区域。这里把数据名称所在单元格包括在内,可自动生成名为"国内生产总值/亿元"的图表标题和图例,若指定数据区域为 B2:B11,则自动生成的图例名为"系列 1");选择"系列"选项卡,在"分类(X)轴标志"栏中输入年份数据的区域"A2:A11"(若不指定此选项,横坐标采用自然数自动编号)。

单击"下一步"按钮,在"标题""数据标识""网格线"等选项卡中按需要做出相应选择(也可以忽略这些选择,直接单击"完成"按钮)。

单击"下一步"按钮指定图表的输出位置(默认位置是当前工作表,所以通常也可以忽略该项选择),最后单击"完成"按钮即可。

(三)利用 Excel 绘制饼状图

饼状图也简称饼图,可以根据各组比重来绘制,也可以直接根据各组总量指标来绘制(Excel 会自动计算出比重来绘图,并在图中显示各组比重)。下面以表 3-5 中 2019 年我国国内生产总值的按三次产业划分的数据来说明饼状图(见图 3-8)的制作。

首先,输入数据。在工作表的 A2~A4 中分别输入"第一产业""第二产业"和"第三产业"字样,在 B1 中输入"绝对额/亿元"字样,在 B2~B4 中分别输入相应的指标数值。

其次,选择"插入"→"饼图",再任选一个子图表类型(本例选择的是三维饼图)。

然后单击"下一步"按钮,在"数据区域"栏中输入数值所在单元格区域(本例中输入"B2:B4",也可以用鼠标选定该数据区域)。

接着选择"系列"选项卡,在"分类(X)轴标志"栏中输入各组名称所在区域,以便在饼状图中显示各组(类别)名称,本例中输入"A2:A4"。若不指定此选项,则各组名称采用自然数自动编号代替。

最后,单击"下一步"按钮,可在"数据标志"选项卡中选择希望在饼状图中显示的内容。本例选择了"类别名称""值"和"百分比",若"图例"选项卡中选择了显示图例,就不必选"类别名称"。单击"完成"按钮即可得出所需的饼状图,如图 3-8 所示。

本章小结

本章主要介绍统计数据的整理和统计数据的展示方式。统计数据的整理部分主要介绍统计数据整理的意义、程序;统计分组的含义、种类、原则、方法以及变量数列的编制方法等内容。统计数据可以用统计表和统计图来展示,这部分主要介绍统计表的意义、结构、种类以及各种统计图(包括线形图、直方图、饼状图)的展示方法。最后介绍如何利用 Excel 进行分组并得到频数分布表和直方图,以及绘制其他统计图的方法。

思考与讨论

1. 指出表 3-11 中的数列属于什么类型。

表 3-11 按生产计划完成程度分组的企业表

按生产计划完成程度分组/%	企业数/个
80~90	15
90~100	30
100~110	5
合　计	50

2. 某管理局对其所属企业的生产计划完成百分比采用如下分组。

  A. 80%～89%　　　　　　　　　B. 80%以下
    90%～99%　　　　　　　　　　80.1%～90%
    100%～109%　　　　　　　　　90.1%～100%
    110%以上　　　　　　　　　　 100.1%～110%
  C. 90%以下　　　　　　　　　　D. 85%以下
    90%～100%　　　　　　　　　 85%～95%
    100%～110%　　　　　　　　　95%～105%
    110%以上　　　　　　　　　　 105%以上

  问：以上分组哪些是错误的？为什么？

3. 2019年我国全年城镇新增就业1 352万人，比2018年少增9万人。2019年年末全国城镇调查失业率为5.2%，城镇登记失业率为3.6%。全国农民工总量29 077万人，比2018年增长0.8%。其中，外出农民工17 425万人，增长0.9%；本地农民工11 652万人，增长0.7%。[①]

  问：以上是用文字叙述的方式来表达指标数字的，是否还有更好的表达方式？如果有，请用适当的方式表达出来。

实训题

1. 为评价家电行业售后服务的质量，消费者协会随机抽取了由100个家庭构成的一个样本。服务质量的等级分别表示为：A. 好；B. 较好；C. 一般；D. 差；E. 较差。调查结果如下：

  B E C C A D C B A E D A C B C D E C E E
  A D B C C A E D C B B A E D B D C C D C
  C B C E D B C C B C A B D C D E C E C B
  B E C C A D C B A E B A C D E A B D D C
  A D B C C A E D C B C B C E D B C C B C

  要求：根据上述资料编制统计表，并绘制适当的统计图。

2. 某生产小组30个工人看管机车台数如下（单位：台）：

    2 4 5 4 4 3 4 4 5 2 3 4 6 1 3
    4 5 4 6 1 3 4 5 4 3 4 5 5 4 2

  要求：根据上述资料编制统计表，并绘制适当的统计图。

3. 某灯泡厂准备采用一种新工艺，为检查新工艺是否使灯泡的使用寿命有所延长，对采用新工艺生产的100只灯泡进行测试，结果如下（单位：小时）：

[①] 摘自《中华人民共和国2019年国民经济和社会发展统计公报》。

716	728	719	685	709	691	684	705	718	700
715	712	722	691	708	690	692	707	701	706
729	694	681	695	685	706	661	735	665	708
710	693	697	674	658	698	666	696	698	668
692	691	747	699	682	698	700	710	722	706
690	736	689	696	651	673	749	708	727	694
689	683	685	702	741	698	713	676	702	688
671	718	707	683	717	733	712	683	692	701
697	664	681	721	720	677	697	695	691	693
699	725	726	704	729	703	696	717	688	713

要求：根据以上资料，以组距为 10 进行等距分组，利用 Excel 求得分配数列，绘制直方图，并说明灯泡使用寿命分布的特点。

案例分析

【案例 3-1】 应届毕业生就业状况调查数据的整理结果

在第一章和第二章的案例分析中，分别介绍了关于应届本科毕业生就业状况的调查分析的目的要求和调查问卷。收集调查问卷的数据之后，还必须进行分类和汇总整理，才能得出反映全国大学生求职与就业状况的总体特征的各种信息，并用适当的图形或表格将整理结果显示出来。以下是某高校该项问卷调查数据的部分整理结果。

本次调查采取随机发放问卷、被访者自填的调查方式。调查对象是某高校所有专业的应届毕业生，调查时间是 2019 年 4 月上旬。发出问卷 1 000 份，回收有效问卷 872 份。

在被调查者中，关于毕业去向（Q1）的调查结果是：70.5% 的应届毕业生选择就业，17.6% 的应届毕业生选择读研，8.7% 的应届毕业生选择出国，其他占 3.2%。如图 3-11（a）或图 3-11（b）所示。与上次同类调查相比，选择出国的比例下降了约 3 个百分点，表明出国热略有降温，毕业生选择出国的态度更趋谨慎和冷静。

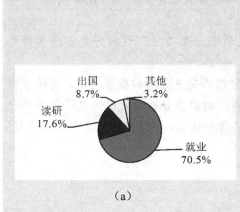
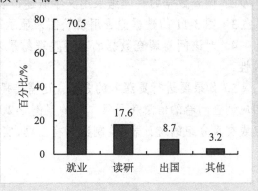

图 3-11 被调查者的毕业去向选择

关于在求职过程中优先考虑的因素（Q2），调查结果是：75.6%的被调查者认为是"个人发展机会"，52.1%的被调查者选择的是"薪酬与福利"，25.0%的被调查者选择的是"地域"，12.0%的被调查者选择的是"单位性质"，仅有3.4%的被调查者优先考虑"家庭期望"。这表明应届毕业生大多很重视将来个人在就业单位的发展机会和前景，其次也比较注重薪酬与福利，而地域、单位性质和家庭期望已不再是学生们选择就业单位的主要约束条件，如表3-12和图3-12所示。

表3-12 求职过程中优先考虑因素的统计表

优先考虑因素	有效回答人数/人	占有效回答总人数的百分比/%
个人发展机会	659	75.6
薪酬与福利	454	52.1
地域	218	25.0
单位性质	105	12.0
家庭期望	30	3.4

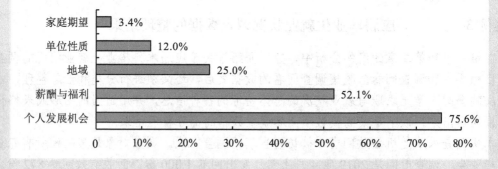

图3-12 求职过程中优先考虑因素的选择比例

案例思考与分析要求：

1. 如何输入调查数据？对不同的调查题目和答案如何编码？
2. 调查数据的整理结果用文字叙述、表格和图形等方式表示各有什么优缺点？
3. 图3-11的数据能否用饼状图来显示？为什么？
4. 对该问卷调查数据的上述整理结果采用的是什么分类方法？这种分类方法有何局限性？
5. 如果要进行更深入的分析，还需要提供复合分组或交叉分组的整理结果。尝试根据相应调查问卷的信息（见第二章的案例2-2），为该调查的数据分析设计出一些采用复合分组或交叉分组的统计表（绘制出只有主词、宾词指标名称和线条、无指标数据的空白表格）。

第四章 总量指标与相对指标

【学习目标】

① 了解总量指标的概念及其种类。
② 了解相对指标的概念、作用及表示形式。
③ 理解几种常用相对指标的性质和特点。
④ 掌握几种常用相对指标的计算方法。
⑤ 熟悉 Excel 的函数和公式功能在总量指标与相对指标计算中的应用。

第一节 总量指标

一、总量指标的定义与作用

（一）总量指标的定义

总量指标是反映社会经济现象发展的总规模、总水平的综合指标。具体来说，它表明在一定的时间和地点条件下，某种社会经济现象的规模和发展水平的数量的总和，以绝对数表示，具有相应的计量单位。如根据《中华人民共和国 2019 年国民经济和社会发展统计公报》显示，2019 年年末我国参加基本医疗保险人数为 135 436 万人，其中，参加职工基本医疗保险人数为 32 926 万人，参加城乡居民基本医疗保险人数为 102 510 万人，这些指标都是总量指标。

（二）总量指标的作用

总量指标的作用体现在以下几个方面。

（1）总量指标是认识社会经济现象的起点。社会经济现象的基本情况往往首先表现为总量。通过总量指标，我们可以了解一个国家的国情、国力方面的基本情况，也可以了解某一地区、某个部门或某个单位的人力、物力和财力的情况。

（2）总量指标是进行经济管理的主要依据。进行经济管理，应该做到心中有数，这个"数"，首先就是总量指标。因此，要对生产经济活动所需的各种资源进行有效管理，没有总量指标是无法进行的。

（3）总量指标是计算相对指标和平均指标的基础，相对指标和平均指标都是在总量指标的基础上派生出来的。总量指标的准确与否，直接影响相对指标和平均指标计算的正确性，也影响统计分析的准确性。

如表 4-1 中的年末人口数指标是总量指标,而比重则是在此基础上计算出的相对指标。由此可见,总量指标是最基本的统计指标。

表 4-1 2019 年年末我国城乡人口数及构成情况

指　　标	年末人口数/万人	比重/%
城　镇	84 843	60.60
乡　村	55 162	39.40
合　计	140 005	100.00

资料来源:《中华人民共和国 2019 年国民经济和社会发展统计公报》。

二、总量指标的种类

(一)根据总体内容的不同分类

根据总体内容的不同可分为总体单位总量和总体标志总量。

总体单位总量是反映总体内个体单位数总和的总量指标,或者说是一个总体内总体单位的合计数,它说明总体本身规模的大小。例如,在研究某地区工业企业的情况时,工业企业数就是一个总体单位总量;在研究企业职工的情况时,职工人数就是总体单位总量。

总体标志总量是总体中各单位某一数量标志的标志值的总和。例如,在研究工业企业的情况时,每个企业都要纳税,将每个企业的纳税额进行加总,得到该地区工业企业的纳税总额就是一个总体标志总量;在研究职工的情况时,每个职工都有工资收入这一数量标志,将他们的工资进行合计后得到的工资总额也是一个总体标志总量。

对于某一个具体的总量指标来说,如企业的职工人数,究竟属于总体单位总量,还是属于总体标志总量,并不是固定不变的,它随研究目的的不同和研究对象的变化而变化。例如,在考察某地区工业企业的情况时,研究的总体是该地区的全部工业企业,总体单位便是每一个工业企业,这时,工业企业的数量就构成了总体单位总量,而职工人数是每个企业的一个标志,则该地区全部职工人数就是一个总体标志总量;当研究的目的是了解该地区职工的情况时,全体职工便构成了研究的总体,每一个职工是一个总体单位,这时,职工总人数就是一个总体单位总量,而每个职工都有许多标志,如工资,若将每个职工的工资收入进行合计,得到的职工工资总额便是总体标志总量。这说明作为标志的直接承担者的总体单位的确定是至关重要的。所以,只有正确地确定出总体单位,才能正确地分辨出总体单位总量和总体标志总量。

正确理解总体单位总量与总体标志总量,对于正确计算平均指标和正确区分平均指标与相对指标有着重要的意义。

(二)根据所反映的时间状况不同分类

根据所反映的时间状况不同可分为时期指标和时点指标。

时期指标是反映社会经济现象在一段时期内活动过程总结果的指标,或者说,时期指标是通过连续调查所得到的结果。如某种产品的产量、社会商品的零售总额、进出口贸易总额、基本建设投资总额等。时期指标具有两个基本特点:第一,同一性质的时期指标数值可以累计相加,即若进行纵向相加,可得到更长一段时期内事物发展的总量,若进行横向相加则可得到更大范围内现象的总量；第二，时期指标的数值大小直接受计算期长短的制约，即时期越长，指标数值越大，如一个季度的进出口贸易额大于一个月的进出口贸易额，而一年的进出口贸易额又大于一个季度的进出口贸易额。

时点指标是反映社会经济现象在某一时刻（瞬间）的状况的总量指标。如 2019 年年末我国大陆总人口数为 140 005 万人，这就是一个时点指标，还有诸如土地面积、商品库存数量、固定资产价值、银行存款余额等指标，都是只能反映某一瞬间状况的时点指标。时点指标也具有两个基本特点：第一，同一性质的时点指标可以在同一时点上横向累计，但纵向累计没有独立的意义（如不能将某企业全年各月初或月末的职工人数相加作为本年度该企业的全部职工人数以反映其规模）；第二，时点指标数值的大小与时间间隔长短没有直接关系（如某企业的年末某种物资库存量并不一定大于第一季度末该种物资的库存量）。

三、总量指标的计量单位

总量指标数值是对各种具体社会经济现象计量的结果，它说明各种具体现象的规模和水平，不是抽象的数字，因此，它是具有计量单位的有名数。根据总量指标所反映的社会经济现象的性质和内容，一般采用以下三种计量单位。

（一）实物单位

实物单位是根据事物的属性和特点而规定的计量单位。它一般有以下五种。

（1）自然单位，是按照被研究事物的自然表现形态来度量其数量的单位。如人口按人、汽车按辆、计算机按台、电视机按部等进行计量。

（2）度量衡单位，是按照度量衡计量制度规定的单位来计量被研究事物数量的单位。如钢铁按 t（吨）、粮食按 kg（千克）、棉布按 m（米）、木材按 m^3（立方米）、建筑面积按 m^2（平方米）等进行计量。

（3）双重或多重计量单位，是指用两种或两种以上的计量单位以除式的形式结合在一起用以计量事物数量的单位，如发电机用 kW/台表示、重型设备按 t/台来计量等。这是因为某些事物用一种计量单位难以准确反映其效能，所以采用双重或多重计量单位。

（4）复合单位，是将两种计量单位结合在一起以乘积表示某事物数量的计量单位，如发电量用 kW·h 表示，货物周转量用 t·km 表示等。

（5）标准实物单位，是按照统一的折算标准来度量被研究对象数量的一种计量单位。因为利用实物单位计量产品产量时，对于同一类产品，由于品种、规格、能力或化学成分的差异，其使用价值也就不同，这就使得其产品的混合量往往不能确切地反映生产经营成果，这就需要按一定的折合标准折合为一种标准规格或标准含量的产品。例如，各种氮肥以含氮量 100%、电石以发气量 300L/kg 为标准实物单位来折算；将发热量不同的煤以每 kg 发热量 7 000kcal（1kcal=4.186 8kJ）为标准单位进行折算等。

用实物单位来计量事物的数量，能直接反映产品的使用价值或现象的具体内容。但由于实物指标的综合能力差，不同经济用途的实物量不能相加，因而不能反映复杂现象的总规模和总水平，这是实物指标的局限性。

（二）货币单位

货币单位就是用货币度量社会财富或劳动成果的一种计量单位。如我国人民币单位为元，国际交往中使用的外国货币单位有美元、欧元等。不同的国家或地区一般都有自己的货币名称和货币单位。

用货币单位来作为计量事物数量的统计指标称为价值指标。如国内生产总值、进出口贸易额、工业增加值、工资总额、销售收入、利润额等。

以货币单位来度量事物的数量，使不能直接相加的经济现象的数量过渡到可以加总的现象，用来综合说明具有不同使用形式的经济现象的总规模、总水平和总速度。由于价值指标具有广泛的综合性能和概括能力，所以它是加强经济核算和考核经济效益必不可少的手段。

（三）劳动单位

劳动单位是用劳动时间来表示的计量单位，它反映劳动消耗量的大小，间接衡量劳动成果的多少，一般用工日、工时表示。以劳动时间为计量单位的总量指标称为劳动量指标。由于劳动量指标是用劳动时间来表示的，因而是可以相加的，具有一定的综合性能和概括能力。借助劳动单位计算的劳动总消耗量指标来确定劳动规模，并作为评价劳动时间利用程度和计算劳动生产率的依据。

四、总量指标的统计要求

为使总量指标资料准确，在进行总量指标统计时有如下要求。

（1）对总量指标的实质，如含义、范围等要做严格的确定。因为总量指标的计算并不是单纯地汇总技术问题，有一些总量指标，如工业企业数，从表面上看比较简单，但只有在对"工业企业"的含义进行正确界定后，才能统计出准确的工业企业数，由此才能正确地计算工业增加值等指标。

（2）计算实物总量指标量时，要注意现象的同类性。同类性直接反映产品同样的使用价值和经济内容，这些同类产品无疑是可以直接综合汇总的，但对于不同类现象则不能通过直接汇总来计算其实物总量指标。

（3）要有统一的计量单位。在计算实物总量指标时，不同实物单位代表不同类现象，而同类现象也可能因各种原因采用不同的计量单位，计量单位不统一会造成统计上的混乱。因此，对于重要总量指标的实物单位，应是全国统一规定的指标目录中的计量单位。

第二节 相对指标

总量指标只表明现象所达到的总规模、总水平和工作总量，但要深入了解事物的状况，仅了解总量指标还远远不够，还要在总量指标数值的基础上进行对比分析，计算相对指标和平均指标，这是统计分析方法的主要内容之一。

一、相对指标及其表现形式

（一）相对指标的定义

相对指标又称相对数，是两个有相互联系的现象数量的比率，以反映现象的发展程度、结构、强度、普遍程度或比例关系。例如，根据《中华人民共和国 2019 年国民经济和社会发展统计公报》显示，2019 年年末我国大陆总人口 140 005 万人，比 2018 年年末增加 467 万人，其中城镇常住人口 84 843 万人，占总人口比重（常住人口城镇化率）为 60.60%，比 2018 年年末提高 1.02 个百分点。户籍人口城镇化率为 44.38%，比 2018 年年末提高 1.01 个百分点。2019 年全年出生人口 1465 万人，出生率为 10.48‰；死亡人口 998 万人，死亡率为 7.14‰；自然增长率为 3.34‰。在以上这些指标中，城镇化率、出生率、死亡率等都是相对指标。

相对指标就是把两个具体数值抽象化，通过这种抽象，我们可以对现象之间所存在的联系进行更深入的认识。所以，借助于相对指标对社会经济现象进行比较分析，是统计分析的基本方法，在社会经济领域中得到广泛应用。

（二）相对指标的作用

（1）相对指标为人们深入认识事物发展状况提供客观依据。利用相对指标，可以综合反映事物之间的数量关系，说明现象和过程的比率、构成、速度、密度、普遍程度等，从而能更深刻地反映现象的本质。

（2）通过计算相对指标，可以使不能直接对比的现象找到可以比较的基础，进行更有效的分析。相对指标是将现象在绝对数方面的具体差异抽象化，这样就使原来不能直接对比的现象找到可以比较的基础。例如，对于不同的企业，由于其规模、行业等方面的不同，就不能直接用利润额这一总量指标来比较其经营成果的好坏。但如果我们计算出利润率这一相对指标，就可以比较不同规模或不同行业的企业的经济效益情况，并做出恰当的评价。

（三）相对指标数值的表现形式

相对指标是子项指标数值与母项指标数值对比之后得到的一个比率，所以它的表现形式是相对数。由于分子与分母指标所反映的社会经济的内容不同，使相对指标数值的表现形式也有所不同，通常表现为有名数和无名数两类。

1. 有名数

凡是由两个性质不同而又有联系的绝对数或平均数指标对比计算所得的相对数，一般都用有名数表示，而且多用复合计量单位表示。主要用于强度相对指标的数值，其计量单位是用分子与分母的双重计量单位表示。如人均国内生产总值指标的计量单位是元/人，人口密度指标的计量单位是人/km^2，平均每人分摊的粮食产量为 kg/人等。

2. 无名数

它是一种抽象化的数值，多数相对指标都用无名数表示，主要以倍数、系数、成数、百分数或千分数来表示。

倍数是将对比的基数定为1而计算出的相对指标。两个数字对比，分子数值大于分母数值很多时可用倍数表示。系数也是将分母抽象为1所计算的指标。

成数是将对比的基数抽象为10而计算的相对指标。

百分数是将对比的基数抽象为100所计算的相对指标。百分数是相对指标中最常用的一种形式。

千分数是将对比的基数抽象为1 000所计算的相对指标。千分数适用于对比分子数值比分母数值小很多的情况，如人口出生率、自然增长率等通常用千分数表示。

二、相对指标的种类及计算方法

在实际工作中，由于相对指标的计算方法不同，其作用也不同。常用的相对指标有结构相对指标、比例相对指标、比较相对指标、强度相对指标、动态相对指标、计划完成程度相对指标六种。

（一）结构相对指标

结构相对指标也称为"结构相对数""比重"。它是在资料分组的基础上，以总体总量作为比较标准，求出各组总量占总体总量的比重，用以反映某一社会经济现象部分在全体中所占的比重，是反映总体内部组成情况的综合指标。其计算公式为

$$结构相对指标 = \frac{各组总量}{总体总量} \times 100\% \qquad (4.1)$$

结构相对指标一般用百分数表示，也可用系数、成数表示，其特点是各组比重之和等于100%或1。

对结构相对指标的认识，应该注意的是，其分子与分母属于同一总体，分子是总体中的某一部分，分母是总体的全部。结构相对指标一般根据总量指标进行计算，通过结构相对指标，可以反映总体单位数的结构，也可以反映总体标志值的结构。通过结构相对指标的计算，可以对所研究现象的总体总量的性质和内部特征做出更深入的认识，以研究现象内部各部分的特殊性质及其在总体中占有的地位，并显示这种特殊性质和地位的变化过程。我国历次人口普查的总人口及性别构成情况如表4-2所示。

表4-2 我国历次人口普查的总人口及性别构成情况

普查年份	总人数/万人	男性所占比重/%	女性所占比重/%
1953	59 435	51.82	48.18
1964	69 458	51.33	48.67
1982	100 818	51.52	48.48
1990	113 368	51.60	48.40
2000	126 583	51.63	48.37
2010	133 972	51.27	48.73

表4-2中的男性、女性占总人口的比重就是结构相对指标。

（二）比例相对指标

比例相对指标是反映总体内部各组成部分之间的数量对比关系的综合指标，用以分析总体范围内各个局部、各分组之间的比例关系和协调平衡状况。其计算公式为

$$比例相对指标 = \frac{总体中某一部分数值}{总体中另一部分数值} \quad (4.2)$$

比例相对指标的计算结果通常以百分比来表示，还有以比较基数单位为 1、100、1 000 时被比较单位数是多少的形式来表示。例如，表 4-3 中的性别比即为比例相对指标。

表 4-3　我国历次人口普查的总人数及性别比情况

普查年份	总人数/万人			性别比（以女性人数为100）
	合　计	男	女	
1953	59 435	30 799	28 636	107.55
1964	69 458	35 652	33 806	105.46
1982	100 818	51 944	48 874	106.28
1990	113 368	58 495	54 873	106.60
2000	126 583	65 355	61 228	106.74
2010	133 972	68 685	65 287	105.20

比例相对指标一般以总量指标进行对比。根据分析任务和提供资料的情况，也可运用现象总体各部分的相对数或平均值进行对比。

（三）比较相对指标

比较相对指标是同一时间不同单位（国家、部门、地区、企业、个人等）的同类现象数量对比而确定的相对指标，用以说明某一同类现象在同一时间内各单位发展的不平衡程度，以表明同类事物在不同条件下的数量对比关系。比较相对指标通常用百分数或倍数表示。其计算公式为

$$比较相对指标 = \frac{某条件下的某类指标数值}{另一条件下的同类指标数值} \quad (4.3)$$

例如，2018 年我国国内生产总值为 136 082 亿美元，美国国内生产总值为 204 941 亿美元，美国的国内生产总值是中国的 1.51 倍；2018 年我国人均国民总收入为 9 470 美元，美国为 62 850 美元，则美国的人均国民总收入是我国的 6.64 倍。这些都是比较相对指标。

比较相对指标的数值一般用百分数、系数或倍数表示。计算比较相对指标的要求是其分子与分母在指标类型、时间、计算方法、计量单位等方面都要有可比性，对比现象的性质要相同。

在经济管理工作中，可将各单位的技术经济指标与同类企业的先进水平对比，与国家规定的质量标准对比，从而找出差距，为提高本单位生产水平和管理水平提供依据。这是把比较的对象典型化而计算的比较相对指标。

(四)强度相对指标

强度相对指标是两个性质不同但有一定联系的总量指标对比得到的比率,是说明某一现象在另一现象中发展的强度、密度和普遍程度的综合指标。其计算公式为

$$强度相对指标 = \frac{某种现象总量指标数值}{另一有联系而性质不同的现象的总量指标数值} \quad (4.4)$$

强度相对指标与其他相对指标的根本区别在于它不是同类现象指标的对比。例如,人口密度就是一个强度相对指标,它是同一个地区的人口数与土地面积两个不同现象之比。2018年世界部分地区人口密度资料如表4-4所示。

表4-4 2018年世界部分地区人口密度统计表

地区	人口密度/(人/平方千米)	地区	人口密度/(人/平方千米)
中国	148	美国	36
日本	347	澳大利亚	3
印度	455	法国	122
蒙古	2	英国	275
新加坡	7963	德国	237
意大利	205	加拿大	4

资料来源:世界银行数据库。

强度相对指标通常以双重计量单位表示,是一种复名数,如表4-4中人口密度的计量单位是人/平方千米,再如人均主要产品产量的计量单位是 t/人。另外,也有一些强度相对指标的数值用千分数或百分数表示,如人口出生率和人口死亡率通常采用千分数表示,经营费用率则通常用百分数表示。

一般来说,强度相对指标有正逆指标之分。如每千人拥有的零售商业机构个数,或每个商业机构所服务的人数,前者为正指标,后者为逆指标。正指标越大越好,逆指标则越小越好。

强度相对指标是统计中重要的对比分析指标,它可以说明一个国家、地区或部门的经济实力或为社会服务的能力。同时,借助这种指标进行国家、地区之间的比较,确定发展不平衡和发展的差距。需要指出的是,计算强度相对指标时必须注意社会经济现象之间的内在的、本质的联系,这样两个指标的对比才会有现实的经济意义。如人口数与土地面积相比能够说明人口的密度,但若用钢铁产量与土地面积相比就没有意义了。

(五)动态相对指标

动态相对指标又称发展速度,它是同一指标在不同时间上的指标数值对比的结果,说明现象的发展速度。其计算公式为

$$动态相对指标 = \frac{报告期水平}{基期水平} \times 100\% \quad (4.5)$$

【例4-1】2000年11月1日零时第五次全国人口普查,我国的总人口为12.6583亿

人，2010年11月1日零时第六次全国人口普查我国总人口为13.3972亿人，则

$$动态相对指标 = \frac{13.3972}{12.6583} \times 100\% = 105.84\%$$

这表明，2010年的人口数是2000年的105.84%，比2000年增长了5.84%。

动态相对指标在"第九章动态数列分析"中将做更详细的介绍，这里不再详述。

（六）计划完成程度相对指标

计划完成程度相对指标简称计划完成程度指标、计划完成百分比，用来检查、监督计划执行情况，它以现象在某一段时间内的实际完成数与计划任务数对比，借以观察计划完成的程度。其计算公式为

$$计划完成程度相对指标 = \frac{实际完成数}{计划任务数} \times 100\% \tag{4.6}$$

计划完成程度相对指标的子项是根据实际完成情况进行统计而得的数据，母项是下达的计划指标。由于计划数是用来衡量计划完成情况的标准，所以该公式的子项只能是实际完成数，而母项只能是计划任务数，而且公式的子项和母项的指标含义、计算口径、计算方法、计量单位、时间长短和空间范围等方面都要一致。公式的子项数值减去母项数值则表明计划执行的绝对效果。

【例4-2】某企业某年第一季度产品产量计划应达到1 800t，实际完成的产量为2 100t，则

$$产量计划完成程度 = \frac{2100}{1800} \times 100\% = 116.67\%$$

计算结果表明，该企业该年超额完成原产量计划任务的16.67%，实际产量比计划产量增加了300t。

计划完成程度相对指标用来监督和检查国民经济计划的执行情况，分析计划完成或者未完成的原因，抓住薄弱环节，进一步挖掘潜力，为组织国民经济新的平衡和促进经济建设事业的发展提供依据。

计划数是计算计划完成程度的基数，由于计划任务数下达的表现形式不同，可以把计划任务规定为绝对指标，也可以把计划任务规定为相对指标或平均指标，因此计划完成程度相对指标在计算形式上有以下几种不同的计算方法。

1. 计划任务数以绝对数形式出现

当计划任务数以绝对数形式出现时，检查其计划完成情况一般可分为短期计划完成情况检查和长期计划完成情况检查（一般为五年）两种。它用来考察社会经济现象规模或水平的计划完成情况。

（1）短期计划完成情况检查。它可以有以下两种不同算法表示其计划完成的不同方面。

①计划数与实际数是同期的，如用某时期实际数与该期计划数对比，说明某一时期计

划执行的情况。

【例 4-3】 某企业 2019 年全年的计划销售额为 2.0 亿元,2019 年全年的实际销售额为 1.9 亿元,则该企业的计划完成程度指标为

$$销售额计划完成程度 = \frac{1.9}{2.0} \times 100\% = 95\%$$

② 计划期中某一段时期实际累计数与全期计划数对比,用以说明计划执行的进度如何,为下阶段工作安排做准备。其计算公式为

$$计划完成程度相对指标 = \frac{累计至本期止实际完成数}{全期计划任务数} \times 100\% \quad (4.7)$$

【例 4-4】 某企业 2019 年全年的计划销售额为 6 000 万元,该年上半年实际实现的销售额为 3 300 万元,则计算截至 2019 年上半年的计划执行进度为

$$计划完成程度相对指标 = \frac{3\,300}{6\,000} \times 100\% = 55\%$$

这说明,该企业 2019 年上半年完成了全年计划的 55%。

(2) 长期计划完成情况检查。长期计划一般是指超过一年的计划,如五年计划。在长期计划中,有的计划任务是按全期完成的总数来规定的,有的计划任务则是以计划期末(即计划期的最后一年)应达到的水平来下达的。由此产生了两种不同的检查分析方法:一种叫作累计法;另一种叫作水平法。

① 累计法。凡是计划指标是按计划期内各年的总和规定任务时,或者说,是按计划全期(如五年)提出累计完成量任务时,就要求按累计法计算,如基本建设投资额、新增生产能力、造林面积指标等。计算时用整个计划期间实际完成的累计数与全期计划数对比,以检查全期计划完成程度。其计算公式为

$$计划完成程度相对指标 = \frac{五年计划期间累计实际完成数}{五年计划规定的累计数} \times 100\% \quad (4.8)$$

【例 4-5】 某地区"十二五"计划规定固定资产投资总额为 450 亿元,实际完成 480 亿元,则

$$计划完成程度相对指标 = \frac{480}{450} \times 100\% = 106.67\%$$

按累计法检查计划执行情况,将计划全部时间减去自计划执行之日起至累计实际数量已达到计划任务的时间,即为提前完成计划的时间。如例 4-5,假设该地区"十二五"时期固定资产投资总额到 2015 年 6 月 30 日止已达到 450 亿元,即提前半年完成投资计划。

② 水平法。制订长期计划时,有些计划指标是以计划期末应达到的水平来下达的,这样检查其计划完成情况就要用水平法。其计算公式为

$$\text{计划完成程度相对指标} = \frac{\text{计划期末实际完成的水平}}{\text{计划规定期末应达到的水平}} \times 100\% \quad (4.9)$$

【例 4-6】某地区的五年计划规定，在"十二五"计划的最后一年的发电量应达到 1 000 亿度，具体的计划执行情况如表 4-5 所示。

表 4-5 某地区"十二五"期间发电量统计表　　　　　　单位：亿度

	2011 年	2012 年	2013 年		2014 年		2015 年			
			上半年	下半年	上半年	下半年	第一季度	第二季度	第三季度	第四季度
发电量	800	850	400	430	450	480	250	270	280	300

根据表 4-5 的资料，可以计算出该地区发电量计划完成程度相对指标。

$$\text{计划完成程度相对指标} = \frac{\text{计划期末实际完成的水平}}{\text{计划规定期末应达到的水平}} \times 100\%$$

$$= \frac{250+270+280+300}{1\,000} \times 100\% = 110\%$$

按水平法检查计划执行情况，还可以计算提前完成计划的时间，计算时可根据连续一年时间（不论是否在一个日历年度，只要连续 12 个月即可）的实际数和计划规定最后一年的数量相比较来确定。

2. 计划任务数以相对数形式出现

在实际工作中，计划任务有时是用计划提高或降低百分比的形式来表示的，如劳动生产率计划提高百分之几、成本水平规定降低百分之几。这种计划任务实际上是把计划数和上年度实际数加以对比得出"计划为上年百分数"的相对指标，然后减去 100% 来确定的。这时计算计划完成程度相对指标就不能直接用实际提高或降低的百分数除以计划提高或降低的百分数，还要考虑基期的基数（100%）。其计算公式为

$$\text{计划完成程度相对指标} = \frac{\text{实际为基期的百分数}}{\text{计划为基期的百分数}} \times 100\% \quad (4.10)$$

【例 4-7】某企业某年计划规定劳动生产率比上年提高 10%，实际比上年提高 12%。则该企业劳动生产率的计划完成程度的计算为

$$\text{计划完成程度相对指标} = \frac{100\%+12\%}{100\%+10\%} \times 100\% = 101.8\%$$

计算结果表明，该企业劳动生产率提高计划超额完成 1.8%，或者说，该企业劳动生产率计划完成 101.8%。

【例 4-8】某企业某年计划规定某产品单位成本降低 5%，实际降低 7%，则成本降低计划完成程度相对指标为

$$计划完成程度相对指标 = \frac{100\% - 7\%}{100\% - 5\%} \times 100\% = 97.89\%$$

计算结果表明，该企业实际成本比计划任务多降低了 2.11%。

需要注意的是：有的计划完成程度相对指标是以最低限额提出任务的，主要是一些成果性指标，如销售收入、利润额等，这时计算的计划完成程度相对指标应以等于或大于 100% 为好，大于 100% 表示超额完成计划，小于 100% 表示未完成计划。另外，有的计划完成程度相对指标是以最高限额提出任务的，主要是一些支出性（或消耗性）指标，如产品成本、原材料消耗等，这时，计算的计划完成程度相对指标应以小于 100% 为好，小于 100% 表示超额完成计划，大于 100% 表示未完成计划。

三、相对指标计算的应用原则

（一）可比性原则

相对指标是两个有联系的指标之间的对比，用来对比的指标必须具有可比性，否则，就不能得出正确结论。指标的可比性涉及多方面，如对比的两个指标在内容、范围、计算方法、时间长短和指标口径等方面应保持一致。如果对比的各指标发生变化，就需要统一调整后才能进行对比。

（二）相对指标与总量指标结合应用原则

相对指标是用一个抽象的比率来说明现象之间的相互关系，但它不能反映现象在绝对水平上的差异。在比较过程中，有时会出现相对指标很小但其代表的绝对指标可能很大，或相对指标很大但其代表的绝对指标可能很小的情况，即使两个相对指标相等，它们代表的绝对指标也可能大不相同。因此，在进行对比时，必须将相对指标和绝对指标结合应用才能真正反映出事物的本质特征。

（三）多种相对指标结合应用原则

各种相对指标只能从某一侧面反映现象之间的联系和对比关系，要更深入、全面地分析和研究问题，就要把多种相对指标结合应用，构建一个相对指标体系。例如，要深入全面了解工业企业的经营情况，就可以把其劳动生产率、计划完成程度、市场销售率、资金利润率、流通费用率等指标结合起来，形成一个反映企业经营管理水平的指标体系，这样才能对企业经营管理活动做出全面和科学的评价。

第三节　Excel 在总量指标与相对指标计算中的应用

一、利用 Excel 计算总量指标

总量指标是统计认识的起点，是统计分析中的基础指标。利用 Excel 计算总量指标一

般有以下两种情况。

（1）计数，常用函数 COUNT 或 COUNTIF 来实现。COUNT 函数用于计算指定单元格区域中包含数字以及包含参数列表中的数字的单元格的个数。COUNTIF 函数用于计算指定单元格区域中满足给定条件的单元格的个数。

（2）求和，常用函数 SUM 或 SUMIF 来实现。SUM 函数用于计算指定单元格区域中所有数字的总和。SUMIF 函数用于根据指定条件对若干单元格求和。其语法格式为

SUMIF(range,criteria,sum_range)

其中，range 为用于条件判断的单元格区域，criteria 为确定哪些单元格将被相加求和的条件，其形式可以为数字、表达式或文本。sum_range 是需要求和的实际单元格。

现以图 4-1 的数据为例说明上述函数的实际运用。

	A	B	C
1	学生姓名	成绩	借书数量/本
2	张勇	85	5
3	李梅	78	4
4	邓娜	不及格	2
5	杨洋	89	7
6	王强	75	4
7	丁灵		3
8	陈静	不及格	3
9	林辉		5
10	金津	68	4
11	姚莉	92	5

图 4-1　一组学生的成绩与借书数量

根据图 4-1 数据所要计算的总量指标如表 4-6 中的第一列所示，中间一列为所用函数的语法。选定输出单元格后，在公式编辑栏中输入等号（=），再输入相应的函数语法（或单击函数快捷图标 f_x，选择所需函数名后再按函数对话框提示输入指定区域等参数），按 Enter 键后在事先选定的单元格中就会显示出相应的计算结果。读者可以自己验证这些计算结果，从而掌握在大量数据条件下利用上述函数功能计算总量指标的操作方法。

表 4-6　运用计数与求和函数的示例

指 标 含 义	函 数 语 法	计 算 结 果
B 列包含数字的单元格个数	COUNT(B2:B11)	6
B 列大于等于 75 的单元格个数	COUNTIF(B2:B11,">=75")	5
B 列包含"不及格"的单元格个数	COUNTIF(B2:B11,"不及格")	2
B 列空白单元格个数	COUNTBLANK(B2:B11)	2
B 列包含数字的单元格的总和	SUM(B2:B11)	487
B 列大于等于 75 的单元格总和	SUMIF(B2:B11,">=75")	419
B 列成绩 75 及以上者的借书总数	SUMIF(B2:B11,">=75",C2:C10)	25
B 列成绩不及格者的借书总数	SUMIF(B2:B11,"不及格",C2:C11)	5
C 列总和（借书总数）	SUM(C2:C11)	42
C 列第一个、后三个数与 20 之和	SUM(C2,C9:C11,20)	39

二、利用 Excel 计算相对指标

计算相对指标是统计分析中最简单的计算，也是最常用的计算。使用 Excel 计算相对指标，最常用的功能就是 Excel 的公式及公式复制，这些操作都比较简单直观。只要掌握了 Excel 的基本操作方法（可参见本书附录 A），就能够轻松愉快地在 Excel 工作表中完成所需相对指标的计算。下面以表 4-2 和表 4-3 中的男性所占比重（%）、女性所占比重（%）和性别比为例来介绍使用 Excel 计算相对指标的具体操作方法，其余各种相对指标的计算不再赘述。

首先，在工作表中输入数据、将要计算的指标名称（以便清楚计算结果的含义，并且可以方便和规范地输出计算结果，或复制到 Word 文档或 PPT 等类型的分析报告中），如图 4-2 所示。

	A	B	C	D	E	F	G
1	普查年份	总人数/万人	男性人数/万人	女性人数/万人	男性所占比重/%	女性所占比重/%	性别比（以女性人数为100）
2	1953	59435	30799	28636	51.82	48.18	107.55
3	1964	69458	35652	33806	51.33	48.67	105.46
4	1982	100818	51944	48874	51.52	48.48	106.28
5	1990	113368	58495	54873	51.60	48.40	106.60
6	2000	126583	65355	61228	51.63	48.37	106.74
7	2010	133972	68685	65287	51.27	48.73	105.20

图 4-2　在 Excel 中计算比重和比例

其次，可以先选定输出区域（此时该区域还是空白的），并定义该区域单元格的格式（例如保留两位小数，具体操作方法参见附录 A）。当然，也可以执行下面的计算再定义输出区域的数据格式。

最后，在单元格 E2 中输入公式"=C2/B2*100"，按 Enter 键；在单元格 F2 中输入公式"=D2/B2*100"，按 Enter 键；在单元格 G2 中输入公式"=C2/D2*100"，按 Enter 键。选定单元格 E2～G2，用鼠标将其公式向下拖动复制至第 6 行，释放鼠标后即在选定区域显示全部计算结果，见图 4-2 中带粗边框的区域。

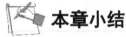

本章小结

本章共分三节，主要对总量指标和相对指标进行介绍。总量指标根据总体内容的不同可分为总体单位总量和总体标志总量；根据所反映的时间状况不同可分为时期指标和时点指标。相对指标是两个有相互联系的现象数量的比率。本章主要介绍了几种常用相对指标（包括结构相对指标、比例相对指标、比较相对指标、强度相对指标、动态相对指标、计划完成程度相对指标）的含义及其计算方法，以及 Excel 的函数和公式功能在总量指标与相对指标计算中的应用。

思考与讨论

1. 根据《中华人民共和国 2019 年国民经济和社会发展统计公报》显示：初步核算，

2019年全年我国国内生产总值990 865亿元，比2018年增长6.1%。其中，第一产业增加值70 467亿元，增长3.1%；第二产业增加值386 165亿元，增长5.7%；第三产业增加值534 233亿元，增长6.9%。第一产业增加值占国内生产总值的比重为7.1%，第二产业增加值占国内生产总值的比重为39.0%，第三产业增加值占国内生产总值的比重为53.9%。

问：以上指标中哪些是总量指标？哪些是相对指标？指出它们分别属于什么相对指标。

2. 某企业生产某种产品的单位成本，计划在上年的基础上降低2%，实际降低了3%，则该企业差一个百分点没有完成计划任务。

问：这种说法对吗？为什么？

实训题

1. 我国国土面积为960万平方千米，表4-7列出了我国最近两次人口普查的人口数资料。

表4-7 我国第五次和第六次人口普查的人口数　　　　　　　单位：万人

项 目	2000年（第五次人口普查）	2010年（第六次人口普查）
男	65 355	68 685
女	61 228	65 287
合 计	126 583	133 972

要求：计算全部可能的相对指标。

2. 某企业2019年上半年产量计划完成情况如表4-8所示。

表4-8 2019年上半年某企业产量计划完成情况

产 品	单 位	全年计划	第 一 季 度		第 二 季 度	
			计 划	实 际	计 划	实 际
甲	台	2 000	500	500	600	620
乙	台	1 200	250	300	350	360
丙	台	600	100	90	200	190

要求：根据表4-8的资料计算和分析：

（1）各季度产量计划完成程度。

（2）上半年产量计划完成情况。

（3）上半年计划进度执行情况。

3. 某年A国和B国经济实力的有关资料如表4-9所示。

表4-9 某年A国和B国经济实力对比表

项 目	单 位	A国	B国
人口数	万人	25 870	21 682
劳动力就业数	万人	11 884	8 749
国民生产总值	亿美元	9 370	16 920

续表

项　目	单　位	A国	B国
国民收入	亿美元	6 220	9 350
谷物总产量	万吨	18 795	26 143
钢产量	万吨	14 700	11 600
军费开支	亿美元	1 270	1 027

要求：根据上述资料，就 A、B 两国的总量指标和强度相对指标分别进行对比，求出各自的比较相对指标，并进行分析。

案例分析

【案例 4-1】　　　统计公报中的总量指标与相对指标

【案例 1-2】的《稳中上台阶 进中增福祉——<2019 年统计公报>评读》运用了大量总量指标与相对指标来反映国民经济发展状况及其主要特色，充分说明我国 2019 年国民经济运行总体平稳、稳中有进，主要预期目标较好实现，全面建成小康社会取得新的重大进展。

资料来源：中华人民共和国 2019 年国民经济和社会发展统计公报[R/OL]．（2020-02-28）[2020-05-26]．http：//www.stats.gov.cn/tjsj/zxfb/202002/t20200228_1728913.html．

案例思考与分析要求：

1．这篇文章中有哪些指标是总量指标？它们分别是时期指标还是时点指标？它们的计量单位是实物单位还是货币单位？采用复合单位的实物指标有哪些？

2．这篇文章中运用了哪些类别的相对指标？弄清楚它们的计算公式及具体含义。

3．这篇文章中多处使用了"百分点"的概念，弄清楚"百分点"的含义及它是如何计算的。

4．对比分析是最常用的统计分析方法。要进行对比，往往就离不开相对指标。通过该案例还应该懂得对所研究的问题要从哪些方面进行对比、对比分析中要注意哪些问题、如何解读计算结果等。

5．若要说明中国经济发展的国际地位，可计算哪些类型的相对指标进行比较分析？试自行收集有关指标的数据并进行相应的计算和分析。

第五章 数据分布特征的描述

【学习目标】

① 了解测定总体分布集中趋势的指标及其作用。
② 熟悉测定总体分布集中趋势的各种指标的概念、特点和应用场合。
③ 掌握测定总体分布集中趋势的各种指标的计算和分析方法。
④ 熟悉测定总体分布离散程度的指标及其作用。
⑤ 了解测定总体分布离散程度的各种指标的概念、特点及其应用场合。
⑥ 掌握测定总体分布离散程度的各种指标的计算及分析方法。
⑦ 熟悉 Excel 用于计算以上各种指标的方法,能够正确解释计算结果的实际意义。

第一节 总体分布集中趋势的测定

一、测定总体分布集中趋势的指标及其作用

集中趋势是指一组数据向某个中心值靠拢的态势,它反映了一组数据的分布中心和一般水平。从计算方法上来看,测定总体分布集中趋势的指标有两大类:一类是数值平均数,即根据所有标志值计算得到的代表值,包括算术平均数、调和平均数、几何平均数;另一类是位置平均数,即根据标志值所处的位置来确定的代表值,包括众数和中位数。两种平均数所反映的一般水平具有不同的意义,计算方法和应用场合也不同。算术平均数是统计研究中最常用的指标。本节主要介绍算术平均数、调和平均数、众数和中位数,而几何平均数将在"第九章动态数列分析"中进行介绍。

测定总体分布集中趋势指标的作用主要体现在以下几个方面。

(1)反映总体各单位变量分布的集中趋势和一般水平。例如,要了解城镇单位在岗职工年工资水平情况,只需计算出其平均工资就可以反映职工工资的一般水平。平均指标把一个总体内各单位的数量差异抽象化,且不受总体单位数量多少的影响,因而它具有高度的综合性和概括能力。

(2)比较同类现象在不同空间或不同阶段的发展水平。对于不同空间同类现象的发展水平,由于总体范围的大小可能不同,就不能用总量指标来直接进行对比,而平均指标则可以消除因总体范围不同而带来的总体数量差异,使不同范围的总体水平具有可比性。

(3)分析现象之间的依存关系。例如,要研究学生的学习成绩与学习时间之间的关系,可以按照学习时间由低到高分组,依次计算出各组的平均成绩,由此可以清晰地观察到学习时间与学习成绩之间的依存关系。

（4）平均指标经常被作为评价事物和问题决策的数量标准或参考。例如，对企业工人劳动效率的评定，通常以他们的平均劳动生产率水平为依据。又如，在企业管理中，劳动、生产和消耗等各种定额往往是以实际的平均水平为基础，结合其他条件来制定的。

二、数值平均数

（一）算术平均数

算术平均数也称均值，是将一组数据的总和除以该组数据的项数所得的结果，是表明同一总体各单位标志值一般水平的指标。其计算公式为

$$算术平均数 = \frac{总体标志总量}{总体单位总量} \tag{5.1}$$

在计算和应用算术平均数时必须注意的是，其分子和分母必须同属于一个总体，即分子与分母存在一一对应关系，有一个总体单位就必须有一个标志值与其对应，否则就不是平均指标，而是强度相对指标。这正是平均指标与强度相对指标的根本区别所在。强度相对指标是两个有联系的不同总体的总量指标对比的结果，这两个总量指标之间不存在上述对应关系，只是在经济内容上存在客观联系，可以说明现象的强度、密度和普遍程度；算术平均数则是一个总体内的标志总量与单位总量之比，用来说明总体单位某一标志值的一般水平。

在具体计算算术平均数时，根据所掌握的资料和计算的复杂程度不同，算术平均数又可分为简单算术平均数和加权算术平均数两种。

1. 简单算术平均数

简单算术平均数是在资料未分组时，将总体各单位的每一个标志值一一加总得到标志总量，然后除以单位总量求出的平均指标。其计算公式为

$$\bar{x} = \frac{x_1 + x_2 + x_3 + \cdots + x_n}{n}$$

即

$$\bar{x} = \frac{\sum x}{n} \tag{5.2}$$

式中：$\bar{x}$ 为平均指标；x 为总体各单位的标志值；n 为总体单位数。

【例 5-1】假设某企业某生产班组有 20 个工人，他们的年龄如表 5-1 所示。

表 5-1　某企业某生产班组工人的年龄统计表

序　号	年龄/周岁	序　号	年龄/周岁
1	20	7	25
2	20	8	25
3	20	9	25
4	20	10	25
5	25	11	25
6	25	12	25

序　　号	年龄/周岁	序　　号	年龄/周岁
13	25	17	31
14	25	18	31
15	31	19	31
16	31	20	45

根据上述资料，利用式（5.2）计算出该生产班组工人平均年龄为

$$\bar{x} = \frac{\sum x}{n} = \frac{20+20+20+20+25+25+\cdots+45}{20} = 26.5（岁）$$

2. 加权算术平均数

加权算术平均数是在统计调查资料已经整理分组的情况下计算平均数的一种形式。它是先以各组的单位数乘以各组标志值求得各组的标志总量，再将各组标志总量相加求出总体标志总量，最后用总体标志总量除以总体单位总量求出平均数。

计算加权算术平均数时有两种情况：一是根据单项式变量数列计算；二是根据组距式变量数列计算。

（1）由单项数列计算算术平均数。表 5-1 是未对该生产班组工人年龄进行分组的资料，现将表 5-1 中的资料进行分组，得到的变量数列如表 5-2 所示。

表 5-2　某企业某生产班组工人年龄分组表

年龄/周岁	工人数/人	比重/%
20	4	20
25	10	50
31	5	25
45	1	5
合　　计	20	100

在表 5-2 中，年龄这个变量只有四个变量值，若对这四个变量值进行简单平均，得到的平均年龄是 30.25 周岁。表 5-1 与表 5-2 的数据应该是一样的，但却得到了两个不同的平均数，这说明对已经分组形成变量数列的资料，计算其平均数就不能采用简单算术平均数来计算。正确的计算方法为

$$平均年龄 = \frac{20 \times 4 + 25 \times 10 + 31 \times 5 + 45 \times 1}{4+10+5+1} = \frac{530}{20} = 26.5（岁）$$

若年龄用 x 表示，工人数（标志值出现的次数）用 f 表示，则上述计算过程可用公式表示为

$$\bar{x} = \frac{x_1 f_1 + x_2 f_2 + x_3 f_3 + \cdots + x_n f_n}{f_1 + f_2 + f_3 + \cdots + f_n}$$

（5.3）

即

$$\bar{x} = \frac{\sum xf}{\sum f}$$

由式（5.3）可知，平均数的大小不仅决定于总体各单位标志值（x），同时也决定于各标志值的次数（f）。次数多的标志值对平均数的影响要大些，次数少的标志值对平均数的影响要小些。次数的多少对平均值的大小有权衡轻重的影响作用，所以称为权数。这种用权数计算算术平均数的方法称为加权算术平均数。

在实际工作中，利用加权算术平均法计算平均数时，权数可以是各组次数（频数），如上例中的工人数，也可以是各组的次数占总次数的比重（频率）。当权数为频率时，采用另一种加权算术平均数形式，即用标志值乘以相应的频率。其计算公式为

$$\bar{x} = \sum x \frac{f}{\sum f} \tag{5.4}$$

将表 5-2 的比重（频率）作为权数，利用式（5.4）可计算出该班组工人的平均年龄为

$$\bar{x} = \sum x \frac{f}{\sum f} = 20 \times 20\% + 25 \times 50\% + 31 \times 25\% + 45 \times 5\% = 26.5 （岁）$$

通过例 5-1 可以看出，权数的权衡轻重作用实质上体现在各组单位数占总体单位数比重的大小上。比重的大小反映对平均数大小的影响程度，通过比重可以直接表明该组标志值所占的地位。

需要说明的是，当各组频数或频率相等时，权数的意义也就消失了。这时，加权算术平均数就等于简单算术平均数，所以简单算术平均数是加权算术平均数的一个特例。

（2）由组距数列计算算术平均数。当数列为组距数列时，计算加权算术平均数应该根据各组的实际平均数乘以相应的权数来计算。但在实际编制组距数列时，很少计算组平均数。这样，在缺乏组平均数资料的条件下，可用各组中值来代替计算。当然，这种用组中值来代替计算的算术平均数不可避免地会存在一定程度的误差，所以由组距数列计算的平均数一般只能是近似值。

【例 5-2】根据某班学生统计学考试成绩的调查资料整理编制的组距数列如表 5-3 所示。计算学生的平均成绩（表中后两栏为计算栏）。

表 5-3　某班学生统计学考试成绩统计表

成绩/分	学生人数 f /人	组中值 x /分	xf
60 以下	6	55	330
60～70	22	65	1 430
70～80	26	75	1 950
80～90	21	85	1 785
90～100	4	95	380
合　　计	79	—	5 875

解：该班学生的平均成绩为

$$\bar{x} = \frac{\sum xf}{\sum f} = \frac{5\,875}{79} = 74.37 （分）$$

（二）调和平均数

调和平均数是各变量值倒数的算术平均数的倒数，又称倒数平均数。调和平均数是在资料缺乏总体单位数时计算平均指标的一种形式。其计算公式为

$$\bar{x} = \frac{\sum m}{\sum \frac{m}{x}} \qquad (5.5)$$

式（5.5）是加权调和平均数公式，式中，m 为各组标志总量。当各组 m 均等时，加权调和平均数等于简单调和平均数。

【例 5-3】已知某生产车间 50 名工人的日产量和总产量资料如表 5-4 所示，计算该车间工人平均日产量。

表 5-4　某车间工人日产量资料及其计算表

工人日产量 x /（件/人）	总产量 m /件	工人数 $\frac{m}{x}$ /人
10	30	3
11	110	10
12	240	20
13	130	10
14	98	7
合　　计	608	50

解：根据表 5-4 计算的工人的平均日产量为

$$\bar{x} = \frac{\sum m}{\sum \frac{m}{x}} = \frac{608}{50} = 12.16 \text{（件）}$$

社会经济统计中所应用的调和平均数往往是具有特定经济意义的一个指标，而不是一个纯粹反映一般水平的抽象数字，因此，它常作为加权算术平均数的变形形式应用。当已知资料为各组的变量值 x 和算术平均数基本公式（总体标志总量除以总体单位总量）的分子数据 xf 时，加权算术平均数通常可通过变形利用以分子数据为权数的调和平均数形式来计算。

三、位置平均数

（一）众数

1. 众数的定义

众数是现象总体中出现次数最多的标志值。众数是对现象集中趋势的度量，它不仅可以测定数值型数据的集中趋势，如工人工资水平的众数、某年级学生年龄的众数等，也可以用来测定非数值型数据的集中趋势，如人数最多的一种业余爱好就是职工业余爱好的众数、公交旅客流量最大的线路就是公交车线路的众数、最常见的球鞋型号就是球鞋型号分布的众数等。因此，众数在社会经济现象的管理决策中有着十分广泛的应用。

2. 众数的确定方法

根据掌握资料的不同，可采用以下两种不同的方法确定众数。

（1）单项数列确定众数。在单项式分组数列情况下，出现次数最多的那个组的标志值就是众数。

例如，在表 5-2 中，该生产小组中年龄为 25 岁的人数最多。所以，25 岁就是该生产小组中年龄的众数。

（2）组距数列确定众数。在组距数列的条件下，先要确定众数所在组，然后再根据插值法公式计算，以求得近似的众数值。其计算公式为

$$m_0 = L_{m_0} + d_{m_0} \frac{f_{m_0} - f_{m_0-1}}{(f_{m_0} - f_{m_0-1}) + (f_{m_0} - f_{m_0+1})} \tag{5.6}$$

式中：m_0 代表众数；L_{m_0} 代表众数组下限；d_{m_0} 代表众数组组距；f_{m_0} 代表众数组次数；f_{m_0-1} 代表众数组前一组的次数；f_{m_0+1} 代表众数组后一组的次数。

【例 5-4】根据表 5-3，确定学生考试成绩的众数。

解：确定众数组。表 5-3 中出现次数最多的是 26 人，所以它对应的成绩组 70～80 组是众数组。

计算众数的近似值。代入式（5.6），计算结果为

$$m_0 = 70 + 10 \times \frac{26-22}{(26-22)+(26-21)} = 70 + 4.44 = 74.44（分）$$

（二）中位数

1. 中位数的定义

中位数是把现象总体中的各单位标志值按大小顺序排列后处于数列中点位置的标志值。它表明数列中有一半单位的标志值小于中位数，另一半单位的标志值大于中位数，因此用它来代表一组数据的一般水平是可行的。

2. 中位数的确定方法

根据掌握的资料不同，确定中位数分以下两种情况。

（1）根据未分组资料确定中位数。在标志值未经分组的情况下，先把各单位按标志值大小顺序排列，如果总体单位数为奇数，则处于 $(n+1)/2$（n 代表总体单位数）位置的标志值就是中位数；如果总体单位数为偶数，那么中位数就是位次为 $n/2$ 和 $n/2+1$ 的两个标志值的平均数。

【例 5-5】某班级两个小组的同学分别为 11 人和 12 人，每人的统计学考试成绩如下：
甲组——65，68，72，77，80，82，88，90，92，94，99
乙组——62，65，70，74，76，80，83，88，90，93，98，99
甲组的中位数位置为 $(11+1)/2=6$，即第 6 位同学的考试成绩 82 分为中位数。
乙组的中位数应该为 $(80+83)/2=81.5$（分）。

（2）根据已分组资料确定中位数。根据已分组资料确定中位数可以分为两种情况：一是根据单项式分配数列确定中位数；二是根据组距式分配数列确定中位数。

在单项式分配数列的情况下，也是按上面所讲的方法来确定中位数的位置。

【例 5-6】根据表 5-2，说明单项式分配数列的情况下中位数的确定方法。

表 5-2 的中点位置在 $\frac{\sum f}{2}=10$ 和 $\frac{\sum f}{2}+1=11$ 之间，现在把工人数做自下而上累计到第二组(4+10)，即已超过 11，表明中位数就是 25 岁。

在组距数列的条件下计算中位数较为复杂。首先确定中位数的所在组，然后再计算中位数的近似值。其计算公式为

$$m_e = L_{m_e} + d_{m_e} \frac{\frac{\sum f}{2} - S_{m_{e-1}}}{f_{m_e}} \tag{5.7}$$

式中：m_e 代表中位数；L_{m_e} 代表中位数组下限；d_{m_e} 代表中位数组组距；f_{m_e} 代表中位数组次数；$S_{m_{e-1}}$ 代表累计至中位数所在组前一组的次数。

【例 5-7】仍用表 5-3 来说明组距数列条件下中位数的计算方法。

先确定中位数的所在组。为了确定分配数列中的中点位置，要把整个数列的总次数除以 2，即 79/2=39.5，它说明中位数应为这个数列中的第 39.5 个学生的考试成绩。我们知道，在组距分配数列中，各组距数值已是按大小顺序排列，这样，计算各组累计学生人数，至第二组止为 6+22=28 人，至第三组止为 28+26=54 人，由此可见，第 39.5 个学生就在第三组中，即中位数应在成绩 70～80 分组内。

然后再计算中位数的近似值。在计算中位数的近似值时，我们是从中位数所在组内的各个数值是均匀分布的假定出发，有了这样的假定，就可从中位数在该组内的位次来推算它的近似值。

上面资料按式（5.7）计算为

$$m_e = L_{m_e} + d_{m_e} \frac{\frac{\sum f}{2} - S_{m_{e-1}}}{f_{m_e}} = 70 + 10 \times \frac{\frac{79}{2} - 28}{26} = 74.42 \text{（分）}$$

（三）众数、中位数和算术平均数三者的关系

众数、中位数和算术平均数都是对一组数据的一般水平的度量，它们各有不同的特点和应用场合。众数和中位数的特点是不受极端值的影响，但它们没有利用原始数据的全部信息。算术平均数利用全部数据信息，是描述一般水平最常用的指标，但算术平均数容易受极端值的影响。当一组数据中有极端值时，最好用中位数或众数来反映该组数据的一般水平。

算术平均数、众数和中位数三者结合还可以描述数据分布的偏斜（非对称）程度。对于呈现单峰分布特征的数据，如果数据的分布是对称的，则三者相等，即 $\bar{x}=m_e=m_0$；如果数据呈左偏（负偏）分布，数据中的极小值会使算术平均数偏向较小的一方，极小值的大小虽然不影响中位数，但其所占项数会影响数据的中间位置，从而略使中位数偏小，众数则完全不受极小值大小和位置的影响，因此，一般情况下，三者的关系表现为 $\bar{x}<m_e<m_0$；

反之亦然，如果数据呈右偏（正偏）分布，则三者的关系表现为 $m_0 < m_e < \bar{x}$。三者的关系如图 5-1 所示。

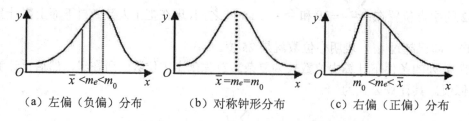

图 5-1 众数、中位数与算术平均数的关系示意图

例如，根据表 5-3 中某班学生统计学考试成绩数据计算的算术平均数为 74.37 分，中位数为 74.42 分，众数为 74.44 分。算术平均数小于中位数和众数，表明该班学生统计学考试成绩的分布呈左偏分布，同时这三者又非常接近，表明该数据分布偏斜程度很轻微，近似对称钟形分布。

第二节 总体分布离散程度的测定

一、测定总体分布离散程度的指标及其作用

测定离散程度的指标称为变异指标。变异指标又称标志变动度，综合反映总体各单位标志值的差异程度或离散程度。通过变异指标可以表明总体标志值分布状况的特征。

变异指标在统计分析研究中的作用主要表现在以下几个方面。

（1）反映总体各单位标志值分布的离散程度。变异指标可以说明总体各单位标志值的离散程度，变异指标越大，说明总体各单位标志值分布的离散程度越大；变异指标越小，说明总体各单位标志值分布的离散程度越小。

（2）变异指标可以说明平均指标的代表性程度。平均指标作为总体各单位标志值一般水平的代表值，其代表性的大小随着标志值的差异程度不同而有很大区别。

【例 5-8】有两个小组学生的考试成绩如下。

第一小组：50，60，70，80，90　　　　$\bar{x}_1 = 70$（分）
第二小组：68，69，70，71，72　　　　$\bar{x}_2 = 70$（分）

两个组的平均成绩都是 70 分，但是很显然用 70 分代表第二组数据的一般水平比代表第一组数据的一般水平更具有代表性。因为第一组数据之间的差异程度明显大于第二组。

一般地说，变异指标越大，说明总体各单位的标志值分布越分散，则平均数的代表性越小；而变异指标越小，说明平均数的代表性越大。

（3）变异指标可以说明现象变动的均匀性或稳定性程度，数据之间差异越大，则变异指标越大，说明现象变动的稳定性或均匀性越差；数据之间差异越小，则变异指标越小，说明现象变动的稳定性或均匀性越高。

二、变异指标的计算方法

变异指标一般可分为两类：一类是测定总体单位变量值变异程度的指标，包括极差、平均差、标准差和离散系数（也叫变异系数）；另一类是测定总体次数分配形态的指标，包括偏离度和集中度（峰度）。这里主要介绍第一类指标。

（一）极差

极差又称全距，是标志的最大值与最小值之差。它是测定标志变异程度最简单的指标，以 R 表示。其计算公式为

$$R = x_{max} - x_{min} \tag{5.8}$$

根据例 5-8 的资料，可以计算第一小组和第二小组学生考试成绩的极差。

第一小组数据的极差为：$R = 90 - 50 = 40$（分）

第二小组数据的极差为：$R = 72 - 68 = 4$（分）

极差的优点在于计算方便、意义明确，且易于了解掌握。它是测定标志变动度的简便方法。但是，极差只涉及最大值和最小值两个标志值，容易受到极端值的影响，因而它不能全面、综合地反映各单位标志的变异程度，在应用时有较大的局限性，但它可以与其他指标配合使用。

（二）平均差

平均差是各单位标志值对算术平均数的离差绝对值的算术平均数，又称平均离差。它是测定标志值变异程度的另一种指标，用 AD 表示。平均差与极差的不同之处在于平均差考虑了总体中各单位标志值变动对标志变异程度的影响。

根据资料是否分组，平均差的计算分以下两种情况。

1. 简单平均法

在资料未分组的情况下，采用简单算术平均法来计算平均差。其计算公式为

$$AD = \frac{\sum |x - \bar{x}|}{n} \tag{5.9}$$

2. 加权平均法

在资料已经分组的情况下，采用加权平均法计算平均差。其计算公式为

$$AD = \frac{\sum |x - \bar{x}| f}{\sum f} \tag{5.10}$$

平均差越大，说明标志变动程度越大；平均差越小，说明标志变动程度越小。

平均差是利用全部数据计算的变异指标，它能够全面地反映数据之间的离散程度。但平均差为了避免离差正负抵消而采用取绝对值平均的方法，在应用时存在局限性，故在统计研究中较少使用。

（三）标准差

标准差又称均方差，是总体各单位的标志值对其算术平均数离差平方的算术平均数的平方根。它是测定标志变异最主要的指标，用 σ 表示。标准差的平方称为方差，用 σ^2 表示。

根据资料是否分组，标准差的计算可分为以下两种情况。

1. 简单平均法

在资料未分组的情况下，采用简单算术平均法来计算标准差。其计算公式为

$$\sigma = \sqrt{\frac{\sum(x-\bar{x})^2}{n}} \qquad (5.11)$$

2. 加权平均法

在资料已经分组的情况下，采用加权平均法计算标准差。其计算公式为

$$\sigma = \sqrt{\frac{\sum(x-\bar{x})^2 f}{\sum f}} \qquad (5.12)$$

【例 5-9】根据例 5-2 的资料，计算学生考试成绩的平均差和标准差，如表 5-5 所示。

表 5-5　某班学生统计学考试成绩标准差计算表

成绩/分	学生人数 f/人	组中值 x	$x-\bar{x}$	$\|x-\bar{x}\|f$	$(x-\bar{x})^2 f$
60 以下	6	55	-19.37	116.20	2 250.50
60～70	22	65	-9.37	206.08	1 930.33
70～80	26	75	0.63	16.46	10.41
80～90	21	85	10.63	223.29	2 374.23
90～100	4	95	20.63	82.53	1 702.87
合　计	79	—	—	644.56	8 268.34

在例 5-2 中已经计算出该班学生统计学考试平均成绩为 74.37 分。

根据式（5.10）得学生成绩的平均差为

$$AD = \frac{\sum|x-\bar{x}|f}{\sum f} = \frac{644.56}{79} = 8.16 \text{（分）}$$

计算结果表明，该班学生考试成绩与其均值平均相差 8.16 分。

根据式（5.12）得学生成绩的标准差为

$$\sigma = \sqrt{\frac{\sum(x-\bar{x})^2 f}{\sum f}} = \sqrt{\frac{8\,268.34}{79}} = 10.23 \text{（分）}$$

计算结果表明，标准差越大，说明标志变异的程度越大，则平均数的代表性就越小；标准差越小，说明标志变异的程度越小，则平均数的代表性就越大。

（四）离散系数

极差、平均差和标准差都有与平均指标相同的计量单位，是反映标志变异程度的绝对指标，其数值的大小不仅受标志值之间差异程度的影响，还受标志值水平高低的影响。因此，对不同变量（或不同数据组）的离散程度进行比较时，只有当它们的平均水平和计量单位都相同时，才能利用上述指标进行分析。否则，还需将平均水平或计量单位的差异抽象掉，这就需要计算离散系数。

离散系数也称为变异系数，是极差、平均差或标准差等变异指标与其算术平均数的比率，以相对数形式来表示。最常用的离散系数是标准差系数 V_σ，它是标准差与其平均数的比率，其计算公式为

$$V_\sigma = \frac{\sigma}{\bar{x}} \times 100\% \tag{5.13}$$

离散系数一般使用百分数表示。离散系数越大，说明数据的离散程度越大，其平均数的代表性就越小；离散系数越小，说明数据的离散程度越小，其平均数的代表性就越大。

【例 5-10】根据例 5-9 已经得知其平均数为 74.37 分，标准差为 10.23 分。若另一个班同学考试成绩的平均数为 78.23 分，标准差为 11.75 分。试比较两个班学生成绩的离散程度。

解：两个班学生平均成绩不同，不能直接用其标准差进行比较，还必须计算离散系数。该班学生考试成绩的离散系数为

$$V_\sigma = \frac{10.23}{74.37} \times 100\% = 13.76\%$$

另一个班学生考试成绩的离散系数为

$$V_乙 = \frac{11.75}{78.23} \times 100\% = 15.02\%$$

从离散系数的比较中可以看出，另一个班学生成绩的离散系数大于该班学生成绩的离散系数，这说明另一个班学生考试成绩的离散程度较大，同时也说明另一个班平均成绩的代表性较小。

第三节　Excel 在数据分布特征分析中的应用

一、由未分组数据计算分布特征的有关指标

由未分组数据计算分布特征的有关指标，通常有两种方法：一是使用 Excel 中有关函数或输入计算公式分别去计算各个指标；二是利用 Excel 的"描述统计"分析工具将一系列指标一起计算出来，并用一个表格显示全部计算结果。

（一）使用函数功能计算各个指标

使用 Excel 中的有关函数可分别计算出描述数据分布特征的各个指标，如用 AVERAGE 函数计算算术平均数，用 MEDIAN 函数计算中位数，用 MODE 函数计算众数，用 AVEDEV 函数计算平均差，用 STDEV 函数计算样本标准差，用 STDEVP 函数计算总体标准差，用 VAR 函数计算样本方差，用 VARP 函数计算总体方差。① 使用函数的方法可参见附录 A。

这里仅以例 5-1 的数据来说明总体标准差的计算步骤：在单元格 A1 中输入数据标志"年龄"，在 A2～A21 单元格中输入各个工人的年龄数值，选定一个空白单元格为输出单元格，在编辑栏中输入"=STDEVP(A2:A21)"，按 Enter 键后即可在所选定的单元格显示出总体标准差的计算结果为"5.634 71"。

（二）使用"描述统计"分析工具

下面以例 5-1 的数据来说明其具体操作步骤。

（1）在单元格 A1 中输入数据标志"年龄"，在 A2～A21 单元格中输入各个工人的年龄数值。

（2）选择"数据"→"数据分析"命令，在"数据分析"选项卡中选择"描述统计"后确定，弹出"描述统计"对话框，如图 5-2 所示。

图 5-2　Excel 的"描述统计"对话框

（3）在对话框的"输入区域"数值框中输入待分析数据所在的单元格区域。本例中输入"A1:A21"（这里的单元格引用也可以使用绝对引用，如图 5-2 所示）。

在"分组方式"下指定输入区域中的数据是按行还是按列排列。本例中选择"逐列"。

如果输入区域的第一行（或列）中包含标志项（变量名），则选中"标志位于第一行（列）"复选框，Excel 将在输出表第一行显示标志。如果输入区域没有标志项，则不选中它，Excel 将会自动在输出表第一行显示"列 1"（或"行 1"）。

---

① 总体方差和总体标准差是指按本章第二节所介绍的计算公式由总体数据计算的方差和标准差。样本方差和标准差是指由样本数据计算的、用于估计总体方差和总体标准差的统计量，它们的分母不是 n，而是 (n-1)，这样计算才满足无偏性的要求。关于无偏性的概念请参照本书第六章第三节的内容。

在对话框下半部分的输出选项中指定显示和存放计算结果的位置和输出内容。

通常可选中"输出区域"单选按钮，并在其右侧编辑框中指定显示输出结果表的起点单元格地址，本例选择的是"B2"。若要将计算结果用一个新工作表来显示，则选中"新工作表组"单选按钮，如果需要给该新工作表命名，则在右侧编辑框中输入名称。若要将计算结果用一个新工作簿来显示，则选中"新工作簿"单选按钮。

选中"汇总统计"复选框，输出表则会包括样本的平均值、标准误差[①]、中位数、众数、标准差、方差、峰度值、偏度值、极差、最小值、最大值和观测数等统计指标。

选中"平均数置信度"复选框并在右侧的编辑框中指定置信度，则输出由样本均值推断出的总体均值的抽样极限误差[②]。本例未选中此项。

选中"第 K 大（小）值"复选框，并在编辑框中指定 K 的数值，则输出表中会包含数据的第 K 最大（小）值。K 的默认值为 1，等于要求输出最大值和最小值，这一要求实际上已包括在汇总统计中，所以最好选择 2 以上的数，这样得到的信息量显然更大。本例都填写 2。

填完"描述统计"对话框后，单击"确定"按钮，输出结果如图 5-3 中带粗边框的区域所示。

	A	B	C
1	年龄		
2	20	年龄	
3	20	平均	26.5
4	20	标准误差	1.292 692
5	20	中位数	25
6	25	众数	25
7	25	标准差	5.781 094 4
8	25	方差	33.421 053
9	25	峰度	4.634 122 7
10	25	偏度	1.711 615 9
11	25	区域	25
12	25	最小值	20
13	25	最大值	45
14	25	求和	530
15	25	观测数	20
16	31	最大(2)	31
17	31	最小(2)	20
18	31		
19	31		
20	31		
21	45		

图 5-3 Excel 的描述统计输出表

Excel 的描述统计的输出结果分为两列，左边一列是所计算的各个统计指标名称，右边一列是对应的指标数值。需要注意的是，Excel 的描述统计工具自动把数据作为样本进行处理，输出表中的标准差和方差分别指样本标准差和方差。若是总体数据，需要计算总体标准差和方差，就可分别用函数 STDEVP 和 VARP 来实现。

显然，若要计算分布特征的系列指标，使用"描述统计"分析工具比使用函数功能更为简便快捷，而且还可以同时对多个变量（多列或多行的数据）进行计算。

[①] 这里的标准误差是指抽样平均误差。关于"抽样平均误差"可参见本书第六章的内容。
[②] 关于抽样极限误差和置信度的概念请参照本书第六章的内容。

二、由分组数据计算分布特征的有关指标

对于分组数据的有关指标，只能用 Excel 的公式与复制功能来实现。下面就以例 5-2 的数据来说明有关指标的具体计算操作。

（1）输入数据，如图 5-4 中的 A、B、C 列所示。

	A	B	C	D	E	F
1	成绩/分	学生人数 f/人	组中值 x	xf	加权的离差绝对值 $\lvert x-\bar{x} \rvert f$	加权的离差平方 $(x-\bar{x})^2 f$
2	60 以下	6	55	330	116.20253	2250.50473
3	60~70	22	65	1430	206.07595	1930.33168
4	70~80	26	75	1950	16.45570	10.41500
5	80~90	21	85	1785	223.29114	2374.23490
6	90~100	4	95	380	82.53165	1702.86813
7	合　计	79	—	5875	644.55696	8268.35443
8						
9	算术平均数	74.367 09				
10	平均差	8.158 95				
11	方差	104.662 71				
12	标准差	10.230 48				

图 5-4　由分组数据计算的分布特征有关指标

（2）算术平均数的计算：在单元格 D2 中输入公式"=C2*B2"，按 Enter 键后将单元格 D2 的公式向下复制到 D6，在单元格 D7 中输入公式"=SUM(D2:D6)"（或单击自动求和图标即可），按 Enter 键后计算算术平均数所需的分子的数值（本例中为 5 875）就显示在单元格 D7 中。在单元格 A9 中输入"算术平均数"，在单元格 B9 中输入公式"=D7/B7"，按 Enter 键后单元格 B9 中显示的数值（74.367 09）就是所求的算术平均数。

（3）平均差的计算：在单元格 E1 中输入"加权的离差绝对值 $\lvert x-\bar{x} \rvert f$"，在单元格 E2 中输入公式"=ABS(C2-$B$9)*B2"，按 Enter 键后将单元格 E2 的公式向下复制到 E6，在单元格 E7 中输入公式"=SUM(E2:E6)"，按 Enter 键后计算平均差所需的分子的数值（644.556 96）就显示在单元格 E7 中。在单元格 A10 中输入"平均差"，在单元格 B10 中输入公式"=E7/B7"，按 Enter 键后单元格 B10 中显示的数值（8.158 95）就是所求的平均差。

（4）方差的计算：在单元格 F1 中输入"加权的离差平方 $(x-\bar{x})^2 f$"，在单元格 F2 中输入公式"=(C2-$B$9)^2*B2"，按 Enter 键后将单元格 F2 的公式向下复制到 F6，在单元格 F7 中输入公式"=SUM(F2:F6)"，按 Enter 键后计算方差所需的分子的数值（8 268.354 43）就显示在单元格 F7 中。在单元格 A11 中输入"方差"，在单元格 B11 中输入公式"=F7/B7"，按 Enter 键后即可在单元格 B11 中得到所求方差的数值（104.662 71）。

（5）标准差的计算：由于标准差就等于方差的平方根，所以在单元格 A12 中输入"标准差"，在单元格 B12 中输入公式"=B11^0.5"或"=SQRT(B11)"，按 Enter 键后即可在单元格 B12 中得到所求标准差的数值（10.230 48）。

对于众数、中位数和离散系数等统计指标的计算，同样只需要在 Excel 中输入相应的计算公式即可实现。读者不妨自行尝试。

上述指标的中间数据和最终计算结果如图 5-4 所示。

本章小结

本章共分三节，主要介绍测定数据分布集中趋势的主要指标，包括算术平均数、调和平均数、众数和中位数的概念、特点、作用、计算方法及其应用场合；介绍测定数据离散程度的主要指标，包括极差、平均差、标准差和离散系数的概念、作用、特点、计算方法及其应用场合，并对 Excel 在数据分布特征分析中的应用问题进行了详细介绍。

思考与讨论

1．强度相对指标与平均指标有哪些区别？
2．在什么情况下简单算术平均数和加权算术平均数的计算结果一致？
3．加权算术平均数和调和平均数有何区别与联系？
4．算术平均数、众数、中位数各用于什么场合？
5．什么是离散系数？离散系数在什么条件下应用？

实训题

1．某生产车间 27 名工人日加工零件数如下（单位：件）：

```
26  42  41  36  44  40  37  37  25
45  29  43  31  36  36  49  34  47
33  43  38  42  32  34  38  46  43
```

要求：

（1）根据以上资料分成如下五组：25～30、30～35、35～40、40～45、45～50，并计算出各组的频数和频率，整理编制次数分布表。

（2）根据整理表计算工人生产该零件的平均日产量。

（3）利用 Excel 根据未分组数据计算上述数据分布特征的各个统计指标。试比较由未分组数据计算的平均数和已分组数据计算的平均数有何不同，为什么？

2．某企业某月对产品质量进行调查，得到的资料如表 5-6 所示。

表 5-6　某企业某月产品质量调查表

合格率/%	实际产量/件
70～80	34 000
80～90	70 000
90～100	36 000
合　　计	140 000

要求：计算该产品的平均合格率。

3. 某公司下属企业 2019 年 A 产品的单位成本分组资料如表 5-7 所示。

表 5-7 2019 年 A 产品的单位成本分组表

A 产品单位成本/（元/件）	各组产量占总产量的比重/%
200~220	40
220~240	45
240~260	15

要求：计算该公司 2019 年 A 产品的平均单位成本。

4. 某地区商业局下属零售商店，某月按零售计划完成百分比分组资料如表 5-8 所示。

表 5-8 零售商店某月按零售计划完成百分比分组资料

按计划完成百分比分组/%	本月实际零售额/万元
90~100	200
100~110	1 000
110~120	800
合　计	2 000

要求：计算该零售商店平均计划完成程度。

5. 三个生产同种产品的企业某年 4 月份和 5 月份的有关资料如表 5-9 所示。

表 5-9 三个生产同种产品的企业某年 4 月份、5 月份有关资料

企　业	单位成本/（元/件）	4 月份产量/件	5 月份成本总额/元
甲	25	1 500	24 500
乙	28	1 020	28 560
丙	32	980	48 000

要求：分别计算三个企业该产品 4 月份、5 月份的平均单位成本。

6. 某航空公司为了了解顾客对其售票速度的满意程度，收集了 100 位顾客购票时所花时间的样本数据，整理资料如表 5-10 所示。

表 5-10 100 位顾客购票所花时间的样本数据表

时间/min	人数/人
1 以下	12
1~2	26
2~3	20
3~4	14
4~5	10
5~6	6
6~7	5
7~8	3
8~9	2
9 以上	2
合　计	100

要求：

(1) 根据资料计算算术平均数、众数和中位数。

(2) 你认为该用哪个统计量来作为该组数据的概括性度量比较合适？为什么？

7. 某车间有甲、乙两个生产小组，甲组平均每人的日产量为 55 件，标准差为 3.0 件；乙组工人日产量资料如表 5-11 所示。

表 5-11 乙组工人日产量表

日产量/件	工人数/人
60 以下	20
60～70	20
70～80	30
80 以上	30

要求：计算乙组平均每个工人的日产量，并比较甲、乙两生产小组哪个组的平均日产量更有代表性？

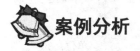

案例分析

【案例 5-1】 全国城镇非私营单位就业人员的工资水平与差异

改革开放以前，我国城镇就业人员的就业单位几乎全部集中在以公有制为基础的国有单位和集体单位。随着改革开放的不断推进，城镇就业人员的就业单位类型也越来越多样化，不同类型的单位就业人员的工资水平也存在着明显的差异。为了对此有个清晰的认识，可利用表 5-12 的统计数据进行简要的定量分析。为了简便，也是受限于国家统计局公开信息中的分类数据，这里将注册类型中的股份合作单位、联营单位、有限责任公司、股份有限公司、港澳台商投资单位和外商投资单位统一合并为"其他单位"。

表 5-12 全国城镇非私营单位就业人员平均工资

注册类型	平均就业人员数/万人		平均工资/元	
	2015 年	2018 年	2015 年	2018 年
国有单位	6 260	5 902	65 296	89 474
城镇集体单位	509	376.5	46 607	60 664
其他单位	11 401	11 172.5	60 906	79 453

资料来源：《中国统计年鉴 2019》，平均就业人员数根据年鉴中年初数与年末数的平均而得。

案例思考与分析要求：

1. 全国城镇非私营单位就业人员平均工资与各注册类型的非私营单位就业人员平均工资之间存在什么样的数量关系？

2. 根据表 5-12 中的数据，计算全国城镇非私营单位就业人员的平均工资应该采用简单算术平均法还是加权算术平均法？为什么？

3. 分别按上述两种平均法计算出 2015 年和 2018 年的全国城镇非私营单位就业人员平均工资,指出哪种方法得到的计算结果较大,并结合表中数据具体解释为什么。

4. 可以计算哪些指标来说明各类型就业人员平均工资的差异程度?利用 Excel 分别计算其 2015 年和 2018 年的数值。

5. 比较 2015 年和 2018 年的非私营单位就业人员平均工资和差异程度的计算结果,你能够得出什么结论?尝试写出简要的文字分析说明。

【案例 5-2】 投资的收益与风险并存

在正常的市场经济环境下,投资的高收益总是伴随着高风险。所以,投资理财专家总是提醒人们:不仅要看到收益率的高低,还要注意到风险的大小。投资人在做出将资本用于哪类投资的决策时,理解这一点是极其必要的。具有不同风险承受能力的投资人往往有不同的投资决策。

有的研究者为了比较不同类型投资基金的收益率水平并说明收益率高低与风险大小的关系,收集了 30 只投资基金某年的收益率数据,其中偏债券型投资基金 8 只,中间型和偏股票型投资基金各有 11 只。它们的收益率数据如表 5-13 所示。

表 5-13 30 只投资基金某年的收益率表   单位:%

偏债券型	中间型	偏股票型
6.3	10.8	13.9
6.0	6.9	18.7
5.2	9.8	5.1
8.1	7.2	-1.8
7.5	11.5	9.6
3.9	2.3	8.4
4.8	4.1	7.6
5.9	8.7	12.0
	7.4	10.5
	7.3	14.3
	8.1	11.4

案例思考与分析要求:

1. 如何比较三种类型投资基金的收益率高低?试计算出有关指标的数值。
2. 各种类型投资基金的风险大小如何度量?能否根据上述数据使用所学过的统计指标来度量?
3. 哪类投资基金收益率的波动较大?试计算出有关指标的数值来说明。
4. 根据上述指标的计算结果可以得出什么结论?
5. 对于一个稳健型的投资者,应建议其倾向于购买哪一类投资基金?为什么?

第六章 抽样估计

【学习目标】
① 理解抽样估计的基本概念。
② 了解抽样误差的含义、影响因素以及计算方法。
③ 掌握点估计和区间估计的方法。
④ 了解必要样本单位数的确定方法。
⑤ 熟悉 Excel 在抽样推断中的运用并正确理解输出结果。

第一节 抽样估计概述

一、抽样估计的概念和特点

抽样估计是在抽样调查的基础上，用样本的实际资料计算样本指标，并据以估计或推算总体相应数量特征的一种统计分析方法。抽样的应用在日常生活中很常见。例如我们常常抿上一口咖啡，看看是热还是凉；在决定购买食品之前拿一点儿尝尝味道；医生通过化验病人手指上取得的一滴血液，为诊断病情提供依据；为了了解城乡居民某节目的收视率情况，从全体居民中抽取一部分出来进行调查，并据以推算全体居民的收视率等。

抽样估计的特点主要表现在以下几个方面。

（1）抽样估计是按照随机原则从总体中抽取样本单位。在选取调查单位时完全不受人的主观意志的影响，保证了样本变量是随机变量，使抽出的样本对总体具有足够的代表性。

（2）抽样估计的目的是由部分推断总体。抽样调查是一种非全面调查，通过调查我们将得到总体中一部分（通常是很小一部分）单位的情况，但这并不是目的，抽样估计是利用这部分信息来推算总体的有关信息，即用样本指标来推算相应的总体指标。

（3）抽样估计的误差可以事先计算并加以控制。在抽样估计中，用样本指标去估计相应的总体指标是有误差的，这一点与其他的非全面调查并没有什么区别，但不同的是，抽样的误差范围可以事先通过有关资料加以计算，并采取一定的措施来加以控制，从而保证抽样估计的结果达到一定的可靠程度，这是任何其他的估算办法办不到的。

（4）抽样估计应用的是概率估计的方法。抽样估计中利用样本指标推算总体指标，应用的是数学上不确定的概率估计方法，而不是应用确定的数学分析方法。抽样估计原则上把样本观察值所决定的样本指标看成随机变量。在实践中抽取一个样本，计算样本指标将其作为相应总体指标的估计值，再计算其可靠程度，这就是概率估计所要解决的问题。

二、抽样估计的理论基础

在自然界和社会生活中，人们观察到的现象大致可以分为两类：一类是确定性现象，如在一个大气压下，水在100℃时会沸腾；某种商品的销售额，必然等于该商品的销售量乘以平均的销售价格。另一类是偶然性现象或随机现象，如向上抛掷一枚硬币，其结果可能是正面向上，也可能是反面向上；商场里的顾客数，在每天的同一时间一般不会相同。确定性现象是容易理解的，而偶然性现象或随机现象，似乎不易把握。但人们通过长期的实践活动发现：偶然性现象或随机现象并不是杂乱无章的，在大量观察的条件下，偶然性现象或随机现象的运动会呈现出一种统计的规律性。概率论和数理统计学就是专门研究偶然现象或随机现象及其统计规律性的学科，而抽样估计主要依据的是其中的大数法则和中心极限定理。

大数法则是关于大量的随机现象具有稳定性质的法则。它说明如果被研究的总体是由大量的相互独立的随机因素所构成，而且每个因素对总体的影响都相对的小，那么对这些大量因素加以综合平均的结果是因素的个别影响将相互抵消，而呈现出它们共同作用的倾向，使总体具有稳定的性质。联系到抽样估计来看，大数法则证明，如果随机变量总体存在着有限的平均数和方差，则对于充分大的抽样单位数，可以有几乎趋近于1的概率来期望其平均数与总体平均数的绝对离差为任意小，即对于任意的正数 ε，有

$$\lim_{n \to \infty} P\left(\left| \bar{x} - \bar{X} \right| < \varepsilon \right) = 1 \tag{6.1}$$

式中：$\bar{x}$ 为抽样平均数；$\bar{X}$ 为总体平均数；n 为抽样单位数。

这就从理论上揭示了样本与总体之间的内在联系，即随着抽样单位数的增加，抽样平均数有接近于总体平均数的趋势，或者说，抽样平均数在概率上收敛于总体平均数。

大数法则论证了抽样平均数趋近于总体平均数的趋势，这为抽样估计提供了重要的依据。但是，抽样平均数和总体平均数的离差究竟有多大？离差不超过一定范围的概率有多少？这个离差的分布怎样？这些问题则要利用中心极限定理来研究。中心极限定理是研究变量和分布序列的极限定理，它表明，如果总体变量存在有限的平均数和方差，那么不论这个总体变量的分布如何，随着抽样单位数 n 的增加，抽样平均数的分布将趋近于正态分布。

三、有关抽样估计的一些基本概念

（一）总体和样本

总体是所要认识的研究现象的全体，它是由所研究范围内具有某种相同性质的全体单位所组成的整体。总体的单位数通常用 N 来表示。

总体按其各单位标志的性质不同可以分为属性总体和变量总体。即对于一个总体来说，若被研究的标志是品质标志，则把这个总体称为属性总体，如要研究企业的所有制关系；

若被研究的标志是数量标志，则把这个总体称为变量总体，如研究企业的销售额。

样本又称子样，它是从总体中随机抽取出来代表总体的那部分单位的集合。样本的单位数称为样本容量，通常用 n 来表示。与总体单位数 N 相比，n 是很小的数。通常，样本单位数达到或超过 30 称为大样本，而在 30 以下则称为小样本。

作为推断对象的总体是确定的，而且是唯一的。但作为观察对象的样本则不是这样。从一个总体可以抽取很多个样本，每次可能抽到哪个样本是不确定的，也是不唯一的，而是可变的。明白这一点，对于理解抽样估计原理是非常重要的。

（二）总体指标和样本指标

总体指标是根据总体中各单位的标志值或标志属性计算的，反映总体数量特征的综合指标。由于总体是唯一确定的，所以总体指标的数值也是确定的、唯一的，但是在抽样估计中，总体指标又是未知的，需要用样本数据去估计，故总体指标就是待估计的总体参数。

对于变量总体，常用的总体指标有总体平均数 $\bar{X}$、总体方差 σ^2 或总体标准差 σ。

设变量 X 的具体取值（即变量值）为：$X_1, X_2, \cdots, X_N$，则

$$\bar{X} = \frac{\sum X}{N} \quad \text{或} \quad \bar{X} = \frac{\sum XF}{\sum F} \tag{6.2}$$

$$\sigma^2 = \frac{\sum (X - \bar{X})^2}{N} \quad \text{或} \quad \sigma^2 = \frac{\sum (X - \bar{X})^2 F}{\sum F} \tag{6.3}$$

$$\sigma = \sqrt{\frac{\sum (X - \bar{X})^2}{N}} \quad \text{或} \quad \sigma = \sqrt{\frac{\sum (X - \bar{X})^2 F}{\sum F}} \tag{6.4}$$

对于属性总体，由于各单位标志不能用数量来表示，因此总体指标常以成数指标 P 来表示总体中具有某种性质的单位数在总体全部单位数中所占的比重，以 Q 表示总体中不具有某种性质的单位数在总体全部单位数中所占的比重。设总体 N 个单位中，有 N_1 个单位具有某种性质，N_0 个单位不具有某种性质，$N_1 + N_0 = N$，则

$$P = \frac{N_1}{N}, \quad Q = \frac{N_0}{N} = \frac{N - N_1}{N} = 1 - P \tag{6.5}$$

如果品质标志表现只有是非两种，例如产品质量表现为合格品与不合格品、职工是否大学毕业等，这种标志也称为是非标志。可以把"是（具有某种性质）"的标志值表示为 1，把"非（不具有某种性质）"的标志值表示为 0。统计上也称这种属性总体的分布为 0-1 分布。那么成数 P 就可以视为一种特殊的平均数，即 0-1 分布的平均数，并可以求相应的方差和标准差。

$$\bar{X} = \frac{\sum XF}{\sum F} = \frac{1 \times N_1 + 0 \times N_0}{N_1 + N_0} = \frac{N_1}{N} = P \tag{6.6}$$

$$\sigma^2 = \frac{\sum((X-\bar{X})^2 F)}{\sum F} = \frac{(1-P)^2 N_1 + (0-P)^2 N_0}{N}$$
$$= (1-P)^2 P + P^2(1-P) = P(1-P) = PQ$$
$$\sigma = \sqrt{P(1-P)} = \sqrt{PQ} \tag{6.7}$$

可以看出，总体指标的意义和计算方法是明确的，但指标的数值却是未知的，只能通过样本指标推算求得。

样本指标是根据样本各单位标志值或标志属性计算的综合指标，也称统计量，它是用来估计或推断总体参数的。因此，与总体指标相对应，有样本平均数、样本成数以及样本标准差（或样本方差）等。

设变量 x 的样本观测值为 $x_1, x_2, \cdots, x_n$，则

样本平均数为 $\quad \bar{x} = \dfrac{\sum x}{n} \quad$ 或 $\quad \bar{x} = \dfrac{\sum xf}{\sum f} \tag{6.8}$

样本方差为 $\quad S^2 = \dfrac{\sum(x-\bar{x})^2}{n-1} \quad$ 或 $\quad S^2 = \dfrac{\sum(x-\bar{x})^2 f}{\sum f - 1} \tag{6.9}$

样本标准差为 $\quad S = \sqrt{\dfrac{\sum(x-\bar{x})^2}{n-1}} \quad$ 或 $\quad S = \sqrt{\dfrac{\sum(x-\bar{x})^2 f}{\sum f - 1}} \tag{6.10}$

与总体方差的计算公式不同的是，样本方差的分母不是观测值个数，即样本量 n，而是 $n-1$。这是因为样本方差是用来估计总体方差的，根据优良估计量应满足无偏性等标准的要求，要使得样本方差成为总体方差的优良的估计量，数理统计可证明，其分母就必须是 $n-1$。相应地，样本标准差的分母也是 $n-1$。在样本数据已分组的情况下，分母就是 $\Sigma f-1$。在大样本情况下，样本量 n 相当大，n 与 $n-1$ 的差异可以忽略，所以大样本下样本方差、标准差的分母也可以近似写作 n。

样本成数为 $\quad p = \dfrac{n_1}{n} \tag{6.11}$

是非标志的样本标准差为 $\quad S = \sqrt{p(1-p)} \tag{6.12}$

样本指标是根据抽选出来的各个样本计算的，样本指标的计算方法是确定的，但它的取值却随着不同的样本有不同的数值，它是样本变量的函数，其本身也是随机变量。

（三）重复抽样和不重复抽样

重复抽样，也称回置抽样、有放回抽样。其抽样过程为：从总体 N 个单位中，随机抽取一个容量为 n 的样本，每次从总体中抽取一个单位都把它看作一次试验，连续进行 n 次试验即构成一个样本。每次抽出一个单位，把结果登记下来又重新放回，重新参加下一次

的抽选。因此，重复抽样的样本是由 n 次相互独立的连续试验所组成的。每次试验是在完全相同的条件下进行的，每个单位中选与否的机会完全一样。

不重复抽样，也称不回置抽样、无放回抽样。其抽样过程为：从总体 N 个单位中，随机抽取一个容量为 n 的样本，每次从总体中抽取一个单位都把它看作一次试验，连续进行 n 次试验即构成一个样本，但每次抽选一个单位后就不再放回。不重复抽样的样本是由 n 次连续抽选的结果组成，实质上等于一次同时从总体中抽 n 个单位组成一个样本。连续 n 次抽选的结果不是相互独立的，第一次抽选的结果影响下一次抽样，每抽一次，总体的单位数就少一个。因此，这种抽样方法的特点是：第一，每次抽样都是在数目不同的总体单位中抽取的；第二，任何一个总体单位都不可能被重复抽中。

第二节 抽样误差

一、抽样误差的概念

在统计调查过程中，产生误差的原因主要有两大类：一类是登记性误差；另一类是代表性误差。登记性误差是指统计调查中进行的登记、过录、汇总、计算时出现的重复、遗漏、瞒报、虚报、口径不一致等主客观原因所导致的误差。全面调查与非全面调查均会产生这样的误差。这类误差只有通过提高技术人员的素质和严格执行统计法规来将其降到最低限度。代表性误差是指样本单位的结构分布与总体单位结构分布不一致而产生的误差。

代表性误差又可细分为系统性误差和随机性误差。系统性误差是指违反随机原则抽选样本单位而导致的偏差，如将随机抽选的单位进行随意调换而产生人为的偏差，由于测度和计算方法不正确而产生的偏差。随机性误差则是在严格遵循随机原则的情况下，由于偶然因素的影响所导致的样本不足以代表总体的误差。登记性误差和代表性误差中的系统性误差均属于统计调查的组织问题，可以采取措施避免或将其降到最低限度。

抽样误差专指代表性误差中的随机误差，它不包括登记误差和系统性误差。抽样误差是指按随机原则抽样时，单纯由于随机抽样的偶然因素使样本各单位的结构不足以代表总体各单位的结构，而引起的样本指标与总体指标之间的离差。这种误差是抽样调查所固有的、无法避免的，但它是可以运用抽样理论加以计算和控制的。

二、度量抽样误差的指标

抽样误差的大小衡量样本对总体的代表性大小，说明抽样估计的效果好坏。抽样误差越小，样本对总体的代表性越高，抽样估计的效果越好；反之则相反。但如何度量抽样误差的大小呢？

抽样实际误差是指在一次具体的抽样调查中，由随机因素引起的样本指标与总体指标之间的离差，如样本平均数与总体平均数之间的绝对离差、样本成数与总体成数之间的绝对离差。但是,在抽样中,由于总体指标的数值是未知的,因此,抽样实际误差是无法计算的。要度量抽样误差的大小,只能从所有可能抽样结果的角度,根据抽样理论来计算抽样平均误差和抽样极限误差。

(一)抽样平均误差

抽样是随机的,从一个总体中我们可能抽取很多个样本,因此样本指标(如样本平均数或样本成数)将随着不同的样本而有不同的取值,它们对总体指标(如总体平均数或总体成数)的离差有大有小,即抽样误差是一个随机变量。

抽样平均误差是反映抽样误差一般水平的一个指标。由于总体指标的数值是未知的,也不可能把全部可能样本都抽出来,因此,我们不能用简单算术平均的方法来求抽样平均误差。抽样理论中用样本指标的标准差来度量抽样平均误差。具体地说,就全部可能样本而言,样本平均数的均值等于总体平均数,样本成数的均值等于总体成数,所以样本平均数(或成数)的标准差可以反映样本平均数(或成数)与总体平均数(或成数)之间的平均差异大小。因此,抽样平均误差是指抽样平均数的标准差或抽样成数的标准差。

当然,直接根据如上定义来计算抽样平均误差是不现实的,因为在实际抽样调查中,不可能抽完所有可能的样本,而且总体指标是未知的。但是,经数理统计学家证明,可用下列公式计算抽样平均误差。

1. 平均数的抽样平均误差

(1)在简单随机重复抽样条件下

$$\mu_{\bar{x}} = \sqrt{\frac{\sigma^2}{n}} = \frac{\sigma}{\sqrt{n}} \tag{6.13}$$

式中:$\mu_{\bar{x}}$ 代表平均数的抽样平均误差;σ 代表总体标准差;n 代表样本单位数。

(2)在简单随机不重复抽样条件下

$$\mu_{\bar{x}} = \sqrt{\frac{\sigma^2}{n}\left(\frac{N-n}{N-1}\right)} \tag{6.14}$$

与重复抽样的公式相比,不重复抽样公式多了一个修正因子 $\sqrt{\frac{N-n}{N-1}}$,由于这个因子总是小于 1,故不重复抽样的抽样平均误差总是小于重复抽样的抽样平均误差。在总体单位数 N 很大的情况下,不重复抽样的抽样平均误差可以采用其近似计算公式为

$$\mu_{\bar{x}} = \sqrt{\frac{\sigma^2}{n}\left(1-\frac{n}{N}\right)} \tag{6.15}$$

2. 成数的抽样平均误差

将式(6.13)~式(6.15)中的总体方差 σ^2 替换为是非标志的总体方差 $P(1-P)$,不难得到成数的抽样平均误差 μ_P 的计算公式如下。

(1) 在简单随机重复抽样条件下

$$\mu_P = \sqrt{\frac{P(1-P)}{n}} \tag{6.16}$$

(2) 在简单随机不重复抽样条件下

$$\mu_P = \sqrt{\frac{P(1-P)}{n}\left(1-\frac{n}{N}\right)} \tag{6.17}$$

在应用上述公式进行计算时应注意：公式中 σ 代表的是总体标准差，P 代表总体成数。但这两个数据往往是未知的。所以在实际应用时，通常的做法是：第一，用样本的标准差 S 代替总体的标准差 σ，用样本的成数 p 代替总体的成数 P；第二，若过去进行过同样的调查，可用过去的总体标准差 σ 代替现在的总体标准差 σ，用过去的总体成数 P 代替现在的总体成数 P。

【例 6-1】某厂生产一种新型灯泡共 2 000 只，随机抽出 400 只做耐用时间试验，测试结果平均使用寿命为 4 800 小时，样本标准差为 300 小时，求抽样推断的平均误差。

在重复抽样条件下，代入式（6.13）可得

$$\mu_{\bar{x}} = \frac{\sigma}{\sqrt{n}} = \frac{300}{\sqrt{400}} = 15 \text{（小时）}$$

在不重复抽样条件下，代入式（6.15）可得

$$\mu_{\bar{x}} = \sqrt{\frac{\sigma^2}{n}\left(1-\frac{n}{N}\right)} = \sqrt{\frac{300^2}{400}\left(1-\frac{400}{2\,000}\right)} = 13.42 \text{（小时）}$$

【例 6-2】一批食品罐头共 60 000 桶，随机抽查 300 桶，发现有 6 桶不合格，求合格品率的抽样平均误差。

由题可知，$p = \frac{294}{300} = 0.98$，在重复抽样条件下，有

$$\mu_P = \sqrt{\frac{P(1-P)}{n}} \approx \sqrt{\frac{0.98 \times 0.02}{300}} = 0.808\%$$

在不重复抽样条件下，有

$$\mu_P = \sqrt{\frac{P(1-P)}{n}\left(1-\frac{n}{N}\right)} \approx \sqrt{\frac{0.98 \times 0.02}{300}\left(1-\frac{300}{60\,000}\right)} = 0.806\%$$

从上述抽样平均误差的计算公式可以看出，抽样平均误差的大小主要受以下几个因素的影响。

第一，受总体标准差大小的影响，即受总体各单位标志值之间差异程度的影响。总体

标准差越大,抽样平均误差也越大;总体标准差越小,抽样平均误差也就越小。抽样平均误差与总体的标准差成正比。

第二,受样本单位数多少的影响。样本单位数越多,抽样平均误差越小;样本单位数越少,抽样平均误差则越大。抽样平均误差与样本容量的平方根成反比。

第三,受抽样方法的影响。不重复抽样的抽样平均误差小于重复抽样的抽样平均误差。

第四,受抽样组织方式不同的影响。不同的抽样组织方式其抽样平均误差的计算方法不同,计算结果也就不同。本教材只介绍了简单随机抽样下的抽样误差计算公式,分层抽样、整群抽样等抽样组织方式的抽样误差计算公式请参考有关文献。

(二)抽样极限误差

由于抽样平均误差只是从所有可能样本的角度来度量的抽样误差的一般水平,而任一次抽样的实际抽样误差可能大于其抽样平均误差,也可能小于其抽样平均误差。因此,在抽样估计中,不仅需要计算抽样平均误差,还需要了解在一定可能性下抽样误差的可能范围,这就需要计算抽样极限误差。

抽样极限误差是指样本指标与总体指标之间的误差范围。用 $\Delta_{\bar{x}}$ 和 Δ_p 分别表示样本平均数和样本成数的抽样极限误差,则

$$|\bar{x} - \bar{X}| \leq \Delta_{\bar{x}} \qquad (6.18)$$

$$|p - P| \leq \Delta_p \qquad (6.19)$$

实际上,抽样极限误差是一个可能而非完全肯定的范围,因此这个可能范围的大小是与可能性大小相对应的。在抽样估计中,表示这个可能性大小的概念叫作置信度,习惯上也称为可靠程度、把握程度或概率保证程度等,用 $(1-\alpha)$ 表示。

抽样理论已经证明:样本平均数 $\bar{x}$ 服从以总体平均数 $\bar{X}$ 为中心的正态分布,该正态分布的标准差就是抽样平均误差 $\mu_{\bar{x}}$。因此,由正态分布中变量取值区间与概率的关系可知:样本平均数落在 $(\bar{X} \pm \mu_{\bar{x}})$ 范围内的可能性为 68.27%;落在 $(\bar{X} \pm 2\mu_{\bar{x}})$ 范围内的可能性为 95.45%;落在 $(\bar{X} \pm 3\mu_{\bar{x}})$ 范围内的可能性为 99.73%,如图 6-1 所示。

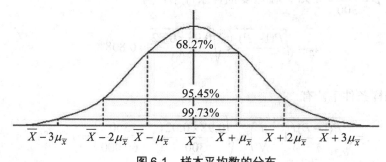

图 6-1 样本平均数的分布

上述结论也就等价于:在 68.27% 的置信度下,平均数的抽样极限误差就等于其抽样平均误差;在 95.45% 的置信度下,抽样极限误差等于抽样平均误差的 2 倍;在 99.73% 的置信度下,抽样极限误差等于抽样平均误差的 3 倍。由此可见,平均数的抽样极限误差可以用

抽样平均误差的倍数来度量，其计算公式为

$$\Delta_{\bar{x}} = Z_{\alpha/2}\mu_{\bar{x}} \tag{6.20}$$

同理，也可以得到成数的抽样极限误差的计算公式为

$$\Delta_P = Z_{\alpha/2}\mu_P \tag{6.21}$$

式（6.20）和式（6.21）中，$Z_{\alpha/2}$ 值是由抽样估计时给定的置信度$(1-\alpha)$所决定的，其对应关系可查标准正态分布概率表（见附录 B）。在实际中，最常用的几种情况为

$(1-\alpha)=68.27\%$时，$Z_{\alpha/2}=1$

$(1-\alpha)=95.45\%$时，$Z_{\alpha/2}=2$

$(1-\alpha)=99.73\%$时，$Z_{\alpha/2}=3$

由此可见，置信度$(1-\alpha)$越大，$Z_{\alpha/2}$ 值就越大，抽样极限误差也就越大，抽样估计的精确度就越低，所以在抽样估计中，要求达到 100%的置信度是不太可能的。但另一方面，置信度小了，估计结论的可靠性太低，又会影响估计本身的价值。所以在进行估计时，应该将置信度要求与估计的精确度要求结合起来考虑，估计的精确度很高而置信度很低，或估计的精确度很低而置信度很高，都是不合适的。

第三节　抽样估计的方法

抽样估计是指运用实际调查所计算的样本指标值来估计相应的总体指标的数值。由于总体指标是表明总体数量特征的统计参数，因此，抽样估计也称为参数估计。总体参数的抽样估计有点估计和区间估计两种。

一、点估计

点估计就是以实际抽样调查资料中得到的样本指标值直接作为总体指标的估计值。如用样本平均数的实际值直接作为相应总体指标的估计值，用样本成数的实际值直接作为相应总体成数的估计值，这些都属于点估计。

点估计方法的优点是简便、直观、易行，能够提供总体参数的具体估计值，可以作为行动决策的数量依据。但它也有明显的不足，即这种估计没有表明误差的大小，更没有指出误差在一定范围内的可靠性有多大。

在参数估计中，要有合适的样本指标作为估计量。这里的样本指标是样本数据的函数，根据样本数据可以构造多种样本指标，但不是所有的样本指标都能够充当很好的估计量。例如，从一个样本可以计算样本平均数、中位数、众数等。应当用哪一种指标作为总体参数的估计量才是最优的，这便是评价样本指标的优良标准问题。作为优良的估计量，应该符合以下标准。

（1）无偏性，即以样本指标估计总体指标，要求样本指标的期望（即所有可能抽样结果的平均数）等于被估计的总体指标值本身。用来估计总体指标的样本指标，其分布是以总体指标真值为中心的，在一次具体的抽样估计中，估计值或大于总体指标，或小于总体指标，但是在进行多次重复抽样估计的过程中，所有估计值的平均数应该等于待估计的总体指标。这表明估计量没有系统偏差。

抽样平均数的平均数等于总体平均数，抽样成数的平均数等于总体成数，即

$$E(\bar{x}) = \overline{X} \tag{6.22}$$

$$E(p) = P \tag{6.23}$$

这说明，以样本平均数作为总体平均数的估计量，以样本成数作为总体成数的估计量，是符合无偏性原则的。

（2）有效性，是指以样本指标估计总体指标要求作为优良估计量的方差应该比其他估计量的方差小。如用样本平均数 $\bar{x}$ 或任抽一个体 x_i 来估计总体平均数，虽然两者都是无偏的，而且在每一次估计中，两种估计量与总体平均数都可能有离差，但样本平均数更接近于总体平均数，平均来说，其离差比较小，其方差 $\sigma^2(\bar{x})$ 小于任抽一个体的方差 $\sigma^2(x_i)$。因此，对比起来，样本平均数是更为有效的估计量，即

$$\sigma^2(\bar{x}) < \sigma^2(x_i) \tag{6.24}$$

（3）一致性，是指当样本的单位数充分大时，样本指标也充分靠近总体参数。即随着样本容量 n 的不断增大，样本指标接近总体指标的可能性就越来越大。可以证明，以样本平均数估计总体平均数，以样本成数估计总体成数，也符合一致性的要求，即

$$\lim_{n \to \infty} P\left(|\bar{x} - \overline{X}| < \varepsilon \right) = 1 \tag{6.25}$$

$$\lim_{n \to \infty} P\left(|p - P| < \varepsilon \right) = 1 \tag{6.26}$$

式（6.25）和式（6.26）中，ε 为任意小的正数。

二、区间估计

区间估计是根据给定的置信度的要求，估计出可能包含总体参数的区间下限和上限。一般地说，对于总体被估计参数 θ，由样本构造出两个估计量 $\hat{\theta}_1$ 和 $\hat{\theta}_2$（其中 $\hat{\theta}_2 > \hat{\theta}_1$），使区间 $(\hat{\theta}_1, \hat{\theta}_2)$ 涵盖被估计参数真值的概率为 $(1-\alpha)$，即

$$P(\hat{\theta}_1 \leqslant \theta \leqslant \hat{\theta}_2) = (1-\alpha) \tag{6.27}$$

这里，$(\hat{\theta}_1, \hat{\theta}_2)$ 为总体参数的估计区间，$\hat{\theta}_1$ 为区间下限，$\hat{\theta}_2$ 为区间上限，$(1-\alpha)$ 为区间估计的置信度。

事实上，将抽样极限误差的定义式（6.18）和定义式（6.19）等价地变换为下列不等式

$$\bar{x} - \Delta_{\bar{x}} \leqslant \bar{X} \leqslant \bar{x} + \Delta_{\bar{x}} \tag{6.28}$$

$$p - \Delta_P \leqslant P \leqslant p + \Delta_P \tag{6.29}$$

式（6.28）和式（6.29）实际上就是对总体平均数和总体成数进行区间估计的公式。即当有了样本指标，并根据给定的置信度计算出抽样极限误差之后，就可得到以同样的置信度来估计总体平均数和总体成数的区间。

【例 6-3】某企业生产一种新型电子元件，用简单随机重复抽样方法抽取 100 只做耐用时间试验，测试结果，平均寿命 6 000h，标准差 300h，试在 95.45% 的概率保证下，估计这种新型电子元件的平均寿命区间。

解：已知 $n = 100$, $\bar{x} = 6\,000$ h, $s = 300$ h（σ 未知，用 s 代替）

（1）根据已知资料计算抽样平均误差可得

$$\mu_{\bar{x}} = \frac{\sigma}{\sqrt{n}} = \frac{300}{\sqrt{100}} = 30 \text{（h）}$$

（2）根据给定的置信度 $(1-\alpha) = 95.45\%$，查《正态分布概率表》得 $Z_{\alpha/2} = 2$。

（3）计算抽样极限误差：$\Delta_{\bar{x}} = Z_{\alpha/2} \mu_{\bar{x}} = 2 \times 30 = 60$（h）。

据此估计这种新型电子元件平均寿命的区间为

$$\text{下限} = \bar{x} - \Delta_{\bar{x}} = 6\,000 - 60 = 5\,940 \text{（h）}$$

$$\text{上限} = \bar{x} + \Delta_{\bar{x}} = 6\,000 + 60 = 6\,060 \text{（h）}$$

结论：以 95.45% 概率保证程度，估计该电子元件的平均寿命区间为 5 940～6 060 h。

【例 6-4】某纱厂某时期内生产了 10 万个单位的纱，按纯随机不重复抽样方式抽取 2 000 个单位检验，检验结果，合格率为 95%，试以 90% 的把握程度，估计全部纱合格品率的区间范围。

解：已知 $N = 100\,000$, $n = 2\,000$, $p = 95\%$

（1）根据已知资料计算其抽样平均误差为

$$\mu_P = \sqrt{\frac{P(1-P)}{n}\left(1 - \frac{n}{N}\right)} \approx \sqrt{\frac{0.95 \times 0.05}{2\,000}\left(1 - \frac{2\,000}{100\,000}\right)} = 0.48\%$$

（2）已知概率置信度 $(1-\alpha) = 90\%$，查《正态分布概率表》得 $Z_{\alpha/2} = 1.645$。

（3）计算抽样极限误差：$\Delta_P = Z_{\alpha/2} \mu_P = 1.645 \times 0.48\% = 0.79\%$。

则该厂生产的全部纱的合格品率的上下限分别为

$$\text{下限} = p - \Delta_P = 95\% - 0.79\% = 94.21\%$$

$$\text{上限} = p + \Delta_P = 95\% + 0.79\% = 95.79\%$$

结论：以 90%的置信度估计该厂全部纱合格品率在 94.21%～95.79%。

在抽样估计中，不仅可以根据给定的置信度来推算抽样误差范围和总体指标的区间，也可以根据给定的允许误差范围要求来计算相应的置信度和总体指标的区间。

【例 6-5】某校从该校学生中随机抽取 100 人，调查得到他们平均每天参加体育锻炼的时间为 30min，标准差为 20min，若要求抽样估计的允许误差不超过 5min，试求这一估计相应的置信度，并估计该校学生平均每天参加体育锻炼时间的区间。

解：已知 $n=100$，$\bar{x}=30\ \text{min}$，$s=20\ \text{min}$，则

（1）根据已知资料计算抽样平均误差为

$$\mu_{\bar{x}} = \frac{\sigma}{\sqrt{n}} = \frac{20}{\sqrt{100}} = 2\ (\text{min})$$

（2）根据给定的极限误差 $\Delta_{\bar{x}} = 5\ \text{min}$，可求出

$$Z_{\alpha/2} = \frac{\Delta_{\bar{x}}}{\mu_{\bar{x}}} = \frac{5}{2} = 2.5$$

查《正态分布概率表》得置信度 $(1-\alpha) = 98.76\%$。

（3）该校学生平均每天参加体育锻炼时间的上下限分别为

$$\text{下限} = \bar{x} - \Delta_{\bar{x}} = 30 - 5 = 25\ (\text{min})$$
$$\text{上限} = \bar{x} + \Delta_{\bar{x}} = 30 + 5 = 35\ (\text{min})$$

结论：该校同学平均每天参加体育锻炼的时间在 25～35min，这一区间估计的置信度为 98.76%。

【例 6-6】某食品加工厂从生产的一批食品中随机抽查 200 袋进行检查，其中 188 袋合格，若给定抽样极限误差为 3.4%，试求这一估计相应的置信度，并估计该厂食品合格率的区间。

解：已知 $n=200$，合格品数 $n_1=188$ 袋

（1）计算样本合格品率及抽样平均误差为

$$p = \frac{n_1}{n} \times 100\% = \frac{188}{200} \times 100\% = 94\%$$

$$\mu_P = \sqrt{\frac{P(1-P)}{n}} \times 100\% \approx \sqrt{\frac{0.94 \times 0.06}{200}} \times 100\% = 1.7\%$$

（2）根据给定的极限误差 $\Delta_P = 3.4\%$，可求出

$$Z_{\alpha/2} = \frac{\Delta_P}{\mu_P} = \frac{3.4\%}{1.7\%} = 2$$

查《正态分布概率表》得置信度 $(1-\alpha) = 95.45\%$。

(3) 计算该厂食品合格率的上下限分别为

$$下限 = p - \Delta_P = 94\% - 3.4\% = 90.6\%$$
$$上限 = p + \Delta_P = 94\% + 3.4\% = 97.4\%$$

结论：估计该厂食品的合格率在 90.6%～97.4%，这一估计的置信度为 95.45%。

和点估计不同，区间估计不是指出被估计参数的确定数值，而是指出被估计参数的可能范围，同时对这一范围涵盖被估计参数真值的概率给定相应的概率保证程度。参数的可能范围是估计的精确度问题，而相应的置信度是估计的可靠性问题。一般而言，在进行估计时常常希望估计的精确度尽可能高，但同时可靠性又不能小，而这两个要求是一对矛盾，即在样本容量不变的条件下，缩小估计区间，将提高估计的精确度，但同时会降低置信度，即估计的可靠性。因此，在进行区间估计时，我们不可能对抽样误差范围和估计的置信度都提出要求，只能根据给定的置信度来推算抽样误差范围的上下限，或根据给定的允许误差范围来推算相应的置信度。

第四节　样本容量的确定

组织抽样调查的一项重要工作就是要确定合适的样本容量。样本容量直接关系调查精度、调查费用、调查时间、需要配备的人力物力等许多方面。那么，样本容量多大才合适呢？是 100、1 000、10 000，还是 1%、10%？样本容量太多会造成不必要的浪费，但样本容量太少又不能有效地反映情况，直接影响推断的效果。

一、确定样本容量应考虑的因素

在确定样本容量时应重点考虑以下因素。

（1）调查的目的。每次调查的目的不同，对抽样调查的置信度和置信区间的要求就有所不同。置信度和置信区间一般是由调查者根据调查的目的在调查方案中事先确定的。置信度反映抽样调查的可靠程度，置信区间则反映抽样调查的准确程度。在抽样调查中，置信度要求越高，样本容量就应多些；置信区间越小，样本容量就可相应地少些。

（2）总体的性质和特点。首先，如果要调查的总体规模越大，所必须抽取的样本就应当相应加大，以减少抽样误差；其次，要考虑总体的标准差，即总体中各单位之间差异程度的大小，在一定的置信区间要求下，各单位之间差异程度越大，抽取的样本数就应多些；最后，要分析总体是否存在明显类型，若总体内部存在不同类型，就应采取类型随机抽样方式抽取样本。采取适合总体的抽样方式，可以相对缩小样本。

（3）调查项目的多少。如果调查项目多、分析的类别多、需要控制的变量多，抽取的样本容量就应多些。

（4）调查质量的控制因素。这里的控制因素主要是指诸如调查的回答率、登记误差率等因素。如果回答率、登记误差率低，需要抽取的样本数目就可相对少些。

（5）调查的条件。调查所具备的条件，主要是指人力、物力和时间等，它们对样本容量起着某种限制性作用。在人力、物力和时间都比较宽松的情况下，应以样本容量能够满足研究问题的需要为基本出发点。但在人力、物力和时间都比较紧张的情况下，不能只考虑缩小样本会节省费用和时间，而忽视调查的目的和要求的置信度和置信区间。

二、确定样本容量的方法

在考虑各方面因素后，就要对样本容量进行具体确定。确定样本容量通常采用经验法和公式法两种方法。

（一）经验法

用经验法确定样本容量是指调查者根据多次成功的抽样调查经验总结出来的，在不同规模的总体中应抽取的样本单位数占总体比重的经验数，供抽样调查抽取样本时参考。不同规模总体单位数占总体比重经验值如表 6-1 所示。

表 6-1　确定样本容量经验值

总体规模	100 以下	100~1 000	1 000~5 000	5 000~10 000	10 000~1 000 000	1 000 000 以上
样本占总体的比重/%	50 以上	20~50	10~30	3~15	1~5	1 以下

资料来源：刘利兰. 市场调查与预测[M]. 3 版. 北京：经济科学出版社，2012.

需要注意的是，这个比重只是为调查者提供了一个抽取样本单位数的参考范围，但在实际应用时，还必须考虑前述的各种应考虑的因素后才能最终确定。

（二）公式法

利用公式法确定样本容量通常是根据研究问题的性质确定允许误差和相应的置信度，然后根据历史资料或其他试点资料确定总体的标准差，再通过抽样误差的计算公式来推算必要的样本单位数。

在重复抽样条件下，样本平均数的抽样误差和抽样极限误差的计算公式为

$$\mu_{\bar{x}} = \frac{\sigma}{\sqrt{n}}$$

$$\Delta_{\bar{x}} = Z_{\alpha/2} \mu_{\bar{x}} = Z_{\alpha/2} \frac{\sigma}{\sqrt{n}}$$

故可反推出必要样本容量的计算公式为

$$n = \frac{Z_{\alpha/2}^2 \sigma^2}{\Delta_{\bar{x}}^2} \tag{6.30}$$

同理，在不重复抽样条件下，样本平均数的抽样误差和抽样极限误差的计算公式为

$$\mu_{\bar{x}} = \sqrt{\frac{\sigma^2}{n}\left(1-\frac{n}{N}\right)}, \quad \Delta_{\bar{x}} = Z_{\alpha/2}\mu_{\bar{x}} = \sqrt{\frac{Z_{\alpha/2}^2 \sigma^2}{n}\left(1-\frac{n}{N}\right)}$$

则必要样本容量的计算公式为

$$n = \frac{N Z_{\alpha/2}^2 \sigma^2}{N\Delta_{\bar{x}}^2 + Z_{\alpha/2}^2 \sigma^2} \tag{6.31}$$

同样，重复抽样和不重复抽样的成数的必要样本容量分别为

$$n = \frac{Z_{\alpha/2}^2 P(1-P)}{\Delta_P^2} \tag{6.32}$$

$$n = \frac{N Z_{\alpha/2}^2 P(1-P)}{N\Delta_P^2 + Z_{\alpha/2}^2 P(1-P)} \tag{6.33}$$

从上述公式中可以看出，样本的必要单位数 n 受抽样极限误差 Δ 的制约，Δ 越小则样本单位数 n 就需要越多。以重复抽样为例，在其他条件不变的情况下，误差范围 Δ 缩小 1/2，则样本单位数必须增至 4 倍；而误差范围 Δ 扩大 1 倍，则样本单位数只需原来的 1/4。所以，在抽样组织中对抽样误差可以允许的范围应十分慎重地考虑。

【例 6-7】假定某统计总体被研究标志的标准差为 30，若要求抽样极限误差不超过 3，概率保证程度为 99.73%，试问采用重复抽样应抽取多少样本单位？

解：
$$n = \frac{Z_{\alpha/2}^2 \sigma^2}{\Delta_{\bar{x}}^2} = \frac{3^2 \times 30^2}{3^2} = 900 \text{（个）}$$

计算结果表明，应抽取 900 个样本进行调查才能满足研究问题的需要。

【例 6-8】某市妇联拟对该市妇女每天的家务劳动时间进行调查，根据历史资料得知她们每天家务劳动时间超过 2h 的人占 90%。现在用重复抽样的方法，要求在 95.45% 的概率保证下，劳动时间超过 2h 的人的比重的极限误差不超过 3%，求样本的必要单位数。

解：样本成数的必要单位数

$$n = \frac{Z_{\alpha/2}^2 P(1-P)}{\Delta_P^2} = \frac{2^2 \times 0.9 \times 0.1}{0.03^2} = 400 \text{（人）}$$

计算结果表明，应抽取 400 人进行调查才能满足研究问题的需要。

第五节　Excel 在抽样推断中的应用

一、Excel 在总体平均数区间估计中的运用

要估计总体平均数就要先根据样本数据计算出样本平均数、样本标准差，再计算抽样平均误差和抽样极限误差，最后计算出区间下限和区间上限。

（一）由未分组的样本数据估计总体平均数的区间

由未分组的样本数据（即原始调查数据）计算总体平均数区间估计所需指标，可以使用 Excel 中的有关函数或输入计算公式计算，但使用"描述统计"分析工具显然要简便得多。因为使用该工具可以直接得到估计总体平均数的区间所需的样本平均数、样本标准差、抽样平均误差和抽样极限误差。

使用"描述统计"分析工具的具体操作方法已经在第五章第三节中介绍过。只需注意：在如图 6-2 的"描述统计"对话框中必须选中"汇总统计"和"平均数置信度"复选框，在"平均数置信度"的编辑框中指定置信度（默认值为95%）。

输出表中的"平均"就是样本平均数，"标准误差"就是"抽样平均误差"，"标准差"是指修正的样本标准差，"观测数"就是样本量 n，最后一栏的数值就是给定置信度所对应的抽样极限误差 Δ。

【例6-9】某企业随机抽取了30个工人进行一项测试，他们各自加工一件产品的时间如下（单位：分钟）。

28	32	43	36	33	32	34	36	32	45
35	42	38	29	36	40	47	44	34	29
48	41	42	30	46	38	31	42	43	36

若要根据上述样本数据对单位产品加工时间的总体平均数进行区间估计，可将数据输入 Excel 工作表的任一列（如图 6-2 中的 A 列，即 A2～A31，此图中只显示了前一半数据），使用"描述统计"分析工具得到的输出表如图 6-2 中的 C 和 D 两列所示。

	A 单位产品加工时间	B	C	D	E
1			单位产品加工时间		
2	28				
3	32		平均	37.4	
4	43		标准误差	1.06954	
5	36		中位数	36	
6	33		众数	36	
7	32		标准差	5.85809	
8	34		方差	34.3172	
9	36		峰度	-1.1391	
10	32		偏度	0.14736	
11	45		区域	20	
12	35		最小值	28	
13	42		最大值	48	
14	38		求和	1122	
15	29		观测数	30	
16	36		置信度(95%)	2.18745	

图 6-2 "描述统计"工具用于抽样推断的输出表

则在95%的置信度下，不难得出，

总体平均数的估计区间下限：37.4−2.187 45 = 35.212 55

总体平均数的估计区间上限：37.4+2.187 45 = 39.587 45

需要说明的是，Excel 的"描述统计"在计算抽样极限误差时是严格按总体方差未知时的估计方法来计算的（应该说这更符合一般的实际情况），即以分母为 $(n-1)$ 的样本方差作为总体方差的无偏估计量，$Z_{\alpha/2}$ 值不是根据标准正态分布确定，而要根据 t 分布来确定（故

这时也称之为 t 值)。所以与按第二节、第三节有关公式计算的结果会有出入。但当样本量 n 充分大（一般认为要不少于 30）时，则 $(n-1)$ 与 n 的差别很小，而且 t 分布也非常接近标准正态分布，所以上述差别就可以忽略。

（二）由已分组样本数据或已计算出的样本指标估计总体平均数

由已整理的样本数据估计总体平均数，只能运用 Excel 的函数或公式功能来实现。

若给定已分组的样本数据，就要利用加权的方法先计算出样本平均数和样本标准差。其 Excel 的操作见第五章第三节的介绍。

若已经给定或计算出了样本平均数和样本标准差，就可通过输入公式来计算抽样平均误差和抽样极限误差。以例 6-3 来说明其具体使用方法。

（1）计算抽样平均误差。本例采用的是重复抽样，所以抽样平均误差按重复抽样的公式计算。在选定的一个空白单元格（如 B1）中输入"=300/100^(1/2)"，或输入"=300/SQRT(100)"，按 Enter 键即可得到计算结果 30（显示在 B1 中）。

（2）根据给定的置信度确定对应的 $Z_{\alpha/2}$ 值。其方法是使用"标准正态分布累积函数的逆函数"。本例中给定区间估计的置信度 $(1-\alpha)$ 为 0.954 5，则在选定的一个空白单元格（如 B2）中输入函数名及其参数"=NORMSINV(0.977 25)"即可得到对应的 $Z_{\alpha/2}$ 值为 2.00（显示在 B2 中）。注意该函数的参数 0.977 25 是这样来确定的。

$$(1-\alpha)+[1-(1-\alpha)]/2=0.954\ 5+(1-0.954\ 5)/2=0.977\ 25$$

（3）计算抽样极限误差。在选定的一个空白单元格（如 B3）中输入公式"=2*30"，或使用单元格引用，输入公式"=B2*B1"，即可得到计算结果 60（显示在 B3 中）。

（4）计算总体平均指标的区间估计的下限和上限，分别输入公式"=6 000-60"和"=6 000+60"，计算结果分别为 5 940 和 6 060。本例中的 6 000 为样本平均数，60 也可以使用上述单元格位置 B3 代替。

二、Excel 在估计总体成数中的运用

若样本数据是未分组的调查数据，则可先利用函数 COUNT 或 COUNTIF 来统计出具有某一属性或水平的观测数，其操作方法参见第四章第三节。再将具有某一属性的观测数与样本容量 n 对比求出样本成数 p。

得到样本成数的值之后，再计算成数的抽样平均误差和抽样极限误差，最后计算出估计的总体成数区间的下限和上限。读者可以按它们各自的计算公式在 Excel 中实现相应的计算。

计算满足允许误差要求所必需的样本量，同样也可以使用 Excel 的公式功能来实现。

本章小结

本章共分五节，主要介绍抽样估计的概念、特点；有关抽样估计的一些基本概念（包括总体与样本、总体指标与样本指标、重复抽样与不重复抽样）；抽样误差的含义及影响因素；各种抽样误差的计算方法；抽样估计的方法（包括点估计和区间估计）、必要样本单位

数的确定方法(包括经验法和公式法)，同时对 Excel 在抽样推断中的应用进行了详细介绍。

思考与讨论

1. 什么是抽样估计？它有哪些特点？
2. 抽样实际误差、抽样平均误差和抽样极限误差有何联系与区别？
3. 为什么不重复抽样的抽样平均误差总是小于重复抽样的抽样平均误差？
4. 抽样估计的方法有哪些？它们有何区别？
5. 确定必要样本容量应考虑的因素有哪些？怎样确定样本容量？

实训题

1. 某工厂有 1 500 个工人，用简单随机重复抽样的方法抽出 50 个工人作为样本，调查其月平均产量水平，调查结果如表 6-2 所示。

表 6-2　某工厂 50 个工人月平均产量水平表

月产量/件	524	534	540	550	560	580	600	660
工人数/人	4	6	9	10	8	6	4	3

要求：

（1）计算样本平均数和抽样平均误差。

（2）以 95.45% 的可靠性估计该厂工人的月平均产量和总产量的区间。

2. 某乡有 6 000 家农户，按随机原则重复抽取 200 户调查，得平均每户年纯收入 123 000 元，标准差 2 100 元。

要求：

（1）以 95% 的概率估计全乡平均每户年纯收入的区间。

（2）以同样的概率估计全乡农户年纯收入总额的区间。

3. 某学校有 2 000 名学生参加英语等级考试，为了解学生的考试情况，用不重复抽样方法抽取部分学生进行调查，所得资料如表 6-3 所示。

表 6-3　某学校学生英语等级考试情况表

考试成绩/分	60 以下	60～70	70～80	80 以上
学生人数/人	20	20	45	15

要求：试以 95.45% 的可靠性估计该校学生英语等级考试成绩在 70 分以上的学生所占比重的范围。

4. 采用简单随机重复抽样方法在 2 000 件产品中抽 200 件，其中合格品为 190 件。

要求：

（1）计算样本合格率及其抽样平均误差。

（2）以 95.45% 的概率保证程度对该批产品合格品率和合格品数量进行区间估计。

（3）如果极限误差为 2.31%，则其概率保证程度是多少？

5. 某学校有 6 000 名学生,近年资料表明学生的人均月生活费用为 1 300 元,标准差为 130 元。若采用不重复抽样方法,调查学生人均月生活费,问应抽取多少名学生才能以 95.45%的置信度保证其最大估计误差不超过 15 元?

案例分析

【案例 6-1】　　　　对本科毕业生薪酬的抽样估计

很多测评机构在比较各个高校的实力或比较不同高校培养的大学生受社会欢迎的程度时,不仅使用到就业率等指标,还经常用大学毕业生的薪酬高低来衡量。要反映一个学校所培养学生的薪酬水平显然不宜用该校全部学生薪酬的最高水平或最低水平,否则容易受个别极端值(统计上也称为异常值)的影响,通常应采用该校全部学生薪酬的平均水平、薪酬达到一定水平的毕业生比重等统计指标来衡量。但要对毕业生进行全面调查,既不太可能,也没有必要,为此可进行抽样估计,即随机抽取一定数量的大学毕业生构成样本,通过对样本调查所获取的数据来估计或推断总体的平均水平或某一比重等数量特征。

某高校会计专业 2019 年 8 月下旬对该专业当年的本科毕业生进行了一次随机抽样调查,调查采用的是电话访问方式,被访者人数为 36 名,关于"工作第一个月的薪酬"所得到的调查数据如表 6-4 所示。

表 6-4　本科毕业生薪酬的抽样调查数据

序　号	薪酬/元	序　号	薪酬/元	序　号	薪酬/元
1	4 800	13	5 000	25	5 150
2	4 200	14	4 300	26	4 400
3	5 500	15	5 800	27	4 750
4	5 200	16	5 400	28	5 300
5	4 950	17	5 000	29	7 500
6	4 700	18	4 500	30	4 600
7	5 100	19	4 760	31	4 800
8	6 200	20	5 300	32	5 500
9	4 800	21	4 850	33	4 800
10	4 600	22	4 350	34	5 180
11	5 050	23	5 700	35	5 100
12	5 200	24	5 220	36	5 200

案例思考与分析要求:

1. 以 500 为组距对样本数据进行分组,并编制出变量数列,绘制出直方图,观察样本数据的分布特征。建议利用 Excel 的"直方图"分析工具来完成这一任务。

2. 利用 Excel 的"描述统计"工具对样本数据进行描述性分析,并对该校当年在调查地就业的全体毕业生的平均薪酬水平进行区间估计,置信度为 95%(要求指出抽样平均误差、抽样极限误差和置信区间)。

3. 若要求分别以90%和99.7%的置信度再进行上述估计,试计算出相应的抽样平均误差、抽样极限误差和置信区间,并且观察它们都发生了什么样的变化。

4. 样本中薪酬在5 000元以上的毕业生占多大比重?试以90%的置信度估计相应的抽样平均误差、抽样极限误差和总体比重的区间。

5. 样本中薪酬在5 500元以上的毕业生占多大比重?试以90%的置信度估计相应的抽样平均误差、抽样极限误差和总体比重的区间。

【案例6-2】　　　　应该抽取多少居民进行调查

要进行抽样推断,就要先获取样本数据。为此首先就必须在调查方案中设计好样本容量的大小,即必须明确应从总体中抽取多少个体(总体单位)进行调查。抽样推断的理论告诉我们,如果样本容量太小,抽样误差太大,就不能满足推断精度的要求;如果样本容量过大,虽然足以满足推断精度的要求,但调查的代价(包括人力、财力、物力和花费的时间)很大,造成不必要的浪费,甚至使调查变得无法实施或得不偿失。所以,科学地确定合适的样本容量是抽样调查中很重要的一个环节。

某市一家消费研究机构为了了解该市居民对近期消费品市场的反映,准备进行一次抽样调查,调查对象为18岁以上的本市居民,调查内容包括居民对近期消费品价格、质量的满意度和预期、个人的月消费支出水平,以及居民对有关部门的市场监管工作是否满意等。在待估计的多项总体指标中,最受关注的是全市居民的月平均消费支出和居民对市场监管的不满意率,因此规定了这两个指标的估计精度:要求在95%的置信度下,月平均消费支出的误差率不超过3%,不满意率或满意率的允许误差不超过5个百分点。

由其他渠道初步估计:居民平均月消费支出大约为1 260元,标准差为320元。此前关于居民对有关部门的市场监管工作是否满意没有进行过权威的调查,有人估计不满意率很可能为20%。

根据上述推断要求和已知的相关信息,至少应该抽取多少居民构成所要调查的样本呢?

案例思考与分析要求:

1. 根据月平均消费支出的允许误差要求计算出必要的样本量(提示:要求月平均消费支出的误差率不超过3%,这里的3%也称为相对允许误差,再结合月平均消费支出就可以将其换算为允许误差的绝对值Δ)。

2. 根据不满意率的允许误差要求(Δ_p=5%),试分下列两种情况计算出必要的样本量。

(1) 总体不满意率按20%来估计。

(2) 没有关于总体不满意率的可靠的参考信息,应该以最保险、可靠的原则进行估计。

3. 为了满足月平均消费支出和不满意率的允许误差要求,是应该共用一个调查样本,还是分别抽取各自的调查样本?如果可以共用一个调查样本,那么必要的样本量应该取得多大?为什么?

4. 如果要求推断的置信度下降到90%,必要样本量的计算结果应各是多少?观察计算结果的变化,并说明推断的置信度与样本容量之间存在什么关系。

第七章 假设检验

【学习目标】
① 理解假设检验的基本原理。
② 熟悉假设检验的基本概念和步骤。
③ 掌握对总体均值和成数进行假设检验的方法。
④ 了解 Excel 在假设检验中的运用。

第一节 假设检验的基本原理

一、问题的提出

假设检验是统计推断的重要内容之一。在许多场合，人们需要利用样本信息对某个陈述或命题的真伪做出判断。例如，在商品采购过程中，生产者宣称其产品的质量是达标的，采购方通常就要利用抽样检查的信息来判断生产者的说法是否正确；公司推出一项新服务举措后，有关部门认为顾客满意率可能提高了，而这一看法是否符合实际，只能通过抽样调查信息来加以检验；在医药领域，研制出某种新药后，研究者要判断新药是否比旧药更有效。要对上述问题做出推断，就需要进行假设检验。在这类问题中，人们首先提出一个有待检验的、关于总体参数具体数值的某个陈述或命题（即原假设），然后利用样本信息来判断这个原假设是否成立，这种统计推断方法就是总体参数的假设检验。

【例 7-1】某企业生产一种零件，过去的大量资料表明，零件长度服从正态分布，平均长度为 4cm，标准差为 0.15cm。现从改革工艺后生产的零件中抽查 100 个零件，测得平均长度为 3.95cm。现问：工艺改革前后零件的长度是否发生了显著的变化？

这是一个关于工艺改进后零件的总体平均长度是否等于 4cm 的问题。因为不可能进行全面调查，所以对这个总体平均数的真实情况并不能确切地把握，只能通过随机抽查所得的样本信息来加以推断，即需要利用假设检验方法来判断"工艺改进后零件的总体平均长度等于 4cm"这一命题是否成立。

二、假设检验的基本思想和主要特点

为了说明假设检验的基本原理，先解释概率论中的一个基本原理——小概率原理。概率论中，把在一次随机试验中发生可能性很小的事件称为小概率事件。小概率原理就是关

于小概率事件在一次试验中实际不可能发生的推断原理。具体地说，小概率事件在很多次试验中才有可能发生一次，实际决策时通常认为它在一次试验中是不会发生的；反之，如果在一次试验中小概率事件居然发生了，人们宁愿相信该事件的前提条件有错误。小概率原理是人们在实际生活中广泛运用的一个推断原理。例如，某一密码由 4 个阿拉伯数字组成，若随机猜测 4 个数字，则"一次猜中"是一个小概率事件（概率只有万分之一），所以人们通常认为这是不可能发生的；反之，若有人一次就猜中，人们自然就会怀疑有泄密或某种非随机因素的影响。

在假设检验中，一个随机样本就是一次随机试验的观测结果。在一定的假设前提下，某些样本的出现属于小概率事件，它在一次抽样中是不该发生的；反之，如果正好抽到这样的样本，那就应当怀疑导致这种不合理现象的假设前提，即应当判定原来的假设前提不成立。

在例 7-1 中，样本平均长度与 4cm 之差异不外乎有两种可能原因：一是改进后的总体平均长度不变，但由于抽样的随机性使样本均值与总体均值（4cm）之间存在抽样误差；二是总体均值确实发生了变化，从而使得来自这一总体的样本均值不等于 4cm，这种误差属于非抽样误差中的系统误差。

样本均值的抽样分布定理告诉我们，若总体服从正态分布且均值为 $\bar{X}$、方差为 σ^2，从该总体中随机抽取容量为 n 的样本，则样本均值 $\bar{x}$ 服从均值为 $\bar{X}$、方差为 $\dfrac{\sigma^2}{n}$ 的正态分布，即 $\bar{x} \sim N(\bar{X}, \dfrac{\sigma^2}{n})$，样本均值 $\bar{x}$ 的标准化值 $Z = \dfrac{\bar{x}-\bar{X}}{\sigma/\sqrt{n}}$ 服从标准正态分布（均值为 0、方差为 1 的正态分布），即 $Z = \dfrac{\bar{x}-\bar{X}}{\sigma/\sqrt{n}} \sim N(0,1)$。由标准正态分布的性质可知，对于任一给定的置信度 $(1-\alpha)$，必然有一个对应的值 $Z_{\alpha/2}$ 使得 $|Z| = \dfrac{|\bar{x}-\bar{X}|}{\sigma/\sqrt{n}} < Z_{\alpha/2}$ 的概率等于 $(1-\alpha)$；反之，则 $|Z| \geqslant Z_{\alpha/2}$ 的概率为 α。

根据上述定理，在本例中，若 $\bar{X}=4$ 的假设成立，即样本平均长度与 4cm 之差属于抽样误差范围，当置信度 $(1-\alpha)$ 很大而相应的 α 很小时，应有 $|Z| = \dfrac{|\bar{x}-4|}{\sigma/\sqrt{n}} < Z_{\alpha/2}$，而 $|Z| \geqslant Z_{\alpha/2}$ 就是一个小概率事件。根据小概率原理，在一次随机抽样中这一小概率事件是不该发生的；若它发生了，就应当怀疑导致这种"不合理"现象的前提假设，即应当判定原来的假设前提 $\bar{X}=4$ 不成立。

本例中，$\bar{x}=3.95$，$\sigma=0.15$，$n=100$，当 $\alpha=0.001$ 时，$Z_{\alpha/2}=3.29$，计算可得

$$Z = \dfrac{\bar{x}-4}{\sigma/\sqrt{n}} = \dfrac{3.95-4}{0.15/\sqrt{100}} = -3.333$$

$$|Z| = 3.333 > Z_{\alpha/2} = 3.29$$

这就意味着，如果 $\bar{X}=4$ 这一假设成立，那么这一次抽样中就发生了 $|Z|>3.29$ 这一小概率事件。或者说，由于 $|Z| \geqslant 3.333$ 的概率只有 0.000 858（可由 Excel 的标准正态分布函数求得，详见后面的介绍），这说明，如果 $\bar{X}=4$ 的假设成立，那么随机抽出这种样本的概率仅为 0.000 858，比事先给定的小概率 α 的值 0.001 还小。所以，应否定 $\bar{X}=4$ 这一假设，即

应推断工艺改革后零件的长度有了显著的变化。

由上例可见,假设检验这种统计推断方法是基于小概率原理的反证法。具体来说,它有以下两个主要特点。

(1)假设检验的推理过程运用的是反证法。它先承认待检验的假设是成立的,然后观察在此假设成立的前提下样本的出现是否合理。如果不合理即样本所代表的事实与假设前提得出的结论发生了矛盾,则可推翻作为推理前提的假设。

(2)假设检验的推理逻辑不同于一般的反证法,因为它判断合理与否所依据的是小概率原理。但是,在一次随机试验中小概率事件只是发生的可能性很小,而并非绝对不会发生,因此检验结论有可能出现错误。

三、假设检验中的两类错误

假设检验是以样本信息为依据,基于小概率原理按一定的概率标准来做出判断。我们希望当原假设不真时拒绝它,而当原假设为真时不拒绝它。但由于抽样具有随机性,我们无法保证我们的判断不犯错误。拒绝原假设时,原假设未必是假的;不拒绝原假设时,也不意味着原假设必定就是真的。假设检验中可能犯的错误分为以下两种类型。

如果原假设事实上为真,但我们根据假设检验的规则做出了否定或拒绝原假设的结论,这类错误称为第一类错误,也称"弃真"或"拒真"错误。在例 7-1 中,若 $\bar{X}=4$ 是真实的,但随机抽出样本的样本均值为 3.95,导致了小概率事件 $|Z| \geq Z_{\alpha/2}$ 发生,按照检验规则应认为 $\bar{X}=4$ 不成立。这里的判断就犯了第一类错误。犯第一类错误的概率也称为假设检验的显著性水平,它也就是前面提到的"小概率"的具体标准,通常用 α 表示。

当原假设事实上不真,但由于样本统计量并没有导致小概率事件的出现,从而做出不拒绝原假设的结论,这类错误则称为第二类错误,又称"取伪"或"采伪"错误。例如,生产者宣称其产品质量是达标的,其实这不是事实,但买方在产品质量抽检时并没有发现明显的质量问题,从而接受了生产者的观点,这就犯了第二类错误。犯第二类错误的概率通常记为 β。

假设检验中的结论与两类错误的关系如表 7-1 所示。

表 7-1　假设检验中的结论与两类错误

检 验 结 论	实 际 情 况	
	原假设为真	原假设不真
拒绝原假设	第一类错误(拒真) (概率为 α)	判断正确
未拒绝原假设	判断正确	第二类错误(取伪) (概率为 β)

进行假设检验时,我们总希望犯两类错误的可能性都尽可能小。然而,在其他条件不变的情况下,α 和 β 是此消彼长的关系,两者不可能同时减小。若要同时减小 α 和 β,只能增大样本量 n。一般总是事先控制 α,确定 α 时必须注意,如果犯第一类错误的代价较大,α 应取值小一些;如果犯第二类错误的代价较大,则 α 应取值大一些(以使 β 较小)。

第二节 假设检验的一般步骤

一、提出原假设和备择假设

对每个假设检验问题，一般可同时提出两个相反的假设：一是原假设，又称零假设，它往往代表原来的状态、已往的经验或某个被怀疑的陈述，通常记为 H_0；二是备择假设，也称为对立假设，是一个与原假设完全相反的陈述，记为 H_1。当检验结论为拒绝原假设时，就等于接受了备择假设。

设所要检验的总体参数为 θ，用 θ_0 代表该参数的假设值（它是一个具体数值）。一般地，总体参数的假设检验有下列三种形式。

（1）$H_0: \theta = \theta_0$；$H_1: \theta \neq \theta_0$。这种形式的假设检验称为双侧检验。如果对所研究问题只需判断有无显著差异或要求同时注意总体参数偏大或偏小的情况，则采用双侧检验。例如，例 7-1 中检验的参数是总体均值，原假设和备择假设可表述为

$$H_0: \bar{X} = 4; \quad H_1: \bar{X} \neq 4$$

（2）$H_0: \theta = \theta_0$（或 $\theta \geq \theta_0$）；$H_1: \theta < \theta_0$。这种形式的假设检验称为左侧检验。在例 7-1 中，如果我们在乎的是零件长度是否比原来有所缩短，则可采用左侧检验，即

$$H_0: \bar{X} = 4; \quad H_1: \bar{X} < 4$$

（3）$H_0: \theta = \theta_0$（或 $\theta \leq \theta_0$）；$H_1: \theta > \theta_0$。这种形式的假设检验称为右侧检验。例如，某种疾病传统疗法的治愈率是 85%，我们关注新疗法的治愈率（用 P 表示）是否显著提高，可提出假设

$$H_0: P = 0.85 \text{（或 } P \leq 0.85\text{）}; \quad H_1: P > 0.85$$

左侧检验和右侧检验统称为单侧检验。虽然单侧检验中原假设的参数假设值可以是一个区域，但实际检验时，通常都只针对其边际值 θ_0 进行检验，若能否定 $\theta = \theta_0$，则其余假设值就更有理由被否定。

在单侧检验时，原假设和备择假设的建立，应根据所检验问题的具体背景而定，常常是采取"不轻易拒绝原假设"的原则，即把没有充分理由就不能轻易否定的命题作为原假设，这样一旦拒绝原假设而接受备择假设时，理由是很充分的。因此，通常也把想要证明的命题或想要支持的陈述作为备择假设 H_1，再将相反的命题作为原假设 H_0。在实际应用中，通常可将样本信息所显示的方向作为备择假设 H_1 的方向，因为正是样本信息显示出了与假设值的差异，才对相反的命题产生了怀疑，也才有检验这种差异是否显著的必要。如例 7-1 中，样本均值为 3.95cm，如果要进行单侧检验，显然我们要怀疑的是 $\bar{X} \geq 4$，而样本信息可能支持的是 $\bar{X} < 4$，因此备择假设应该是 $H_1: \bar{X} < 4$。

二、选择适当的检验统计量，明确其概率分布

对某个总体参数的数值进行假设检验时，为了说明在原假设成立的前提下，样本的出现是否属于小概率事件，显然要以该参数的估计量的抽样分布为理论依据。在原假设成立的前提下，该估计量经过标准化转换后的变量就是用以对原假设做出检验和判断的样本统计量，称为检验统计量。检验统计量不包含未知总体参数（包含原假设中的参数值），其数值取决于样本观测结果。

在原假设成立的前提下，检验统计量的抽样分布应该是明确的。假设检验的具体方法通常以检验统计量服从的分布来命名，常用的有 Z 检验（正态检验）、t 检验、F 检验、χ^2 检验等。在例 7-1 中，所采用的是 Z 检验，检验统计量为 $Z=\dfrac{\bar{x}-4}{\sigma/\sqrt{n}}$，在 H_0 为真时，$Z\sim N(0,1)$。

如何选择检验统计量呢？实质上与参数估计中用于构建置信区间的变量的选择条件是一致的，要看总体是否正态分布、总体方差是否已知以及是大样本（$n\geqslant 30$）还是小样本（$n<30$）等。

三、给定显著性水平 α，确定临界值和拒绝域

假设检验是基于小概率原理的推断，但多小的概率才算小概率呢？这并没有统一的规定，而是由研究者根据实际问题的背景及其风险偏好来确定的。最常见的情况是取 α 为 0.05，也可以取 0.005、0.01、0.10 等。

给定了显著性水平 α，就可由检验统计量的概率分布求得相应的临界值（可查有关概率分布表或在计算机上利用 Excel 的有关概率函数来确定）。临界值是划分拒绝原假设与否两个区域的分界点。确定了拒绝域，就等于确定了检验的具体规则：当检验统计量的值落在拒绝域时，就应该拒绝原假设；反之，则不能拒绝原假设。

拒绝域不仅与显著性水平的大小和检验统计量的分布有关，也与假设类型有关。不同类型的假设检验，H_0 的拒绝域也有所不同。

双侧检验也称为双尾检验，有两个拒绝域，分别位于检验统计量分布曲线的两侧尾端，如图 7-1 所示。

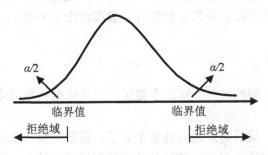

图 7-1 双侧检验的显著性水平与拒绝域

左侧检验也称为左尾检验，其拒绝域位于统计量分布曲线的左侧尾端，如图 7-2 所示。右侧检验也称为右尾检验，其拒绝域位于统计量分布曲线的右侧尾端，如图 7-3 所示。

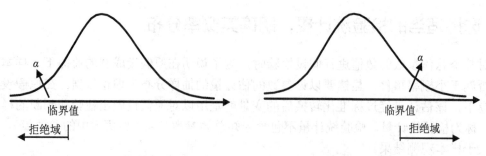

图 7-2　左侧检验的显著性水平与拒绝域　　图 7-3　右侧检验的显著性水平与拒绝域

四、计算出检验统计量的观测值及其对应的 P 值

检验统计量是随着样本观测值的不同而有不同取值的随机变量。对于特定的样本，样本观测值一旦确定，检验统计量的值也就唯一地确定了。根据样本数据计算的检验统计量的值也称为检验统计量的观测值。

假设检验的 P 值是指在原假设成立的假定前提下，检验统计量等于实际观测值或更极端情况的概率。换言之，它表示：在原假设成立的假定前提下，出现这种与原假设相背离的样本和更加背离原假设的样本的概率。显然，P 值小，就意味着在原假设成立的前提下发生了小概率事件，因此应该否定原假设。P 值越小，表示样本数据与原假设相背离的程度就越严重，拒绝原假设的理由就越充足，或者说，拒绝原假设的证据就越强。显著性水平 α 是研究者自己事先给定的"小概率"，而 P 值则是根据样本数据计算的概率值，故 P 值又称为观测的显著性水平。

P 值的大小与检验统计量的分布、检验统计量的观测值、检验类型等因素都有关。计算 P 值时的方向随备择假设的方向而定。例如，应用 Z 检验时，若检验统计量的观测值为 z，则根据标准正态分布可计算相应的 P 值。

（1）右侧检验时，P 值 $=P(Z\geqslant z)$（即自观测值起右尾的概率）。

（2）左侧检验时，P 值 $=P(Z\leqslant z)$（即自观测值起左尾的概率）。

（3）双侧检验时，P 值 $=2\times$ 单侧检验的 P 值。

事实上，P 值的具体计算是很复杂的，一般都不可能依靠手工计算，而需要借助于计算机来实现，统计分析软件在涉及假设检验时一般都给出了 P 值。

五、做出检验结论

假设检验的结论可采用两种判断规则来做出：一是依据临界值来判断；二是依据 P 值来判断。

依据临界值来判断，就是给定显著性水平 α 后，将检验统计量的观测值与 α 对应的临界值相比较来做出检验结论。当检验统计量的值落在拒绝区域内，应拒绝原假设；反之，则不能拒绝原假设。以 Z 检验为例，其具体规则如下。

（1）双侧检验时，临界值为 $-Z_{\alpha/2}$ 和 $+Z_{\alpha/2}$，当 $|Z|\geqslant Z_{\alpha/2}$ 时，拒绝原假设。

（2）左侧检验时，临界值为 $-Z_{\alpha}$，当 $Z\leqslant -Z_{\alpha}$ 时，拒绝原假设。

（3）右侧检验时，临界值为$+Z_\alpha$，当$Z \geqslant +Z_\alpha$时，拒绝原假设。

无论哪种类型的检验，利用P值进行决策的具体规则都是一样的，即若P值$<\alpha$，则拒绝原假设；若P值$>\alpha$，则不能拒绝原假设。

就是否拒绝原假设而言，以上两种判断方法得到的检验结论是一致的。例如，采用Z检验时，以右侧检验为例，"$Z \geqslant Z_\alpha$"等价于"P值$<\alpha$"，结论都是拒绝原假设，两者之间的关系如图7-4（a）所示；"$Z < Z_\alpha$"等价于"P值$>\alpha$"，结论都是不能拒绝原假设，两者之间的关系如图7-4（b）所示。

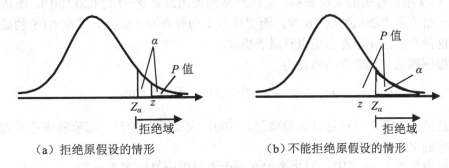

（a）拒绝原假设的情形　　　　（b）不能拒绝原假设的情形

图7-4　P值与临界值两种判断方法的比较（右侧检验）

对于相同的α，检验统计量的观测值落在相同区域内，检验结论就相同，但事实上由不同位置的观测值得到的检验结论在信心上还是有差别的，而P值就能够精确地表明这种差别。如图7-4（a）中，若观测值z落在更偏右的位置，那么检验的P值就更小，拒绝原假设就更有把握。此外，利用P值进行假设检验时，不必事先指定α，不同决策者可以灵活地利用P值来做出自己的决策。

第三节　总体均值的检验

用$\overline{X}$表示待检验的总体均值，$\overline{X}_0$表示总体均值的假设值（某一具体的数值）。对总体均值进行假设检验时，首先要建立下列三种类型之一的假设。

（1）H_0：$\overline{X} = \overline{X}_0$；$H_1$：$\overline{X} \neq \overline{X}_0$

（2）H_0：$\overline{X} = \overline{X}_0$（或$\overline{X} \geqslant \overline{X}_0$）；$H_1$：$\overline{X} < \overline{X}_0$

（3）H_0：$\overline{X} = \overline{X}_0$（或$\overline{X} \leqslant \overline{X}_0$）；$H_1$：$\overline{X} > \overline{X}_0$

以上三种类型的假设，确定检验统计量及其分布的依据都是相同的，取决于总体是否服从正态分布、总体方差σ^2是否已知以及样本量大小等条件。

一、总体方差σ^2已知时对正态总体均值的检验

当总体服从正态分布且总体方差σ^2已知时，若原假设中总体均值的数值为$\overline{X}_0$，对总体均值的假设检验应采用Z检验，即检验统计量为服从标准正态分布的统计量Z，其计算公

式为

$$Z = \frac{\bar{x} - \bar{X}_0}{\sigma/\sqrt{n}} \tag{7.1}$$

例 7-1 就是应用上述检验方法对总体均值进行双侧检验的具体例子。至于左侧检验，只是拒绝域的方向和计算 P 值的方向不同而已，读者可结合练习题去理解和掌握。下面来看一个右侧检验的情形。

【例 7-2】根据过去的大量资料，某厂产品的使用寿命 $X \sim N(1\,020, 100^2)$。现从该厂最近生产的一批产品中随机抽取 16 件，测得样本平均寿命为 1 080h。试在 0.05 的显著性水平下判断这批产品的使用寿命是否有显著提高。

解：根据题意，应建立的假设为

$$H_0: \bar{X} = 1\,020, \quad H_1: \bar{X} > 1\,020$$

已知总体服从正态分布且总体标准差为 100，应采用 Z 检验，即检验统计量为服从标准正态分布的 Z，如式（7.1）所示。

已知显著性水平 $\alpha = 0.05$，查正态分布概率表可得临界值为 $Z_\alpha = Z_{0.05} = 1.645$。

将有关数值代入式（7.1）可计算出检验统计量的值为

$$Z = \frac{\bar{x} - \bar{X}_0}{\sigma/\sqrt{n}} = \frac{1\,080 - 1\,020}{100/\sqrt{16}} = 2.4$$

若根据临界值来判断，由于 $Z = 2.4 > Z_\alpha = 1.645$，所以应拒绝 H_0 而接受 H_1，即根据样本信息可认为这批产品的使用寿命确有显著提高。

由检验统计量的值 $Z = 2.4$ 可计算出检验的 P 值为

$$P \text{ 值} = P(Z \geq 2.4) = 1 - P(Z \leq 2.4) = 1 - 0.991\,802 = 0.008\,198^{①}$$

根据 P 值来判断，由于 P 值 $= 0.008\,198 < \alpha = 0.05$，所以检验结论同样是拒绝 H_0。

二、总体方差 σ^2 未知时对正态总体均值的检验

当总体方差 σ^2 未知时，需要用样本方差 S^2 代替总体方差 σ^2，这样检验统计量就不再服从标准正态分布，而是服从自由度为 $(n-1)$ 的 t 分布，因此就需要采用 t 分布来检验总体均值，通常称为"t 检验"。其检验统计量为

$$t = \frac{\bar{x} - \bar{X}_0}{S/\sqrt{n}} \tag{7.2}$$

t 检验的程序与 Z 检验的程序完全相同，所不同的只是临界值和 P 值是根据自由度为 $(n-1)$ 的 t 分布来计算的。对于给定的显著性水平 α，由 t 分布表可得临界值；将所计算的

---

① 本章 P 值的计算都是借助于 Excel 中有关函数来实现的，具体内容详见本章第五节的介绍。

t 值与临界值比较，可做出检验结论。

（1）双侧检验时，临界值为 $-t_{\alpha/2}(n-1)$ 和 $t_{\alpha/2}(n-1)$，若 $|t|>t_{\alpha/2}(n-1)$，则拒绝 H_0；反之，则不能拒绝 H_0。

（2）左侧检验时，临界值为 $-t_\alpha(n-1)$，若 $t<-t_\alpha(n-1)$，则拒绝 H_0；反之，则不能拒绝 H_0。

（3）右侧检验时，临界值为 $t_\alpha(n-1)$，若 $t>t_\alpha(n-1)$，则拒绝 H_0；反之，则不能拒绝 H_0。

【例 7-3】某厂采用自动包装机分装产品，假定每包产品的重量服从正态分布，每包标准重量为 1 000g。某日随机抽查 9 包，测得样本平均重量为 986g，样本标准差为 24g。试问在 0.05 的检验水平上，能否认为该天自动包装机工作正常？

解：根据题意，检验目的是观察产品的平均每包重量是否与标准重量一致。因此，可建立的假设为

$$H_0: \overline{X}=1\,000, \quad H_1: \overline{X} \neq 1\,000$$

由于总体服从正态分布，但是总体方差未知，且样本为小样本，所以应采用 t 检验，即检验统计量如式（7.2）所示。

本例属于双侧检验，有两个临界值：$-t_{\alpha/2}(n-1)$ 和 $t_{\alpha/2}(n-1)$。已知 $\alpha=0.05$，查 t 分布表得 $t_{\alpha/2}(n-1)=t_{0.025}(9-1)=2.306$。

检验统计量的值：$t=\dfrac{\overline{x}-\overline{X}_0}{S/\sqrt{n}}=\dfrac{986-1\,000}{24/\sqrt{9}}=-1.75$

由于 $|t|=1.75<t_{\alpha/2}(n-1)=2.306$，所以不能拒绝 H_0，即可认为该天自动包装机工作仍属正常。

这里的检验是双侧检验，$t=-1.75$，所对应的 P 值就是 t 分布左尾概率 $P(t\leqslant-1.75)$ 的 2 倍（或右尾概率的 2 倍，因为 t 分布是关于 $t=0$ 对称的。Excel 只给出 t 分布右尾的概率，用 Excel 计算 P 值时 t 值只能为正数），即

$$P\text{ 值}=2\times P(t\leqslant-1.75)=2\times P(t\geqslant 1.75)=2\times 0.059\,1=0.118\,2$$

若根据 P 值来判断，由于 P 值$>\alpha$，所以不能拒绝 H_0，结论同上。

在大样本条件下，由式（7.2）构造的检验统计量 t 近似服从标准正态分布。因此，总体方差未知时，只要样本量足够大，对总体均值的假设检验通常近似采用 Z 检验，检验统计量为

$$Z=\dfrac{\overline{x}-\overline{X}_0}{S/\sqrt{n}} \tag{7.3}$$

上述结论也可近似适用于非正态总体大样本（$n\geqslant 30$）的情形。

【例 7-4】有一种电子元件，按质量标准规定，其使用寿命应不低于 1 000h 才算合格品。现从一批电子元件中随机抽查了 50 件，测得平均使用寿命为 972h，标准差为 100h。试在 0.05 的显著性水平下，检验这批电子元件是否合格。

解：这是要求对总体均值进行假设检验。据题意，建立的假设为

$$H_0: \overline{X} \geq 1\,000,\quad H_1: \overline{X} < 1\,000$$

由于总体标准差未知，但 $n=50$，属大样本，故可近似采用 Z 检验。已知 $\bar{x}=972$，$S=100$，由式（7.3）可计算出检验统计量的值为

$$Z = \frac{\bar{x} - \overline{X}_0}{S/\sqrt{n}} = \frac{972 - 1\,000}{100/\sqrt{50}} = -1.98$$

给定的 $\alpha=0.05$，临界值为 $-Z_{0.05} = -1.645$，$Z = -1.98 < -1.645$，因此在 0.05 的显著性水平下应拒绝 H_0，即可认为这批电子元件不合格。

这里的检验是左侧检验，$Z=-1.98$，所对应的 P 值就是标准正态分布左尾的概率 $P(Z \leq -1.98) = 0.023\,85$。因此，根据 P 值来判断，由于 P 值 $< \alpha = 0.05$，因此在 0.05 的显著性水平下应拒绝 H_0，即可认为这批电子元件不合格。

第四节 总体成数的检验

这里只介绍在大样本条件下如何对总体成数进行假设检验。根据样本成数的抽样分布可知，当样本量足够大时 $[n>30$，$np>5$ 且 $n(1-p)>5]$，样本成数 p 的抽样分布近似于正态分布，其均值就等于总体成数 P，其标准差 $\sigma_P = \sqrt{P(1-P)/n}$。于是，可近似根据正态分布来对总体成数进行假设检验，即采用 Z 检验法。其检验步骤与均值检验时的步骤相同，只是检验统计量不同。

首先提出待检验的假设为

$$H_0: P = P_0,\quad H_1: P \neq P_0 \text{（或 } P < P_0,\ P > P_0\text{）}$$

检验统计量的计算公式为

$$Z = \frac{p - P_0}{\sqrt{\dfrac{P_0(1-P_0)}{n}}} \tag{7.4}$$

【例 7-5】某企业人事部经理认为，该企业职工对工作环境不满意的人数占职工总数的 1/5 以上。为了检验这种说法，从该企业随机调查了职工 100 人，其中有 26 人表示对工作环境不满意。试问：

（1）在 0.10 的显著性水平下，调查结果是否支持这位经理的看法？

（2）若检验的显著性水平为 0.05，又有何结论？

解：这是对总体成数（不满意率）P 的检验。

样本的不满意率为

$$p = \frac{26}{100} = 0.26 = 26\%$$

由于 $n=100$，$np = 100 \times 0.26 = 26 < 30$，$n(1-p) = 100 \times 0.74 = 74 > 30$，符合大样本条件，

因此可近似采用 Z 检验。据题意，则

$$H_0: P \leqslant 1/5, \quad H_1: P > 1/5$$

$$Z = \frac{p - P_0}{\sqrt{P_0(1-P_0)/n}} = \frac{0.26 - 0.20}{\sqrt{0.20 \times 0.80/100}} = 1.5$$

检验的 P 值 $= P(Z \geqslant 1.5) = 0.0668$。

所以，有如下结论：

（1）若 $\alpha = 0.1$（临界值 $Z_{0.1} = 1.282$），应拒绝原假设，即支持这位经理的看法。

（2）若 $\alpha = 0.05$（临界值 $Z_{0.05} = 1.645$），不能拒绝原假设，即不能支持这位经理的看法。

第五节　Excel 在假设检验中的运用

对于给定的置信度，临界值的确定除了查相应的概率分布表外，也可以用 Excel 中的 NORMSINV 或 TINV 等函数来求得，其具体运用见第六章第五节中的介绍。

在假设检验中，主要的计算是检验统计量的值及其对应的 P 值的计算。

计算检验统计量的值主要是利用 Excel 的公式功能来实现。如果只给出样本的原始数据（观测值），则可按以前介绍的方法（利用相应函数功能或数据分析工具中的"描述统计"）先计算出所需样本指标（如样本均值、样本方差或标准差等），再利用公式功能来计算检验统计量的值。

这里着重介绍 P 值的计算。

P 值实际上就是一种概率，它等于某个检验统计量分布曲线下（横轴之上）某一数值起左尾、右尾或双尾的面积。所以，它的大小不仅取决于检验统计量的分布和由样本计算出的检验统计量的具体数值，也取决于检验是左侧、右侧还是双侧。但是，不论哪种情况，在 Excel 中都可由相应的概率函数来计算。可以使用"插入函数"，在统计函数中选择所需的函数，然后在该函数对话框中按提示输入相应数值，确定后即得到所求 P 值，也可以直接在任一空白单元格中输入相应的函数名称和数值。下面主要按后一种操作方法来说明本章涉及的 Z 检验和 t 检验的 P 值的计算。

1. 计算 Z 检验的 P 值

计算 Z 检验的 P 值可借助于 Excel 中的函数 NORMSDIST 来实现。该函数计算的是正态分布的累计分布概率（即标准正态变量的取值小于等于某一数值的概率）。若检验统计量的观测值为 z，左侧检验时，直接输入"= NORMSDIST(z)"即可得到相应的 P 值；右侧检验的 P 值则要用"= 1-NORMSDIST(z)"来求得；双侧检验的 P 值则先计算相应的单侧检验 P 值再乘以 2 即可。例如：

例 7-4 的 Z 检验是左侧检验，$z = -1.98$，P 值 $= P(Z \leqslant -1.98)$，在空白单元格中输入"= NORMSDIST(-1.98)"即可得到所求 P 值为 0.02385。

例 7-2 的 Z 检验为右侧检验，$z = 2.4$，P 值 $= P(Z \geqslant 2.4) = 1 - P(Z \leqslant 2.4)$，在一个空白单元

格中输入"= 1-NORMSDIST(2.4)"即可得到所求 P 值为 0.008 198。

例 7-5 的 Z 检验也是右侧检验,$z = 1.5$,P 值 $= P\{Z \geqslant 1.5\}$,输入"= 1-NORMSDIST(1.5)"即可得到所求 P 值为 0.066 8。

例 7-1 的 Z 检验是双侧检验,$z = -3.333$,P 值 $= P(|Z| \geqslant 3.333) = 2P(Z \leqslant -3.333)$,在空白单元格中输入"= NORMSDIST(-3.333)"即可得到所求左尾的 P 值为 0.000 429 6,再乘以 2 即得 P 值为 0.000 858,或直接输入"= 2*NORMSDIST(-3.333)"即得 0.000 858。

此外,如果已知样本的原始数据(n 个样本观测值),可直接用函数 ZTEST 来求得 Z 检验的 P 值。操作方法是:先输入样本观测值,然后选择统计函数中的 ZTEST,指定样本数据的所在区域,输入已知的总体标准差(若此栏无输入,就默认为总体标准差未知而自动用样本标准差代之),即可求得正态检验(即 Z 检验)的 P 值。

2. 计算 t 检验的 P 值

计算 t 检验的 P 值可借助于 Excel 中的函数 TDIST 来实现。操作方法是:先计算出检验统计量 t 的值,然后选择函数 TDIST,在其对话框中依次指定检验统计量 t 的值、自由度,在 Tails 一栏输入"1"可得单侧检验的 P 值,在 Tails 一栏输入"2",则可直接得到双侧检验的 P 值。

例 7-3 的检验就是双侧的 t 检验,P 值 $= 2 \times P(t \leqslant -1.75)$。由于 Excel 的计算要求 $t > 0$,而 $P(t \leqslant -1.75) = P(t \geqslant 1.75)$,所以可计算 $P(t \geqslant 1.75)$ 来代替 $P(t \leqslant -1.75)$。在函数 TDIST 的对话框中,在"x"一栏输入检验统计量 t 的值"1.75",在 Deg_freedom 一栏输入自由度"8",在 Tails 一栏输入"2",即可得所求 P 值 0.118 232 783,如图 7-5 所示。

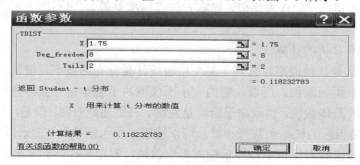

图 7-5 t 检验的 P 值计算

利用 Excel 的数据分析工具还可以进行一些较为复杂的假设检验。例如,双样本情况下对两个总体均值之差的 z 检验和 t 检验("差"可以假设为任一正数,"差"等于 0 时即检验两个总体均值是否相等)。前提条件不同,所选择的检验方法和操作程序也不尽相同。其中,t 检验又分如下三种情况。

(1)在两个总体方差相等的假定前提下,可利用 Excel 中的数据分析中的"t 检验:双样本等方差假设"。

(2)若两个总体方差不相等,则应利 Excel 中的用数据分析中的"t 检验:双样本异方差假设"。

(3)若样本为两个成对样本,则应利用 Excel 中的数据分析中的"t 检验:平均值的成对二样本分析"。

利用上述工具得到的输出结果很详细，主要包括两个样本的均值和方差、检验统计量 t 的观测值、单侧检验的 P 值和临界值、双侧检验的 P 值和临界值等。

以上三种情况下，也可借助于 Excel 中的函数 TTEST 计算出 t 检验的 P 值。在函数 TTEST 的对话框中依次指定两个样本所在区域、是单侧检验还是双侧检验、是三种类型中的哪种类型，即可得到所求 P 值（但没有其他输出结果）。

本章小结

本章共分 5 个小节，着重介绍了假设检验的基本原理、假设检验的一般步骤以及有关假设检验的一些基本概念，包括原假设与备择假设、双侧检验与单侧检验（左侧检验或右侧检验）、第一类错误与第二类错误、显著性水平与假设检验的 P 值等；介绍了实际中最常用的两个总体参数——总体均值和成数的具体检验方法，最后还介绍了 Excel 在假设检验中的应用。

思考与讨论

1. 什么是原假设？什么是备择假设？两者有何关系？
2. 什么是小概率原理？什么是显著性水平？确定显著性水平时应该考虑哪些因素？
3. 简述假设检验的基本思想和一般步骤。
4. 左侧检验、右侧检验和双侧检验有何不同？如何从这三种检验形式中进行选择？
5. 什么是第一类错误？什么是第二类错误？犯两类错误的概率有何关系？
6. 检验的 P 值表示什么？利用 P 值来做出检验结论的规则是什么？
7. 采用正态检验法对总体成数进行假设检验时，样本量需满足什么条件？

实训题

1. 对一项假设检验，若给定显著性水平为 0.05 时的检验结论是拒绝原假设，那么其他条件不变的情况下，若给定显著性水平为 0.10 和 0.01，检验结论分别是什么？

2. 某校上届学生体能测试综合得分的平均水平为 81.2 分。今年随机抽取 100 名学生进行了同样测试，平均得分为 83.5 分，方差为 92.16。试问当显著性水平为 5%时，今年学生测试成绩与往年是否有显著性差异？

3. 有一种电子元件，要求其使用寿命不得低于 1 000h。已知这种电子元件的使用寿命服从标准差为 100h 的正态分布。现从一批电子元件中随机抽查了 25 件，测得平均使用寿命为 972h。要求：

（1）试在 0.05 的显著性水平下，检验这批电子元件是否合格。

（2）假如上述样本的平均寿命是对 50 件样品检查的结果，在其他条件不变的情况下，判断这批电子元件是否合格。

4. 在正常生产情况下，某厂生产的一种无缝钢管的内径服从正态分布且均值为 54mm。

从某日生产的钢管中随机抽取 10 根,测得其内径分别为 53.8、54.0、55.1、54.2、52.1、54.2、55.0、55.8、55.4、55.5,试在 0.05 的显著性水平下检验该日生产的钢管内径是否正常。

5. 某种疾病传统治疗方法的治愈率为 70%。某医生研究出一种新疗法。对 200 名患者试用这种新疗法后,治愈了 152 人。试问这一试验数据能否说明新疗法确实比传统方法更加有效?以 0.10 的显著性水平进行检验。

6. 某林区对上年栽种的一批树苗进行了抽样调查,随机抽查的 200 株树苗中有 170 株成活,能否认为上年栽种的这批树苗的成活率不低于 80%(置信水平为 0.05)?

案例分析

【案例 7-1】 对本科毕业生薪酬水平的推断

在案例 6-1 中,我们根据抽样调查的数据对某高校会计专业毕业生第一个月的薪酬水平以及有关成数进行了估计。这里,还可以利用假设检验方法进行一些统计推断。数据与案例 6-1 的数据相同。

案例思考与分析要求:

1. 学校就业指导部门认为,该专业毕业生首月工薪的平均水平不低于 4 800 元,试问:

(1)对这个问题进行假设检验,适宜双侧检验还是单侧检验?原假设和备择假设分别是什么?

(2)检验统计量及其分布是什么?计算出检验统计量的具体数值。

(3)本案例中检验的 P 值是如何具体定义的?利用 Excel 计算出 P 值的具体数值。

(4)本案例中显著性水平取多大比较合适?在你选择的显著性水平下,抽样调查结果能否支持学校就业指导部门的上述看法?

2. 有人认为"该校当年全部毕业生中,首月工薪在 6 000 元以上者所占比重达 10%"。若要根据案例中的调查数据对此命题进行假设检验,可否采用 Z 检验(正态检验)?为什么?

【案例 7-2】 文化娱乐支出是否明显增加了

2018 年某乡对居民家庭用于文化娱乐方面的消费支出进行一次普查,得知在调查时段内的平均支出是 164 元,支出超过 200 元的家庭仅为 11.2%。2019 年以来,该乡大力倡导健康文明的文化娱乐活动。为了分析其效应,专门对该乡居民家庭 2019 年同期的文化娱乐支出进行了一次抽样调查。随机抽取了 50 个家庭,调查数据如表 7-2 所示。

表 7-2 50 个家庭的调查数据表

单位:元

| 188 | 190 | 240 | 160 | 182 | 184 | 170 | 176 | 166 | 160 |

									续表
172	192	220	164	140	176	160	190	280	142
164	178	178	204	134	156	132	270	246	188
166	142	228	84	148	174	184	190	128	180
152	166	196	158	168	210	176	142	174	172

根据这一调查的结果能否断定该乡居民家庭的文化娱乐支出有了明显的增加呢？

案例思考与分析要求：

1. 在 0.05 的显著性水平下，能否认为全乡居民用于文化娱乐消费的平均支出有了显著的增加？
2. 以 0.95 的置信度对全乡居民用于文化娱乐消费的平均支出进行区间估计。
3. 以上两个问题的结果存在什么样的联系？
4. 与 2018 年相比，2019 年全乡居民家庭中文化娱乐支出超过 200 元的家庭所占比重有无显著变化？试以 0.05 的显著性水平进行推断。

第八章 相关与回归分析

【学习目标】
① 了解相关关系的概念和种类。
② 掌握相关关系的判断与测定方法。
③ 掌握一元线性回归分析方法。
④ 了解多元线性回归分析方法。
⑤ 熟悉利用 Excel 进行相关和回归分析的方法。

第一节 相关分析的含义与种类

一、相关关系的概念

社会经济现象总是相互依存、相互联系的，一种现象的变化总是依赖或影响着其他现象的变化。例如，企业的规模和经营费用的关系、工资增长和劳动生产率变动的关系、家庭收入和支出的关系、劳动机械化水平与劳动生产率的关系等。这就是现象之间存在的依存关系。我们可以把现象总体数量上所存在的这种依存关系划分为两种不同的类型：一种是函数关系；另一种是相关关系。

函数关系是指现象之间客观存在的，并且在数量表现上是严格的、确定性的相互依存关系，其变动规律可以用一个数学表达式反映出来。如果把作为影响因素的变量称为自变量，把发生对应变化的变量称为因变量，则函数关系可表述为：当自变量取某一个值时，因变量只有一个唯一确定的值与之对应。例如，圆的面积 S 和它的半径 r 之间的关系可表示为 $S = \pi r^2$。对社会经济现象的统计分析也会涉及函数关系。例如，在计件工资制的情况下，工资总额与工人加工零件数量是一个函数关系；在学生人数不变的前提下，学生的平均成绩与其总成绩是一个函数关系；在价格不变的前提下，商品销售收入与其销售数量是一个函数关系；在产品产量不变的前提下，单位产品成本与总成本是一个函数关系。

相关关系是指现象之间客观存在的，但在数量表现上表现为不确定的相互依存关系。具体地说，即当一种现象发生数量上的变化时，另一种现象也会相应地发生变化，但是其变化是不确定的，与之对应的数值会有很多可能，这些数值分布在它们的平均数周围，在一定的范围内随机波动。例如，产品单位成本与利润的关系、劳动生产率与国民收入的关系、广告费支出与产品销售量的关系、居民收入与社会劳动生产率的关系等都属于相关关系。

函数关系与相关关系虽是两种不同类型的依存关系，但它们之间并无严格的界限。有函数关系的变量之间，由于受测量误差和各种随机因素的干扰，可表现为相关关系；有相关关系的变量之间，尽管没有确定性的关系，但我们对现象的内在联系常常借助函数关系来进行近似的描述和分析。

二、相关关系的种类

相关关系可以按照不同的标志加以划分。

（1）按相关的密切程度分为完全相关、不完全相关和不相关。完全相关是指一个变量的变动必然会引起另一个变量的确定性变动的相关关系，如前述圆的面积与其半径的相关关系。完全相关即是函数关系，所以可以说函数关系是相关关系的特例。不相关是指一个变量的变动完全不受另一个变量数量变动的影响，彼此相互独立，互不相干。不完全相关则是指一个变量发生有规律的变动，能引起另一个变量的对应的规律性变动，但这种变动介于完全相关和不相关之间。

（2）按相关涉及变量（或因素）的多少分为单相关和复相关。单相关又称简相关，是指两个变量之间的相关关系，即只有一个自变量和一个因变量之间的相关，如投入与产出之间的关系、学生学习时间与考试成绩之间的关系等均属于单相关。复相关又称多元相关，是指三个或三个以上变量之间的相关关系，如商品销售额与居民收入、商品价格之间的相关关系，银行存款余额与人均收入、商品价格水平之间的相关关系等。

（3）按相关现象变化的方向不同分为正相关和负相关。当一个变量的数量变动与另一个变量的数量变动方向一致，称为正相关。例如，工人劳动生产率提高，产品产量也随之增加；职工工资增加，居民储蓄存款余额也会增加；财政收入减少，下拨给各预算单位的财政拨款也会随之而减少。当一个变量的数量变动与另一个变量的数量变动方向相反，称为负相关。例如，商品流转额越大，商品流通费用率就越低；劳动生产率提高，单位产品所耗时间就会减少；产品产量越多，单位产品的生产成本就会越小。

（4）按相关的表现形式不同分为直线相关和曲线相关。直线相关又称线性相关，是指当一个变量变动时，另一个变量随之发生大致均等变动的相关关系。表现在平面直角坐标图中，一种现象的数值与另一种现象相应的数值形成的一系列散点的分布近似地表现为一条直线。曲线相关又称非线性相关，是指当一个变量变动时，另一个变量也随之发生变动，但这种变动不是均等的。从平面直角坐标图形上看，其散点的分布近似地表现为一条曲线，如抛物线、指数曲线等。例如，施肥量和农产品收获量之间的关系，当单位面积土地内的施肥量在合理范围内增加时，单位面积产量会增加，一旦施肥量超过了合理的数量界限，则施肥量越多，单位面积产量不仅不会增加，反而会下降，这就是非线性相关关系。

第二节 相关关系的判断与测定

一、相关关系的判断

在统计实践中，对现象总体两种相关变量做相关分析，研究其相互依存关系，首先要通过实际调查取得一系列相应的资料,作为相关分析的原始数据,然后在此基础上,编制相关表和绘制相关图。通过相关图或相关表,可以直观地判断现象之间大致呈现何种关系。

1. 相关表

相关表是直接根据现象之间的原始资料,将一变量的若干变量值按由小到大的顺序排列,并将另一变量的值与之对应排列形成的统计表。

【例 8-1】对某公司 8 个企业产品销售额和销售利润进行调查,将调查得到的原始数据按产品销售额从小到大加以顺序排列后,编制的相关表如表 8-1 所示。

表 8-1　8 个企业产品销售额和销售利润相关表

企业编号	产品销售额/万元	销售利润/万元
1	430	22.0
2	480	26.5
3	650	32.0
4	740	44.0
5	950	64.0
6	1 000	69.0
7	1 170	72.0
8	1 200	77.0

从表 8-1 中可以观察到,随着产品销售额的增长,销售利润呈现出相应幅度的增长,由此可知,该公司产品销售额与销售利润之间存在相关关系,而且是正相关关系。

2. 相关图

相关图又称散点图,它是用直角坐标系的 x 轴代表自变量,y 轴代表因变量,将两个变量之间相对应的变量值用坐标点的形式描绘出来,用以表明相关点分布状况的图形。根据表 8-1 的资料,绘制相关图。具体绘制方法是:以销售额为自变量,对应的利润额为因变量,每一个销售额都对应一个利润额的数字。表 8-1 中共有 8 对数据,在直角坐标图上,每一对数据标出一个点,共标出 8 个点形成一个散点图,如图 8-1 所示。

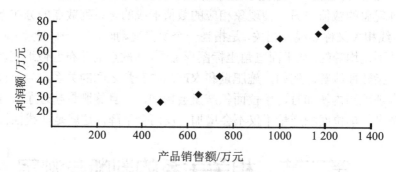

图 8-1　产品销售额与销售利润相关图

从图 8-1 中可以直观地看出,产品销售额与销售利润具有同方向变动的趋势,表示它们之间存在正相关关系,而且图 8-1 中的点大致散布在一条直线周围,可以判断它们之间呈线性趋势,且关系密切。

二、相关关系的测定

在研究现象的相关关系时，通过相关表和相关图只能粗略地判断现象之间有无相关关系、是什么样的相关关系。要进一步对现象之间相关关系进行分析，还应该用统计分析指标来表明相关关系的密切程度。

相关系数是在直线相关的条件下，用来说明两个变量之间相关关系密切程度的统计分析指标，用 r 表示。

相关系数 r 的数值总是介于 $-1\sim+1$ 之间。若 r 为正数或负数，表示两变量为正相关或负相关；当 $|r|$ 越接近 1，说明两变量之间的线性相关关系越密切；越接近 0，说明两变量之间的线性相关关系越弱，但这并不表示两变量之间不存在其他形式的相关关系（如曲线相关）。如果 $r=+1$ 或 $r=-1$，表示两变量之间为完全正的线性相关或负的线性相关，即为函数关系；如果 $r=0$，表示两变量之间无线性相关关系。

为了判断线性相关关系的密切程度的高低，可根据相关系数的大小划分成不同的等级，如常用四级划分标准是：$|r|<0.3$ 为微弱线性相关；$0.3\leq|r|<0.5$ 为低度线性相关；$0.5\leq|r|<0.8$ 为显著线性相关；$0.8\leq|r|<1$ 为高度线性相关。

相关系数的计算方法很多，在实际工作中，常用积差法来计算。积差法相关系数由三个部分组成：x 变量的标准差、y 变量的标准差、两个相关变量的协方差。

计算 r 时，可分别计算这三部分，然后进行对比，也可将几个步骤合并，直接代入基本计算公式，则该计算公式可简化为

$$r=\frac{\sigma^2_{xy}}{\sigma_x\sigma_y}=\frac{\sum(x-\bar{x})(y-\bar{y})}{\sqrt{\sum(x-\bar{x})^2}\sqrt{\sum(y-\bar{y})^2}} \tag{8.1}$$

但是，用式（8.1）计算，需计算两个数列的平均数，这两个平均数往往是除不尽的小数，计算起来很复杂。因此，可由式（8.1）推导出另一个计算 r 的简捷计算公式为

$$r=\frac{\sigma^2_{xy}}{\sigma_x\sigma_y}=\frac{n\sum xy-\sum x\sum y}{\sqrt{n\sum x^2-(\sum x)^2}\sqrt{n\sum y^2-(\sum y)^2}} \tag{8.2}$$

用式（8.2）计算，则比较简单。

【例 8-2】现仍以例 8-1 的资料来说明相关系数的计算方法，如表 8-2 所示。

表 8-2 相关系数计算表

企业编号	产品销售额 x/万元	销售利润 y/万元	xy	x^2	y^2
1	430	22.0	9 460	184 900	484
2	480	26.5	12 720	230 400	702.25
3	650	32.0	20 800	422 500	1 024
4	740	44.0	32 560	547 600	1 936
5	950	64.0	60 800	902 500	4 096
6	1 000	69.0	69 000	1 000 000	4 761

企业编号	产品销售额 x/万元	销售利润 y/万元	xy	x^2	y^2
7	1 170	72.0	84 240	1 368 900	5 184
8	1 200	77.0	92 400	1 440 000	5 929
合计	6 620	406.5	381 980	6 096 800	24 116.25

$$r = \frac{n\sum xy - \sum x \sum y}{\sqrt{n\sum x^2 - (\sum x)^2}\sqrt{n\sum y^2 - (\sum y)^2}}$$

$$= \frac{8 \times 381\,980 - 6\,620 \times 406.5}{\sqrt{8 \times 6\,096\,800 - 6\,620^2} \times \sqrt{8 \times 24\,116.25 - 406.5^2}}$$

$$= 0.985$$

从相关系数可以看出，产品销售额和销售利润之间存在高度正相关关系。

第三节　一元线性回归分析

一、回归分析概述

（一）回归分析的意义

相关分析能确定变量相互关系的具体形式，但无法从一个变量的变化来推测出另一个变量的变化情况。因此，在相关分析的基础上，还应进行回归分析。"回归"一词最早起源于生物学。在生物学中，人们通过对遗传现象的大量观察发现，父母身高与子女身高有一定的关系，但父母很高或很矮，他们的孩子并不一定像其父母那样高或那样矮，而是与人类平均身高趋近，这种现象称为回归。虽然具有相关关系的变量之间存在着不确定性的关系，但通过对现象的不断观察可以探索出它们之间的统计规律，这种统计规律称为"回归关系"。

在实际社会经济现象中，当给予自变量 x 一个确定的数值，因变量 y 虽有若干个可能的值与之相对应，这些 y 可能的变量值表现出一定的随机性、波动性，但它们却又总是按一定的分布规律围绕 y 的平均值（数学期望）而上下波动。这就是说，对于自变量 x 的某一确定的值，因变量 y 有一个平均值与之相对应。这种现象之间数量上为不确定的相关关系，从平均意义上说，已转化为数量上确定的函数关系，于是可借助函数关系的数学表达式来说明现象之间数量变动的统计规律性。根据相关关系的数学表达式与给定的自变量 x，揭示因变量 y 在数量上的平均变化和求得因变量的预测值的分析过程就是回归分析。

回归分析是对具有相应关系的两个或两个以上的变量之间数量变化的一般关系进行测定，确立一个相应的数学表达式，以便进行估计或预测的统计分析方法。用这个数学表达式可以近似地表达具有相互联系的变量之间的平均变化关系。通过建立回归方程可以根据自变量的数值推算因变量之值。

（二）回归分析的主要内容

1. 确定相关关系的数学表达式

把现象之间数量变化的一般关系用数学方程式来表达，可以进一步从量的方面来认识相关现象。如果现象之间表现为直线相关，则采用配合直线方程的方法；如果现象之间的相关关系表现为曲线相关，则采用配合曲线方程的方法。回归方程是进行回归预测和推算的依据。

2. 根据回归方程，由自变量的数值对因变量的相应值进行估计

使用配合直线或曲线的方法可以找到现象之间一般的变化关系，即自变量变化时，因变量一般会发生多大的变化。假定现象在未来某一时间仍以回归方程为规律进行发展变化的前提下，根据得出的直线方程或曲线方程可以给出自变量的数值，代入回归方程，计算出因变量的估计值或预测值。

3. 计算因变量估计值的误差

用数学方程式来表达现象数量变化一般关系后，根据这个关系式可以用给出的自变量的数值来计算出因变量的估计值。因变量估计值与实际值误差越大，就说明建立的数学方程式的代表性越小；因变量估计值与实际值误差越小，就说明建立的数学方程式的代表性越大。

（三）相关分析与回归分析的联系与区别

就一般意义而言，相关分析包括相关分析和回归分析两方面的内容，因为回归分析与相关分析都是研究两个变量相互关系的分析方法。但就具体分析方法所解决的问题而言，回归分析和相关分析是有明显差别的。

相关分析与回归分析是广义相关分析的两个阶段，两者有着密切的联系，具体如下。

（1）相关分析是回归分析的基础和前提条件。进行回归分析必须先进行相关分析，依靠相关分析的结果来表明现象的数量变化是否具有密切的相关关系，只有两个变量之间具有密切的关系，进行回归分析才具有意义，回归预测的代表性才有保障。当两个变量之间相关程度较低时，进行回归分析就没有存在的必要。

（2）回归分析是相关分析的继续和深入。相关分析的核心是计算相关系数。相关系数虽能确定两个变量之间相关方向和相关的密切程度，但却不能指出两个变量相互关系的具体形式，也无法从一个变量的变化来推测另一个变量的变化情况。因此，相关分析和回归分析是统计关于现象相互关系分析的不可或缺的两个分析阶段。

相关分析和回归分析也存在明显的区别，具体如下。

（1）相关分析可以不问两个变量的关系是因果关系，还是非因果关系，不必确定两变量中哪个是自变量，哪个是因变量。而回归分析则必须事先进行定性分析来确定两个变量中哪个是自变量，哪个是因变量。如果倒果为因，则计算和分析结果就会出现严重偏差。一般地说，回归分析是研究两个变量具有因果关系的数学形式。

（2）相关分析中两个变量可以都是随机的变量，而在回归分析中因变量是随机的，自变量是研究时可以控制的量，即在给定不同自变量数值的条件下，观察对应的因变量数值的变化情况，所以自变量不是随机变量。

（3）计算相关系数的两个变量是对等的，改变两者的地位并不影响相关系数的数值，所以只有一个相关系数。在实际经济生活中，也存在两个相关变量因果关系不太固定的情况，如工业产值依农业产值的变化有意义，而农业产值依工业产值的变化也有意义。工业产值和农业产值可以互为自变量。在回归分析中，对于这一种没有明显因果关系的两个变量，可以求得两个回归方程：一个为 x 依 y 的回归方程；另一个为 y 依 x 的回归方程。

需要注意的是，一个回归方程只能做出一种推算，即只能给出自变量的数值估计因变量的可能值，但却不能利用这个方程，给定因变量的值来推算自变量的值。尽管在数学形式上这样计算是可能的，但是在统计的实际意义上却是不允许的。

（四）回归分析的种类

回归分析按照其自变量数量的多少分为一元回归和多元回归。只有一个自变量的回归分析叫一元回归，又称简单回归。有两个或两个以上自变量的回归分析称为多元回归，或称复回归。

回归分析按照回归方程表现在坐标图上的形态的不同分为线性回归与非线性回归。仅就一元回归而言，线性回归也称直线回归，是指因变量与自变量之间的数量关系近似呈现为一条直线；非线性回归也称曲线回归，是指因变量与自变量之间的数量关系近似呈现为一条曲线。

二、一元线性回归模型的参数估计

如果两个变量呈现完全的直线相关关系，即两个变量的增长比率为常数时，则其变动的规律可用一条直线来说明，即 $y=a+bx$。

如果变量 y 的数值不仅受 x 变动的影响，还受其他随机因素的影响，x 与 y 的关系也就不会表现为完全的线性相关关系。通过相关图，可以直观地发现，并非各个相关点都落在一条直线上，而是在直线的上下波动，散布在一条直线的周围，即 x 与 y 仅呈线性相关的趋势。简单线性回归分析的任务就是在这些分散的具有线性关系的相关点之间配合一条最优的直线，用以说明现象之间的具体变动关系。

基于两个变量之间的数量变化常常是采取近似于一条直线的方式变动，因此，回归分析可以利用数学上线性分析的方法，配合一条直线进行统计分析，这条关于 x 与 y 的回归直线称为估计回归线。配合回归线的方程式称为回归方程式，一元线性回归方程表述为

$$\hat{y}=a+bx \tag{8.3}$$

式中：$\hat{y}$ 表示 y 的估计值；a 代表直线在纵轴上的截距，即当自变量 x 为 0 时因变量 y 在纵轴上的起点值；b 在数学上是直线的斜率，在回归分析中称为回归系数，它是一个平均性质的增减量，表示自变量 x 每增加一个单位时，因变量 y 平均增加的数量，而且它还反映自变量和因变量的变动方向。当 b 的符号为正时，表明自变量和因变量按相同方向变动；当 b 的符号为负时，表明自变量和因变量按相反的方向变动。a 和 b 都叫待定参数，可根据实际资料求解其数值，一旦计算出 a 和 b 的值，表明变量之间一般关系的回归直线就确定下来了。

在进行相关分析时，如果自变量与因变量对应的点大致散布在一条直线周围或计算出的相关系数具有显著的直线相关关系时，都可拟合一条回归直线。由于相关图上的散点仅是散布在一条直线的周围，近似于一条直线，其本身并不是一条标准的直线。因此，根据散点图上的点可连接若干条直线，其中的每一条都能在一定程度上说明或代表这些散点。同时，其中每一条都与这些散点之间存在着或大或小的误差。对两个变量进行一元线性回归分析的任务就是要设法在分散的、具有线性关系的相关点之间配合一条最优的直线，以表明两个变量之间具体的变动关系。在变量数列中，通常计算一个算术平均数作为分布的中心。对于相关联的两个变量 x 和 y，可分别计算其算术平均数 $\bar{x}$ 和 $\bar{y}$，在选择最理想的直线时，以通过($\bar{x}$ 和 $\bar{y}$)所对应的点来确定，这是因为点($\bar{x}$，$\bar{y}$)是各散点的中心，最理想的直线必然通过该散点。

然而，通过点($\bar{x}$，$\bar{y}$)仍然可以画若干条直线，其中哪条直线才是最理想的直线？

估计值 $\hat{y}$ 与实际值 y 之间是存在误差的，其误差首先表现为两者的离差，其离差有正有负。它们的代数和，就绝对值上说可以很小，甚至正负离差可能相互抵消后为 0。因此，分析应该立足于离差的平方上进行。

用最小平方法配合回归直线的基本思想：在所有的相关点中，通过数学方法配合一条较为理想的直线，这条直线必须满足以下两点。

（1）原数列与趋势线的离差之和为 0，即

$$\sum(y-\hat{y})=0$$

（2）原数列与趋势线的离差平方和为最小值，即

$$\sum(y-\hat{y})^2=\min$$

也就是说，这条直线与该相关图上的相关点（散点）的距离比任何其他直线与相关点的距离都小，所以，这条直线是最优的、最理想的回归直线。

用 Q 表示 y 对 $\hat{y}$ 的离差平方和，则

$$Q=\sum(y-\hat{y})^2=\sum(y-a-bx)^2=\min$$

要使 Q 值达到最小，其必要条件是它对 a 和 b 的一阶偏导数等于 0，即

$$\frac{\partial Q}{\partial a}=-2\sum(y-a-bx)=0$$

$$\frac{\partial Q}{\partial b}=-2\sum x(y-a-bx)=0$$

由此，可以整理成标准方程式

$$\begin{cases}\sum y=na+b\sum x\\\sum xy=a\sum x+b\sum x^2\end{cases}$$

进一步求解该标准方程组，可得

$$\begin{cases} b = \dfrac{n\sum xy - \sum x \sum y}{n\sum x^2 - (\sum x)^2} \\ a = \bar{y} - b\bar{x} = \dfrac{\sum y}{n} - b\dfrac{\sum x}{n} \end{cases} \quad (8.4)$$

【例 8-3】以表 8-2 的资料为例，对该企业产品销售额与销售利润的有关资料进行回归分析。

$$b = \frac{n\sum xy - \sum x \sum y}{n\sum x^2 - (\sum x)^2}$$

$$= \frac{8 \times 381\,980 - 6\,620 \times 406.5}{8 \times 6\,096\,800 - (6\,620)^2} = \frac{364\,810}{4\,950\,000} = 0.07$$

$$a = \frac{\sum y}{n} - b\frac{\sum x}{n}$$

$$= \frac{406.5}{8} - 0.07 \times \frac{6\,620}{8} = 50.81 - 0.07 \times 827.5 = -7.12$$

所以，$\hat{y} = a + bx = -7.12 + 0.07x$。

在此方程中，回归系数 b 的含义是：当产品销售额每增加 1 万元时，销售利润平均增加 0.07 万元。

将表 8-2 中自变量（产品销售额）的每一个数值代入所得方程即可得出因变量（销售利润）的对应估计值，如表 8-3 所示。

表 8-3　回归估计值计算表

企业编号	产品销售额 x/万元	销售利润 y/万元	$\hat{y} = -7.12 + 0.07x$
1	430	22.0	22.98
2	480	26.5	26.48
3	650	32.0	38.38
4	740	44.0	44.68
5	950	64.0	59.38
6	1 000	69.0	62.88
7	1 170	72.0	74.78
8	1 200	77.0	76.88

三、一元线性回归模型的拟合效果

（一）估计标准误差

由表 8-3 可知：因变量的估计值 $\hat{y}$ 的大小与实际观察值 y 是不等的，它们存在一定的误差。在根据所配合的回归直线方程式推算出各个估计值 $\hat{y}$ 后,其估计的可靠性如何,则要通过计算估计标准误差来判断。

估计标准误差是用来说明回归方程代表性大小的统计分析指标,其计算原理与前述标准差基本相同,估计标准误差说明估计理论值的代表性。若估计标准误差越小,表明回归方程估计准确程度越高,则方程的代表性就越大;若估计标准误差越大,表明回归方程估计准确程度越低,则方程的代表性就越小。只有在估计标准误差小的情况下,用回归方程做估计或预测才具有实际价值。

估计标准误差的计算原理与标准差基本相同,其计算公式为

$$S_e = \sqrt{\frac{\sum(y-\hat{y})^2}{n-2}} \tag{8.5}$$

式中:S_e 为估计标准误差;$n-2$ 为自由度,因为一元线性回归方程中有两个参数,在利用 n 个样本点来拟合一元线性回归方程时,样本数据就有了两个约束条件,从而就失去了两个自由度。

【例 8-4】以表 8-3 的资料来说明估计标准误差的计算方法,如表 8-4 所示。

表 8-4 估计标准误差计算表

企业编号	产品销售额 x/万元	销售利润 y/万元	$\hat{y}$	$(y-\hat{y})$	$(y-\hat{y})^2$
1	430	22.0	22.98	-0.98	0.96
2	480	26.5	26.48	0.02	0.00
3	650	32.0	38.38	-6.38	40.70
4	740	44.0	44.68	-0.68	0.46
5	950	64.0	59.38	4.62	21.34
6	1 000	69.0	62.88	6.12	37.45
7	1 170	72.0	74.78	-2.78	7.73
8	1 200	77.0	76.88	0.12	0.01
合 计	6 620	406.5	—	—	63.46

注:表中数值"0.00"因保留了两位小数与实际数值存在一定误差。

把计算结果代入式(8.5)可得

$$S_e = \sqrt{\frac{\sum(y-\hat{y})^2}{n-2}} = \sqrt{\frac{63.46}{8-2}} = 3.25(万元)$$

计算结果表明,估计标准误差是 3.25 万元,即对于每一个企业的销售利润来说,其回归估计值的误差有大有小,但平均起来误差就等于 3.25 万元。

(二)判定系数

在直线回归分析中,可以看到因变量 y 的取值各不相同,从例 8-4 来说,就是销售利润的数值大小各不相同。y 值波动产生的原因主要有两个方面:一是受自变量 x 变动的影

响；二是受其他因素（如观察和实验中产生的误差）的影响。为了分析这两个方面的影响，需要对总误差进行分解分析。

对于每个观察值来说，误差的大小可以通过实际观察值 y 与其平均数 $\bar{y}$ 的离差 $(y-\bar{y})$ 来表示，而全部观察值的误差可以由这些误差的平方和 $\sum(y-\bar{y})^2$ 来表示，称为因变量的总误差平方和。每个观察值的误差由两部分构成，即

$$y-\bar{y}=(y-\hat{y})+(\hat{y}-\bar{y})$$

式中：$(y-\bar{y})$ 称为总误差，是每个具体的 y 值与其平均值 $\bar{y}$ 之间的误差；$(\hat{y}-\bar{y})$ 称为回归误差，表明这部分误差与 x 有关，是可以由 x 得到解释和说明的误差；$(y-\hat{y})$ 称为估计误差，是配合回归直线后残留的误差量，也叫剩余误差，它是由 x 以外的许多不能控制或掌握的内外因素而引起的偶然性误差。

将上式两边平方，再对所有观察点求和，则可得

$$\begin{aligned}\sum(y-\bar{y})^2 &= \sum[(y-\hat{y})+(\hat{y}-\bar{y})]^2 \\ &= \sum(y-\hat{y})^2+\sum(\hat{y}-\bar{y})^2+2\sum(y-\hat{y})(\hat{y}-\bar{y})\end{aligned}$$

由于 $\sum(y-\hat{y})(\hat{y}-\bar{y})=0$，所以总误差平方和可以分解为两个部分

$$\sum(y-\bar{y})^2=\sum(y-\hat{y})^2+\sum(\hat{y}-\bar{y})^2 \tag{8.6}$$

即　　　　　　　　总误差平方和=剩余平方和+回归平方和

将等式（8.6）两端同时除以 $\sum(y-\bar{y})^2$，得

$$\frac{\sum(y-\hat{y})^2}{\sum(y-\bar{y})^2}+\frac{\sum(\hat{y}-\bar{y})^2}{\sum(y-\bar{y})^2}=1$$

由上式可以看出，在总误差平方和中，回归平方和所占比例大，相应的剩余平方和所占比例就小，这时所有观察点离回归直线就越近，x 与 y 的线性相关关系就越密切。如果剩余平方和为 0，表明所有观察点全部落在回归直线上。则

$$\frac{\sum(\hat{y}-\bar{y})^2}{\sum(y-\bar{y})^2}=1$$

这时因变量 y 产生的差异完全由自变量 x 的变动所引起，x 与 y 的关系是完全相关；若回归平方和所占比例小，剩余平方和所占比例就大，此时所有观察点离回归直线就越远，x 与 y 的关系程度就越低。当回归平方和为 0 时，x 与 y 的关系是零相关。

一般情况下，因变量 y 的变化除了受自变量 x 的影响外，还有其他未能解释其原因的因素在起作用。因此，在观察点不全在回归线上，而是呈现上下波动的情况下，x 与 y 的相关关系密切程度主要是依据 $\sum(\hat{y}-\bar{y})^2/\sum(y-\bar{y})^2$ 值的大小来决定，该值在回归分析中被

称为判定系数，用 r^2 来表示，其计算公式为

$$r^2 = \frac{\sum(\hat{y}-\bar{y})^2}{\sum(y-\bar{y})^2} \tag{8.7}$$

r^2 的变动范围为 $0 \leqslant r^2 \leqslant 1$，$r^2$ 越接近于 1，表明两个变量的相关程度越高；r^2 越接近于 0，表明两个变量的相关程度越低。由此可见，判定系数 r^2 实际上是解释由自变量 x 变化而引起的因变量 y 的变化所产生差异的大小，它也是判断变量之间相关程度的一个重要指标。事实上，就一元线性相关关系而言，判定系数 r^2 就是其相关系数的平方。

【例 8-5】根据表 8-3 的资料计算判定系数，如表 8-5 所示。

表 8-5　判定系数计算表

企业编号	销售利润 y/万元	$\hat{y}$	$\hat{y}-\bar{y}$	$(\hat{y}-\bar{y})^2$	$(y-\bar{y})$	$(y-\bar{y})^2$
1	22.0	22.98	−27.83	774.51	−28.81	830.02
2	26.5	26.48	−24.33	591.95	−24.31	590.98
3	32.0	38.38	−12.43	154.50	−18.81	353.82
4	44.0	44.68	−6.13	37.58	−6.81	46.38
5	64.0	59.38	8.57	73.44	13.19	173.98
6	69.0	62.88	12.07	145.68	18.19	330.88
7	72.0	74.78	23.97	574.56	21.19	449.02
8	77.0	76.88	26.07	679.64	26.19	685.92
合　计	406.5	—	—	3 031.86	—	3 240.64

$$r^2 = \frac{\sum(\hat{y}-\bar{y})^2}{\sum(y-\bar{y})^2} = \frac{3\,031.86}{3\,240.64} = 0.971$$

这表明，在因变量 y（企业销售利润）的总误差中有 94% 可以由自变量 x（产品销售额）的变动来解释。

（三）估计标准误差与判定系数、相关系数的关系

估计标准误差与判定系数、相关系数之间存在着密不可分的关系，在数量上可以相互推算。在样本量 n 充分大的情况下，它们之间的近似关系为

$$r = \sqrt{1-\frac{S_e^2}{\sigma_y^2}} \tag{8.8}$$

$$S_e = \sigma_y \sqrt{1-r^2} \tag{8.9}$$

在一元线性相关分析中，一般不常用式（8.8）计算相关系数，因为这种计算方法存在两个不足：一是需要先求出回归直线方程，计算出估计标准误差，才能求得相关系数，而从一般的认识程序来看，只有在相关关系较密切的前提下，配合回归方程才有意义，如果

相关关系不够密切，回归分析就没有进行的必要，因而要求先计算相关系数来判断相关关系的密切程度；二是以这种方法计算出的 r 难以判断是正相关还是负相关。

式（8.8）和式（8.9）的意义在于：从这两个公式中可以看出 $|r|$（或 r^2）和 S_e 的变化方向是相反的。当 r 越大时，S_e 就越小，这时变量之间相关关系的密切程度就较高，回归直线的代表性就较大；当 r 越小时，S_e 就越大，这时变量之间相关关系的密切程度就较低，回归直线的代表性就较小。

四、一元线性回归模型的显著性检验

在配合回归直线时，是假设 x 与 y 之间的关系近似为线性关系，这种假设是否真实还必须经过检验。一般来说，回归分析中的假设检验包括两方面的内容：一是线性相关关系的检验，即检验自变量和因变量之间的关系能否用一个线性模型来表示；二是回归系数的检验，当线性关系的检验通过后，回归系数检验的实际意义就是要检验每个自变量对因变量的影响程度是否显著。在简单回归分析中，自变量的个数只有一个，这两种检验是统一的。而在多元回归分析中，这两种检验的意义则不相同。

1. 线性相关关系的检验

根据样本观察资料所计算的相关系数是样本相关系数 r。由于样本的随机性，样本相关系数与总体相关系数（ρ）之间总存在一定的差异。样本相关系数不等于0，有可能是由于随机原因造成的，并不能说明总体相关系数也肯定不等于0。但根据抽样原理，样本相关系数 r 的大小与总体相关系数 ρ 有关，$|r|$ 或 r^2 的值越大，说明变量之间总体相关关系存在的可能性就越大。但 $|r|$ 或 r^2 的数值要多大才能断定变量之间的总体线性关系显著呢？仅从样本相关系数或判定系数本身来考虑是不行的，还必须进行统计检验。

总体相关显著性检验实际上就是对下列假设进行检验。
（1）零假设 H_0：$\rho=0$（总体相关系数等于0即不存在总体线性相关关系）。
（2）备择假设 H_1：$\rho \neq 0$（总体相关系数不等于0即存在总体线性相关关系）。
在简单线性相关条件下，检验 H_0 的统计量为

$$F = \frac{\sum(\hat{y}-\bar{y})^2}{\sum(y-\hat{y})^2/(n-2)} \tag{8.10}$$

或

$$F = \frac{r^2}{(1-r^2)/(n-2)} \tag{8.11}$$

统计量 F 在 H_0 条件下服从分布 $F_{(1,n-2)}$。决策规则是：若 $F \leq F_{\alpha(1,n-2)}$，则接受 H_0；若 $F > F_{\alpha(1,n-2)}$，则接受 H_1。$F_{\alpha(1,n-2)}$ 是在显著性为 α 水平下第一自由度为1、第二自由度为 $(n-2)$ 的 F 统计量的临界值。

【例8-6】仍以表8-3的资料为例，前面已经计算出了 r^2 为0.94，从判定系数来看，方

程对样本数据的拟合效果很好。试对产品销售量和销售利润之间总体相关性进行显著性检验，令显著性水平 $\alpha = 0.05$。

已知 $n = 8$，查 F 分布表，得临界值 $F_{0.05(1,6)} = 5.99$。

由式（8.11）可得

$$F = \frac{r^2}{\frac{1-r^2}{n-2}} = \frac{0.94}{\frac{1-0.94}{8-2}} = 94$$

因为 $F = 94 > F_{0.05(1,6)}$，所以拒绝 H_0，接受 H_1，说明产品销售量和销售利润之间存在显著的线性相关关系。

2. 回归系数的检验

回归系数的检验就是检验各个自变量对因变量的影响是否显著。只有通过了线性关系的检验，才能进行回归系数的检验。在简单回归分析中，只有一个自变量 x，回归系数检验就是要根据样本回归系数 b 对总体回归系数（β）进行检验，也就是对下列假设进行显著性检验：

（1）零假设 H_0：$\beta = 0$（自变量 x 对因变量 y 的影响不显著）。
（2）备择假设 H_1：$\beta \neq 0$（自变量 x 对因变量 y 的影响是显著的）。

检验统计量为

$$t = \frac{b}{S(b)} \tag{8.12}$$

式中：$S(b) = \hat{\sigma} \dfrac{1}{\sqrt{\sum (x-\bar{x})^2}}$ 是 b 的标准差 $\sqrt{D(b)}$ 的估计量，$\hat{\sigma}$ 是总体标准差 σ 的估计量，即估计标准误差 S_e，可由式（8.5）计算。

在原假设 H_0 成立的情况下，有 $t \sim t(n-2)$，若给定显著水平 α，则 t 的临界值为 $t_{\alpha/2}(n-2)$，并有 $P[|t| \leq t_{\alpha/2}(n-2)] = 1-\alpha$。若 $|t| \leq t_{\alpha/2}(n-2)$，则接受 H_0；若 $|t| > t_{\alpha/2}(n-2)$，则接受 H_1。β 的 $100(1-\alpha)\%$ 的置信区间为

$$[b \pm t_{\alpha/2}(n-2) S(b)] \tag{8.13}$$

【例 8-7】 例 8-3 中销售利润与销售额的回归方程为 $\hat{y} = a + bx = -7.12 + 0.07x$，$\sum (x-\bar{x})^2 = 618\,750$，$\hat{\sigma} = S_e = 3.25$，试求用 0.05 的显著性水平检验回归系数的显著性。

H_0：$\beta = 0$，H_1：$\beta \neq 0$

$$S(b) = \hat{\sigma} \frac{1}{\sqrt{\sum (x-\bar{x})^2}} = 3.25 \times \frac{1}{\sqrt{618\,750}} = 0.004$$

$$t = \frac{b}{S(b)} = \frac{0.07}{0.004} = 17.5$$

因为 $|t|=17.5>t_{0.025}(6)=2.447$，所以在 0.05 显著性水平下拒绝 H_0，接受 H_1，即销售额对销售利润的影响是显著的。

置信度为 95% 时，β 的置信区间为：$[b \pm t_{\alpha/2}(n-2)S(b)]$，即 $[0.07 \pm 2.447 \times 0.004]$，即置信区间为 $[0.06, 0.08]$。

五、一元线性回归模型的应用

若回归方程具有较高的拟合程度，自变量与因变量之间被检验具有显著的线性关系以后，就可以根据拟合的回归方程，由 x 的某一个值 x_0 去预测因变量 y 的相应值 y_0。回归预测有点预测和区间预测两种。

1. 点预测

当利用样本资料计算得到的一元线性回归方程 $\hat{y}=a+bx$ 被检验通过之后，可以认为该方程大致反映了变量 y 随变量 x 变化的规律。但由于 x 与 y 之间的关系不确定，因而对于给定的 x 的某一个值 x_0，根据回归方程，也只能得到对应的 y_0 的估计值

$$\hat{y}_0 = a + bx_0$$

点预测的优点是计算简便，但这种预测不能给出误差的大小，也不能给出置信度。因此，还需要进行区间预测。

2. 区间预测

区间预测就是对于给定的置信度 $(1-\alpha)$，给出与 $x=x_0$ 相对应的 y_0 的取值置信区间。置信区间上下限的公式为

$$\hat{y}_0 \pm t_{\alpha/2}(n-2)S_e\sqrt{1+\frac{1}{n}+\frac{(x_0-\bar{x})^2}{\sum(x-\bar{x})^2}} \tag{8.14}$$

式中：$t_{\alpha/2}(n-2)$ 是从 t 分布的临界值表中查到的临界值；S_e 为估计标准误差。

对于大样本，$t_{\alpha/2}(n-2)$ 可用 $Z_{\alpha/2}$ 近似，式（8.14）中的根式近似为 1，这时，区间预测公式将简化为

$$\hat{y}_0 \pm Z_{\alpha/2}S_e \tag{8.15}$$

式中：$Z_{\alpha/2}$ 为显著水平为 α 时从标准正态分布表中查得的临界值。

【例 8-8】利用表 8-4 和表 8-5 的资料进行回归预测。(1) 求当产品销售额为 1 250 万元时，估计销售利润是多少？(2) 求当产品销售额为 1 250 万元时，估计销售利润的置信度为 0.95 的置信区间。

(1) 根据例 8-3 中得到的回归方程，可知当 $x_0=1\,250$ 万元时，对应的 y_0 的点预测值为：$\hat{y}_0 = a+bx_0 = -7.12+0.07\times 1\,250 = 80.38$（万元）

(2) 将表 8-5 中计算出的有关数据和例 8-4 的结果代入式（8.14），当 $\alpha=0.05$，$n=8$ 时，查 t 分布的临界值表得 $t_{\alpha/2}(n-2)=t_{0.025}(6)=2.447$

$$(x_0 - \overline{x})^2 = (1\,250 - 827.5)^2 = 178\,506.25$$

$$\sum(x - \overline{x})^2 = \sum x^2 - n\overline{x}^2 = 6\,096\,800 - 8 \times 827.5^2 = 618\,750$$

则 $80.38 \pm 2.447 \times 3.25 \times \sqrt{1 + \dfrac{1}{8} + \dfrac{178\,506}{618\,750}} = 80.38 \pm 3.86$

即 76.52 万元 $\leqslant y_0 \leqslant 83.63$ 万元。

第四节 多元线性回归分析

一、多元线性回归模型的参数估计

在许多实际问题中，一个现象的变动往往要受多种现象变动的影响。例如，消费支出除了受本期收入水平的影响外，还受物价水平、以前收入水平以及预期收入水平等因素的影响。因此，在进行回归分析时，要对多个变量之间的关系进行研究，这就要进行多元回归分析。这里仅讨论多个变量之间近似呈线性关系的情况。

对因变量与两个以上自变量之间的线性关系的回归分析称为多元线性回归分析。用于表现多个变量之间线性关系的数学模型称为多元线性回归模型，其一般形式可写为

$$Y = \beta_0 + \beta_1 X_1 + \beta_2 X_2 + \cdots + \beta_k X_k + u \tag{8.16}$$

式中：Y 为因变量，X_1，X_2，$\cdots$，X_k 为自变量，k 为自变量个数。β_0, β_1, β_2, $\cdots$, β_k 是模型的总体参数，其中 β_0 是模型的常数项，β_1，β_2，$\cdots$，β_k 是总体回归系数。$\beta_j (j = 1, 2, \cdots, k)$ 表示在其他自变量保持不变的情况下，自变量 X_j 变动一个单位所引起的因变量 Y 平均变动的数量，因而也称之为偏回归系数。

式（8.16）中，u 为随机误差项，简称误差项。它表示除了模型中的 k 个自变量以外的其他各种随机因素对因变量的影响。随机误差项 u 是无法直接观测和估计的，为了进行回归分析，通常需要对其提出一些假定，主要假定包括如下几个。

假定 1：误差项的期望值为 0，即对于任意观测点 i 都有

$$E(u_i) = 0$$

假定 2：误差项的方差为常数，即对所有的观测点 i 总有

$$\mathrm{Var}(u_i) = \sigma^2$$

假定 3：误差项之间不存在序列相关关系，其协方差为 0，即当 $i \neq j$ 时有

$$\mathrm{Cov}(u_i, u_j) = 0$$

假定 4：自变量是给定的变量，与随机误差项线性无关。

假定 5：随机误差项服从正态分布。

假定 6：自变量之间不能具有较强的线性关系。

实际上，以上假定中前五条对一元线性模型也适用。符合以上假定的线性回归模型称为标准的线性回归模型。关于不符合以上假定条件下的分析方法，属于计量经济学的研究内容，对此本书不做进一步的讨论。

总体参数 $\beta_0, \beta_1, \beta_2, \cdots, \beta_k$ 是未知的，多元线性回归分析的首要任务就是要利用有关的样本观测值对它们进行估计。若估计值分别用 $\hat{\beta}_0, \hat{\beta}_1, \hat{\beta}_2, \cdots, \hat{\beta}_k$ 表示，则因变量与 k 个自变量之间数量变动的一般关系可表示为

$$\hat{Y} = \hat{\beta}_0 + \hat{\beta}_1 X_1 + \hat{\beta}_2 X_2 + \cdots + \hat{\beta}_k X_k \tag{8.17}$$

式（8.17）就是我们要根据样本数据来拟合的多元线性回归方程。求其估计值的原理方法与一元线性回归方程参数估计的原理方法类似，只不过自变量由一个增加到了多个，待估计的参数也相应增加了。同样可采用最小二乘法，即最理想的估计值应满足残差平方和为最小的条件，亦即

$$\begin{aligned} Q &= \sum (Y_t - \hat{Y}_t)^2 \\ &= \sum (Y - \hat{\beta}_0 - \hat{\beta}_1 X_1 - \hat{\beta}_2 X_2 - \cdots - \hat{\beta}_k X_k)^2 \end{aligned} \tag{8.18}$$

所求估计值 $\hat{\beta}_0, \hat{\beta}_1, \hat{\beta}_2, \cdots, \hat{\beta}_k$ 应使式（8.18）的 Q 达到最小。根据微积分中求极小值的原理，可将 Q 分别对 $\hat{\beta}_0, \hat{\beta}_1, \hat{\beta}_2, \cdots, \hat{\beta}_k$ 求偏导数并令其都等于 0，加以整理后可得到以下 $(k+1)$ 个方程式组成的一个方程组

$$\begin{cases} \sum Y = n\hat{\beta}_0 + \hat{\beta}_1 \sum X_1 + \hat{\beta}_2 \sum X_2 + \cdots + \hat{\beta}_k \sum X_k \\ \sum X_1 Y = \hat{\beta}_0 \sum X_1 + \hat{\beta}_1 \sum X_1^2 + \hat{\beta}_2 \sum X_1 X_2 + \cdots + \hat{\beta}_k \sum X_1 X_k \\ \sum X_2 Y = \hat{\beta}_0 \sum X_2 + \hat{\beta}_1 \sum X_1 X_2 + \hat{\beta}_2 \sum X_2^2 + \cdots + \hat{\beta}_k \sum X_2 X_k \\ \cdots \\ \sum X_k Y = \hat{\beta}_0 \sum X_k + \hat{\beta}_1 \sum X_1 X_k + \hat{\beta}_2 \sum X_2 X_k + \cdots + \hat{\beta}_k \sum X_k^2 \end{cases} \tag{8.19}$$

方程组（8.19）称为正规方程组或标准方程组。不难看出，求多元线性回归方程的标准方程组是求一元线性回归方程的标准方程组的扩展。通过解这一方程组便可以求出多元回归线性方程的参数估计值 $\hat{\beta}_0, \hat{\beta}_1, \hat{\beta}_2, \cdots, \hat{\beta}_k$。在依靠手工计算的时代，这一求解过程是很烦琐的，一般需要运用矩阵运算来求得。在电子计算机技术十分发达和普及的今天，有关的计算早已成为一件相当简单的事情。Excel 的数据分析就提供了进行多元线性回归分析的工具，详见本章第五节的介绍。

二、多元线性回归模型的拟合效果

多元线性回归模型同样可以用估计标准误差、判定系数等指标来评价其拟合效果。其

计算原理与一元线性回归分析的计算原理基本相同。

（一）估计标准误差

由于存在随机误差的影响，根据多元线性回归方程得到的因变量估计值 $\hat{y}$ 与实际观察值 y 之间总是存在一定误差，综合反映这种误差大小通常可用估计标准误差。多元线性回归方程的估计标准误差的计算公式为

$$S_e = \sqrt{\frac{\sum(y-\hat{y})^2}{n-k-1}} \tag{8.20}$$

式中：n 为样本观测值的个数；k 为回归方程中参数的个数。在 k 元线性回归模型中，标准方程组有 $(k+1)$ 个方程式，从而利用 n 个样本点来拟合回归方程时就有 $(k+1)$ 个约束条件，因此其自由度为 $(n-k-1)$。

同样，估计标准误差 S_e 越小，表明样本回归方程的代表性越强，回归估计值的准确程度越高。

Excel 的"回归"分析工具提供了估计标准误差的计算结果，详见本章第五节的介绍。

（二）判定系数和复相关系数

在一元线性回归分析中，我们用判定系数 r^2 来衡量所估计的回归方程对样本观测值的拟合程度。在多元线性回归分析中，为了说明所估计的回归方程对样本观测值的拟合程度，同样也可以将因变量 Y 的总离差平方和分解为回归平方和与残差平方和两部分。其中，总离差平方和 $\sum(y-\bar{y})^2$ 反映了因变量观测值总离差的大小；回归平方和 $\sum(\hat{y}-\bar{y})^2$ 反映了因变量回归估计值总离差的大小，它是因变量观测值总离差中由自变量解释的那部分离差；残差平方和 $\sum(y-\hat{y})^2$ 反映了因变量观测值与回归估计值之间的总离差，是因变量观测值总离差中未被自变量解释的那部分。显然，回归平方和越大，残差平方和就越小，从而回归方程对样本观测值的拟合程度就越高。

多元线性回归分析中，回归平方和与总离差平方和的比值称为判定系数（也称为多重判定系数），用 R^2 表示，其计算公式为

$$R^2 = \frac{\sum(\hat{y}-\bar{y})^2}{\sum(y-\bar{y})^2} \tag{8.21}$$

判定系数 R^2 是介于 0~1 的一个小数，R^2 越接近 1，回归方程对样本数据的拟合程度就越好，同时也说明回归方程中自变量对因变量的联合影响程度越大，因变量与自变量之间的相关程度越高；反之，R^2 越接近 0，回归方程对样本数据的拟合程度就越差，同时也说明回归方程中自变量对因变量的联合影响程度越小，因变量与自变量之间的相关程度越低。

在样本容量一定的情况下，判定系数是回归模型中自变量个数的不减函数，随着模型中自变量的增加，判定系数 R^2 的值就会变大。这会给人们一个错觉：只要增加自变量，就

会改善模型拟合效果。但是,增加自变量必定使得待估参数的个数增加,损失自由度,从而增加估计误差、降低估计的可靠度。为此,需要用自由度对判定系数 R^2 进行修正,修正的判定系数记为 $\bar{R}^2$,其计算公式为

$$\bar{R}^2 = 1-(1-R^2)\frac{n-1}{n-k-1} \tag{8.22}$$

式中:n 为样本量;k 为自变量个数。

由于 $k \geqslant 1$,所以 $\bar{R}^2 < R^2$,随着自变量个数 k 的增加,$\bar{R}^2$ 将明显小于 R^2。同样,$\bar{R}^2$ 越大,表明回归方程对样本数据的拟合程度就越好,因变量与自变量之间的相关程度越高。

可见,在多元的场合,因变量与自变量之间的相关程度的测定是以回归分析为基础的。测定多元相关关系的密切程度,除了可以用判定系数或修正的判定系数外,还可以用复相关系数。复相关系数等于判定系数的平方根,记为 R,其计算公式为

$$R = \sqrt{\frac{\sum(\hat{y}-\bar{y})^2}{\sum(y-\bar{y})^2}} \tag{8.23}$$

复相关系数的取值区间为 $0 \leqslant R \leqslant 1$。$R=1$,表明 Y 与 X_1,X_2,$\cdots$,X_k 之间存在完全确定的线性关系;$R=0$,则表明 Y 与 X_1,X_2,$\cdots$,X_k 之间不存在任何线性相关关系。一般情况下,R 的取值介于 $0 \sim 1$,表明变量之间存在一定程度的线性相关关系。需要注意的是,在多元的情况下,一个变量 Y 与其他多个变量之间既可能有正相关,又可能有负相关,但由式(8.23)计算的复相关系数只能取正值。因此,复相关系数只能反映因变量 Y 与多个自变量 X_1,X_2,$\cdots$,X_k 之间线性相关的密切程度,而不能反映其相互之间线性相关的方向。

Excel 的"回归"分析工具也提供了复相关系数、多重判定系数和修正的判定系数的计算结果,详见本章第五节的介绍。

三、多元线性回归模型的显著性检验

多元线性回归方程的显著性检验包括两方面的内容:回归方程的显著性检验和回归系数的显著性检验。

(一)回归方程的显著性检验

在多元线性回归分析中,回归方程的显著性检验就是要检验样本量与多个自变量的线性关系是否显著,其实质就是判断因变量总离差平方和中回归平方和与残差平方和的比值的大小问题。考虑到样本容量和自变量个数的影响,这一检验是在方差分析的基础上利用 F 检验进行的。具体步骤可归纳如下。

(1)假设总体回归方程不显著,即待检验的零假设为

$$H_0: \beta_1 = \beta_2 = \cdots = \beta_K = 0$$

(2) 检验统计量 F 为

$$F = \frac{\sum(\hat{y}-\bar{y})^2/(k-1)}{\sum(y-\hat{y})^2/(n-k)} \tag{8.24}$$

在随机误差项服从正态分布同时原假设成立的条件下，上述统计量 F 服从于自由度为 $(k-1)$ 和 $(n-k)$ 的 F 分布。

通常可将回归平方和、残差平方和及其自由度与检验统计量 F 的数值都显示在方差分析表中，如表 8-6 所示。

表 8-6 回归模型的方差分析表

离差来源	平方和	自由度	方差	F
回归	$SSR=\sum(\hat{y}-\bar{y})^2$	$k-1$	$SSR/(k-1)$	$\dfrac{SSR/(k-1)}{SSE/(n-k)}$
残差	$SSE=\sum(y-\hat{y})^2$	$n-k$	$SSE/(n-k)$	
总离差	$SST=\sum(y-\bar{y})^2$	$n-1$		

(3) 根据自由度和给定的显著性水平 α，查 F 分布表中临界值 F_a。当 $F>F_a$ 时，拒绝原假设，即认为总体回归模型中自变量与因变量的线性关系显著；当 $F<F_a$ 时，接受原假设，即自变量与因变量的线性关系不显著，因而所建立的回归方程没有意义。

(二) 回归系数的显著性检验

在一元回归分析中，自变量只有一个，回归方程显著，也就等价于回归系数显著。但在多元线性回归中，由于自变量不止一个，通过 F 检验后只能说明 k 个总体回归系数不全为 0，即至少有一个自变量对因变量有显著影响，并不能说明所有的自变量都对因变量有显著影响。因此，还需要进一步对每一个回归系数进行显著性检验。一般来说，当发现某个自变量的线性影响不显著时，应将其从多元线性回归模型中剔除，以尽可能少的自变量达到尽可能高的拟合效果。

回归系数检验的零假设 $H_0: \beta=0$。其检验原理和基本步骤与一元回归模型基本相同，同样采用 t 检验，这里仅给出检验统计量 t 的一般计算公式为

$$t = \frac{\hat{\beta}_j}{S_{\hat{\beta}_j}} \quad (j=1, 2, \cdots, k) \tag{8.25}$$

式中：$\hat{\beta}_j$ 是自变量 X_j 对应的回归系数估计值；$S_{\hat{\beta}_j}$ 是估计量 $\hat{\beta}_j$ 的标准差的估计值。

给定显著性水平 α，可查 t 分布的临界值表中自由度为 $(n-k-1)$ 对应的临界值 $t_{\alpha/2}$，若 $|t| \geq t_{\alpha/2}$，就拒绝 H_0，说明在其他自变量不变的情况下，自变量 x_j 对因变量 y 的影响是显著的；反之，若 $|t|<t_{\alpha/2}$，就不能拒绝 H_0，说明在其他自变量不变的情况下，自变量 x_j 对因变量 y 的影响不显著。也可以用 t 值对应的 P 值来判断：P 值越小，表明总体回归系数 $\hat{\beta}_j$ 为 0 的可能性越小；P 值 $<\alpha$，即表明相应的自变量 x_j 对因变量 y 的影响是显著的。

Excel 的"回归"分析工具也提供了回归方程和回归系数的显著性检验的各项结果，详见本章第五节的介绍。

在通过各种检验的基础上，多元线性回归模型可用于分析和预测。多元线性回归预测与一元线性回归预测的原理是一致的，这里不再赘述。

第五节　Excel 在相关与回归分析中的应用

一、利用 Excel 绘制相关图

利用 Excel 的图表向导可绘制两个变量的相关图（散点图）。下面以例 8-1 的数据为例，说明利用图表向导绘制相关图（见图 8-2）的具体步骤。

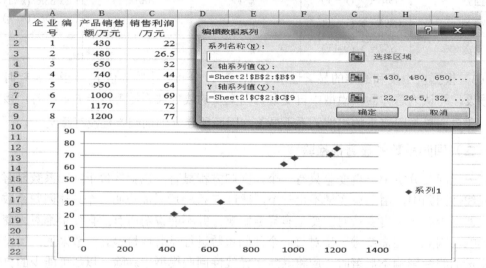

图 8-2　利用 Excel 制作相关图

（1）输入数据，本例中作为 X 的变量是产品销售额，其数据位于单元格 B2~B9；作为 Y 的变量是销售利润，其数据位于单元格 C2~C9。为了后面操作方便，一般把变量 X、Y 的数据置于相邻的两列，且 X 在前、Y 在后。

（2）可先用鼠标框定数据区域（本例中的 C2~C9），再选择菜单栏的"插入"，在图表区域选择"XY 散点图"，选择其中第一个子图，即可得到散点图。

（3）若先选择菜单栏的"插入"→"XY 散点图"命令，选择其中的第一个子图，则会弹出空白图表，在其中单击鼠标右键，选择"选择数据"命令，在弹出的"选择数据源"对话框中，在最上方的"图表数据区域"栏指定数据区域（本例中的 C2~C9，也可用鼠标框定），或者单击"添加"（修改图形时，可单击"编辑"），在"编辑数据系列"中指定 X 和 Y 的数据所在区域，即可输出散点图，如图 8-2 所示。

（4）在初步生成的图表中可添加"标题""数据标签"，修改数据系列格式、坐标轴格式等。本例输出的相关图如图 8-2 所示。

二、利用 Excel 计算简单相关系数

下面仍以例 8-1 的数据来说明利用 Excel 计算简单相关系数（指两个变量之间的线性相关系数）的具体操作步骤。

（1）在工作表中分别输入各个变量的数据，本例中产品销售额的数据位于单元格 B2～B9；销售利润的数据位于单元格 C2～C9。

（2）选择"数据"→"数据分析"命令，在"数据分析"的工具库中选择"相关系数"后单击"确定"按钮；在弹出的"相关系数"对话框的"输入区域"数值框中输入样本数据所在区域，本例中输入"$B$1:$C$9"或"B1:C9"（也可使用鼠标来选定），在"分组方式"栏中选中"逐列"单选按钮（如果变量的数据是按行放置的，就选中"逐行"单选按钮）；如果输入区域的第一行（列）为变量名，就选中"标志位于第一行（列）"复选框，否则不选此项；在"输出区域"数值框中指定输出结果的起点位置，本例中输入"$B$11"或"B11"，如图 8-3 所示。

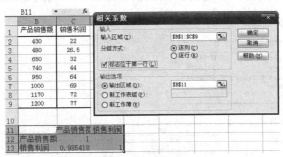

图 8-3　用 Excel 计算简单相关系数

（3）最后单击"确定"按钮即可得到相关系数（如图 8-3 中左下区域）。本例中，产品销售额与销售利润之间的相关系数为 0.985 418。

使用统计函数 CORREL 也可以计算两个变量之间的相关系数。本教材对其使用方法不再赘述。建议读者使用"数据分析"中的相关系数工具，这不仅是因为该工具的操作更加简便、直观，而且使用该工具所得到的输出结果实际上是一个相关系数矩阵，即两两之间的相关系数。对角线上的数值都是 1（各个变量与其自身当然是完全相关）。在多元线性相关分析中，这一工具的优越性更加突出。得到多个变量之间的相关系数矩阵的操作方法与上面相同。

三、利用 Excel 进行一元线性回归分析

下面仍以例 8-1 的数据来说明利用 Excel 建立回归方程和有关结果的具体操作步骤。

（1）在工作表中分别输入各个变量的数据，本例中产品销售额的数据位于单元格 B2～B9；销售利润的数据位于单元格 C2～C9。

（2）选择"数据"→"数据分析"命令，在"数据分析"选项卡中选择"回归"命令。

（3）单击"确定"按钮后弹出"回归"对话框，在"Y 值输入区域"数值框中输入因

变量观测数据的起止单元格,在本例中输入"$C$1:$C$9";在"X 值输入区域"数值框中输入自变量数据的起止单元格,在本例中输入"$B$1:$B$9";选中"标志"复选框(因为这里输入区域的第一行是变量名,如果输入区域只有观测值,可不选此项);在"输出区域"数值框中指定显示输出结果的单元格起点(本例输入"$B$11"),如图 8-4 所示。

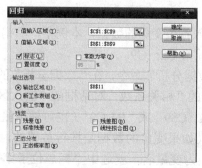

图 8-4 Excel 的"回归"对话框

(4)单击"确定"按钮,即可得到回归估计结果。本例的输出结果如图 8-5 所示。

	B	C	D	E	F	G	H
11	SUMMARY OUTPUT						
12							
13	回归统计						
14	Multiple R	0.9854176					
15	R Square	0.9710478					
16	Adjusted R Square	0.9662224					
17	标准误差	4.0866181					
18	观测值	8					
19							
20	方差分析						
21		df	SS	MS	F	Significance F	
22	回归分析	1	3360.7661	3360.7661	201.23808	7.668E-06	
23	残差	6	100.20269	16.700448			
24	总计	7	3460.9688				
25							
26		Coefficients	标准误差	t Stat	P-value	Lower 95%	Upper 95%
27	Intercept	-10.17341	4.535367	-2.243129	0.0660622	-21.27106	0.924229
28	产品销售额	0.073699	0.0051953	14.185841	7.668E-06	0.0609867	0.0864113

图 8-5 利用 Excel 进行回归的输出结果

输出结果包括"回归统计""方差分析""回归系数估计"三个部分。从最后部分可得到截距项 a(INTERCEPT)的估计值为-10.173 41[①],回归系数 b(本例中为产品销售额的系数,如果在图 8-4 中数据输入区域未包括变量名,则输出结果中"产品销售额"处显示的是"X Variable 1")为 0.073 699。由此可得到所求的回归方程为

$$\hat{y}=a+bx=-10.173\ 41+0.073\ 699x$$

Excel 的回归工具输出的信息是很丰富的。[②]在输出结果的第一部分,依次有相关系数("Multiple R"——在多元线性回归中指复相关系数,复相关系数不考虑相关方向;在一元线性回归中它就是简单相关系数 r 的绝对值)、判定系数 R^2("R Square")和调整的判定系数("Adjusted R Square")、标准误差(即估计标准误差)和观测值(即样本容量 n)。如

[①] 前面例题中每步的计算结果因为四舍五入都有一定的误差,所以例题中列式计算得到的数值都与这里 Excel 输出的精确结果有出入。

[②] 有些输出内容超出了本书的范围,感兴趣的读者可参阅其他统计学教材。

本例中，估计标准误差为 4.086 618 1。

在输出结果的"方差分析"部分给出了对回归方程进行检验的 F 统计量的值及其对应的 P 值（即"Significance F"）。例如，本例中"Significance F"很小（接近于 0），表明两个变量之间存在显著的线性相关关系。

在输出结果的第三部分中不仅给出了回归方程参数的估计值 a 和 b，还给出了两者的 t 检验值及其对应的 P 值，最后两列是 a 和 b 置信区间的下限和上限。

四、利用 Excel 进行多元线性相关分析与回归分析

利用 Excel 进行多元线性相关及回归分析的具体操作步骤及其输出结果的含义与一元回归分析基本相同。所不同的是，在 X 的输入区域，指定的是所有自变量的样本数据所在区域；在输出结果中，对应于每一个自变量，都有其回归系数的估计值、t 检验值及其 P 值等。

【例 8-9】已知 22 个地区的平均寿命（Y）、人均收入（X_1）、成人识字率（X_2）、疫苗接种率（X_3），数据如表 8-7 所示。试利用 Excel 对这几个变量的关系进行多元线性相关和回归分析。

表 8-7　22 个地区的平均寿命、人均收入、成人识字率、疫苗接种率

地区编号	平均寿命 Y/年	人均收入 X_1/美元	成人识字率 X_2/%	疫苗接种率 X_3/%
1	79	19 400	99	99
2	77	18 500	90	79
3	70	8 300	97	83
4	74	14 700	92	90
5	69	5 300	94	86
6	70	7 400	80	90
7	71	2 700	89	88
8	70	2 900	80	94
9	65	2 400	90	92
10	71	1 800	95	96
11	63	2 300	95	85
12	62	2 700	84	92
13	63	1 300	89	90
14	57	700	81	74
15	58	2 000	36	81
16	50	1 800	55	36
17	60	1 200	50	90
18	52	1 200	37	69
19	50	1 300	38	37
20	53	1 100	27	73
21	48	600	41	85
22	43	700	32	35

(1) 输入各个变量的数据。可先在第一行和第二行输入变量的中文名称和字母，在第三行起输入各变量的数值。平均寿命（Y）的数据位于 B3～B24；人均收入（X_1）的数据位于 C3～C24；成人识字率（X_2）的数据位于 D3～D24；疫苗接种率（X_3）的数据位于 E3～E24。

(2) 利用 Excel 计算上述变量两两之间的相关系数。操作方法为：选择"数据"→"数据分析"命令；在"数据分析"选项卡中选择"相关系数"；确定后在"相关系数"对话框中指定全部数据的输入区域（本例中输入"\$B\$2:\$E\$24"）；本例中一个变量占一列，故指定"分组方式"为"逐列"（若变量是按行排的，就选定"逐行"）；选中"标志"复选框；最后指定输出区域的起点位置即可。本例的输出结果如表 8-8 所示。

表 8-8　相关系数矩阵

	Y	X_1	X_2	X_3
Y	1			
X_1	0.725 315	1		
X_2	0.846 655	0.503 007	1	
X_3	0.733 436	0.307 223	0.627 514	1

由上述输出结果可见，平均寿命（Y）与人均收入（X_1）、成人识字率（X_2）、疫苗接种率（X_3）之间的线性相关系数分别高达 0.725 315、0.846 655 和 0.733 436。同时，各自变量之间的线性相关性都不是很强。因此，可对上述变量之间的关系进行三元线性回归分析。

(3) 利用 Excel 实现多元线性相关与回归的计算。操作方法为：选择"数据"→"数据分析"命令，在"数据分析"选项卡中选择"回归"命令，确定后在"回归"对话框中，"Y 值输入区域"一栏输入"\$B\$2:\$C\$24"；"X 值输入区域"一栏输入所有自变量的数据起止位置，本例中输入"\$C\$2:\$E\$24"；选中"标志"复选框，因为这里因变量和自变量的输入区域的第一行都是变量名（字母），如果输入区域只有观测值，可不选此项；在"输出区域"一栏指定显示输出结果的起点位置即可。本例的输出结果如图 8-6 所示。

SUMMARY OUTPUT					
回归统计					
Multiple R	0.952129				
R Square	0.906549				
Adjusted R Sq	0.890974				
标准误差	3.331262				
观测值	22				
方差分析					
	df	SS	MS	F	Significance F
回归分析	3	1937.749	645.9162	58.20479	1.83E-09
残差	18	199.7515	11.0973		
总计	21	2137.5			
	Coefficients	标准误差	t Stat	P-value	Lower 95%	Upper 95%
Intercept	32.99309	3.138595	10.51206	4.12E-09	26.39914	39.58703
X1	0.000716	0.000148	4.853871	0.000128	0.000406	0.001026
X2	0.168727	0.039956	4.222811	0.000512	0.084782	0.252671
X3	0.179042	0.048869	3.663731	0.001776	0.076372	0.281711

图 8-6　例 8-9 的 Excel 回归分析输出结果

由图 8-6 可见，复相关系数 $R=0.952\ 129$，多重判定系数 $R^2=0.906\ 549$，修正的判定系数 $\bar{R}^2=0.890\ 974$，估计标准误差 $S_e=3.331\ 262$。表明平均寿命（Y）与上述自变量之间的线性相关程度很高，回归方程的拟合效果较好。

对回归方程进行检验的结果，$F=58.204\ 79$，对应的显著性水平（即 Significance F）接近于 0（1.83E-09），表明上述变量之间的总体线性回归模型是显著的。

根据 Coefficients 下的输出结果，可得到回归模型参数的估计值，从而可写出所估计的回归方程为

$$\hat{y}=32.993\ 09+0.000\ 716X_1+0.168\ 727X_2+0.179\ 042X_3$$

图 8-6 还给出了与各参数估计值对应的 t 检验值、P 值以及 95%置信度下的置信区间。本例中，t 值（t Stat）比较大，相应的 P 值（P-value）都很小，从而可认为回归模型中的四个参数（含常数项）都显著，三个自变量都对因变量有显著的线性影响。

本章小结

探索社会经济现象变化规律的常用分析方法有相关分析和回归分析。相关分析与回归分析是处理变量之间相关关系的一种统计方法。通过相关分析，可以判断两个或两个以上的变量之间是否存在相关关系，相关关系的方向、形态及相关关系的密切程度；回归分析则首先对具有相关关系现象之间数量变化的规律性进行测定，确立一个回归方程式，即经验公式，并对所建立的回归方程式的有效性进行分析、判断，以便进一步进行估计和预测。本章共五节，主要介绍了相关分析和回归分析方法，以及 Excel 在相关分析与回归分析中的应用，目的在于提供从数量上研究现象之间相互联系的分析方法和手段。

思考与讨论

1. 说明相关关系的含义和分类。
2. 函数关系与相关关系之间的联系是如何表现出来的？
3. 如何理解回归分析和相关分析的关系？
4. 回归方程 $\hat{y}=a+bx$ 中，a、b 的经济含义是什么？
5. 进行相关分析与回归分析应注意哪些问题？

 实训题

1. 已知某企业某产品产量与单位成本的有关资料如表 8-9 所示。

表 8-9　某产品产量与单位成本表

月　份	产量/千件	单位成本/元
1	2	73
2	3	72

月　份	产量/千件	单位成本/元
3	4	71
4	3	73
5	4	69
6	5	68

要求：

（1）计算相关系数，并说明产量和单位成本之间有无相关关系，如存在相关关系，请进一步说明其相关的方向和程度。

（2）确定并求解回归直线方程，并指出产量每增加 1 000 件时，单位成本平均下降多少？

（3）假设产量为 6 000 件，请回答单位成本为多少？

2．已知某企业汽车使用年限与年维修费用之间的有关资料如表 8-10 所示。

表 8-10　某企业汽车使用年限与年维修费用表

序　号	汽车使用年限/年	年维修费用/元
1	2	400
2	2	540
3	3	520
4	4	640
5	4	740
6	5	600
7	5	800
8	6	700
9	6	760
10	6	900
11	8	840
12	9	1 080

要求：

（1）计算汽车使用年限与年维修费用之间的相关系数。

（2）以汽车使用年限为自变量配合回归直线方程。

（3）预计汽车使用年限为 15 年时的维修费用。

（4）利用 Excel 完成上述计算任务。

3．通过统计调查，取得 10 对母女的有关资料如表 8-11 所示。

表 8-11　10 对母女的身高统计表

序　号	母亲身高/cm	女儿身高/cm
1	158	159
2	159	160
3	160	160

续表

序号	母亲身高/cm	女儿身高/cm
4	161	163
5	161	159
6	155	154
7	162	159
8	157	158
9	162	160
10	150	157

要求：

（1）计算母亲与女儿身高之间的相关系数。

（2）确定回归方程的类型，估计其参数。

（3）当母亲的身高为 170cm 时，女儿的身高会是多少？

（4）利用 Excel 完成上述计算任务。

4．为研究产品销售额与销售利润之间的关系。某公司对所属六家企业进行了调查，产品销售额为 x（万元），销售利润为 y（万元），调查资料经初步整理计算，结果为

$$\sum x = 225, \sum x^2 = 9\,823, \sum y = 13, \sum y^2 = 36.7, \sum xy = 593$$

要求：

（1）计算产品销售额与销售利润之间的相关系数。

（2）计算销售利润对销售额的直线回归方程。

5．试用表 8-12 中的数据计算二元回归直线方程。

表 8-12　x_1，x_2，y 的数据

x_1	x_2	y
78.0	1.0	1.5
113.5	3.2	6.0
130.0	4.8	10.0
154.0	8.4	20.0
169.0	12.0	30.0
187.0	18.5	50.0
200.0	25.5	80.0
214.0	33.0	120.0

案例分析

【案例 8-1】　　　农村居民收入与消费的关系

经济学理论和常识表明，居民的收入水平与消费水平和消费结构都有一定的关系。它们之间到底有什么样的关系呢？可以用统计方法对这些关系进行定量分析，并且做出合理的解释和估计、预测。

表 8-13 是 2018 年我国 31 个地区的农村居民家庭的人均可支配收入、人均消费支出、人均教育文化娱乐支出、人均粮食消费量等指标的实际数据。

表 8-13　我国 31 个地区的农村居民家庭的收入和消费支出（2018 年）

地区	人均可支配收入/元	人均消费支出/元	人均教育文化娱乐支出/元	人均粮食消费量/kg
北京	26 490	20 195	1 436	110
天津	23 065	16 863	1 237	160
河北	14 031	11 383	1 171	139
山西	11 750	9 172	1 150	163
内蒙古	13 803	12 661	1 737	181
辽宁	14 656	11 455	1 325	146
吉林	13 748	10 826	1 411	152
黑龙江	13 804	11 417	1 419	161
上海	30 375	19 965	1 173	149
江苏	20 845	16 567	1 547	141
浙江	27 302	19 707	1 788	159
安徽	13 996	12 748	1 271	160
福建	17 821	14 943	1 359	164
江西	14 460	10 885	1 144	148
山东	16 297	11 270	1 267	130
河南	13 831	10 392	1 227	125
湖北	14 978	13 946	1 551	136
湖南	14 093	12 721	1 579	166
广东	17 168	15 411	1 473	141
广西	12 435	10 617	1 247	154
海南	13 989	10 956	1 376	109
重庆	13 781	11 977	1 345	188
四川	13 331	12 723	934	179
贵州	9 716	9 170	1 161	118
云南	10 768	9 123	1 153	132
西藏	11 450	7 452	409	210
陕西	11 213	10 071	1 253	144
甘肃	8 804	9 065	1 202	162
青海	10 393	10 352	945	136
宁夏	11 708	10 790	1 296	138
新疆	11 975	9 421	1 011	170

资料来源：《中国统计年鉴 2019》。

案例思考与分析要求：

1. 农村居民家庭的人均可支配收入分别与人均消费支出、人均教育文化娱乐支出、人均粮食消费量之间存在什么样的关系？试利用恰当的统计图表和统计指标来说明。

2. 如果有相关关系，则具体说明它们之间分别是什么性质（方向）、形态和强度的相关关系？

3. 农村居民家庭的人均可支配收入与人均消费支出的关系能否用一定的数学关系式（回归方程）来表达？试求出具体的回归方程，并解释所估计的回归方程中回归系数的具体意义，检验回归方程的显著性。

4. 对本例的人均可支配收入与人均粮食消费量之间的关系是否适合建立回归方程进行分析？

第九章 动态数列分析

【学习目标】

① 了解动态数列的概念、种类和编制原则。
② 掌握各种水平指标的含义及其计算方法。
③ 掌握各种速度指标的含义、计算方法及其相互关系。
④ 了解现象的趋势与季节变动分析方法。
⑤ 熟悉利用 Excel 进行动态分析的方法。

第一节 动态数列的意义和种类

一、动态数列的意义

任何社会经济现象都有一个产生和发展变化的过程。表 9-1 是我国 2010—2019 年国内生产总值、第三产业增加值、第三产业增加值占 GDP 的比重、就业人员和劳动生产率等五个动态序列组合而成的一个表格。

表 9-1 我国 2010—2019 年国内生产总值及有关社会经济发展统计指标统计表

年 份	国内生产总值/亿元 (1)	第三产业增加值/亿元 (2)	第三产业增加值占 GDP 的比重/% (3)	就业人员/万人（年底数）(4)	劳动生产率/（元/人·年）（按 GDP 计算）(5)
2010	412 119.3	182 058.6	44.2	76 105	—
2011	487 940.2	216 120.0	44.3	76 420	63 982
2012	538 580.0	244 852.2	45.5	76 704	70 346
2013	592 963.2	277 979.1	46.9	76 977	77 168
2014	641 280.6	308 082.5	48.0	77 253	83 159
2015	685 992.9	346 178.0	50.5	77 451	88 685
2016	740 060.8	383 373.9	51.8	77 603	95 458
2017	820 754.3	425 912.1	51.9	77 640	105 738
2018	900 309.5	469 574.6	52.2	77 586	116 000
2019	990 865.0	534 233.0	53.9	77 471	127 807

资料来源：2019 年的数据来自《中华人民共和国 2019 年国民经济和社会发展统计公报》，其余数据来自《中国统计年鉴 2019》。

表 9-1 中展示的是以时间先后顺序排列的动态数据，可以据此了解我国若干经济指标各年的发展水平，了解过去现象的活动规律，并在此基础上展望现象未来的发展趋势。通

过动态分析，从动态上对社会经济现象的量变过程进行研究，通过现象的数量变化分析现象的发展变化的规律，并预见其发展变化趋势，为科学制订未来的决策方案提供依据。

动态数列就是把反映某种现象在时间上的发展变化情况的一系列统计指标数值，依时间先后顺序排列起来所形成的数列，又称为时间数列。任何动态数列都由两个基本因素所组成：一是现象所属的时间；二是反映现象在不同时间上数量表现的指标数值。如表 9-1 就是将若干经济指标数值按照时间先后顺序排列后形成的数列。它由时间（如 2010，2011，2012，…）和有关经济发展指标两个要素所构成。

二、动态数列的种类

根据构成数列指标的表现形式的不同可将动态数列分为绝对数动态数列、相对数动态数列和平均数动态数列三种。其中，绝对数动态数列是基本的动态数列，相对数动态数列和平均数动态数列是在其基础上计算出来的，是其派生数列。

（一）绝对数动态数列

绝对数动态数列又称总量指标动态数列，是指将一系列同类总量指标数据按时间先后顺序排列起来所形成的统计数列。如表 9-1 中的第（1）、（2）、（4）三个数列均为绝对数动态数列。

绝对数动态数列根据其所反映的时间状况的不同，可分为时期指标动态数列和时点指标动态数列两类，简称为时期数列和时点数列。

时期数列是反映某种社会经济现象在一段时间内发展过程总量的绝对数动态数列，如表 9-1 中 2010—2019 年的国内生产总值和第三产业增加值数列均为时期数列。时点数列是反映社会经济现象在某一时点上的状况或水平的绝对数动态数列，如表 9-1 中的 2010—2019 年的就业人员数列就是时点数列。

时期数列和时点数列各有不同的性质和特点。

（1）时期数列中各指标的数值可以相加。通过加总可以得到更长一段时间内的总量；而时点数列中各指标数值则不具有可加性，这是因为同样一个总体单位或者总体单位的标志值可能统计到数列中几个时期的指标中，出现重复计算，因而加总的结果没有经济含义。但是，某些时点现象在一定时期的增减数量，如人口数、耕地面积、库存量等现象的新增数量或减少数量是可以加总的，因而是时期数列。

（2）时期数列具有连续统计的特点。由于时期指标中排列的各个时期指标反映的是现象在该时期发展过程的总量，因而必须把这段时间内发生的数量逐一登记后进行累计；而时点数列不具有连续统计的特点。时点数列中各项指标的数值是反映现象在某一时刻上所达到的数量，一般只要在某一时点上进行统计，取得该时点的资料即可，不必连续进行登记。

（3）时期数列中各指标值的大小与所包括的时期长短有直接关系。一般来说，时间越长，指标数值就越大；反之，时期越短，指标数值就越小。时点数列中各指标值的大小与其时间长短没有直接关系。由于时点数列的每一个指标值只表明现象在某一瞬间上的数值，因而时间间隔的长短对指标值大小不发生直接的影响。

（二）相对数动态数列

相对数动态数列是根据一系列同类相对指标数据按时间先后顺序排列起来而形成的动态数列，它反映社会经济现象之间相互联系的发展过程，如表 9-1 中"第三产业增加值占 GDP 的比重/%"数列就是相对数动态数列。

（三）平均数动态数列

平均数动态数列是把一系列同类平均指标数据按时间先后顺序排列形成的动态数列，它反映社会经济现象总体各单位某一数量标志值一般水平的发展变动趋势，如表 9-1 中按国内生产总值计算的劳动生产率数列就是平均数动态数列。

三、动态数列的编制原则

编制动态数列是进行动态分析的基础，而各种动态分析方法通常都是通过对数据的比较研究来揭示现象的动态特征和规律。因此，保证数列中各指标数值的可比性是编制动态数列的基本原则，为此，编制动态数列时要注意以下几个方面。

（一）时间长短应当前后一致

由于时期数列中各项指标数值的大小与时间长短有直接关系，因而时期数列各项指标反映的时期长短应该一致，否则难以做出判断和比较。但在特殊研究目的下，也可将时期不同的指标编为动态数列。

（二）总体范围应当前后统一

动态数列中各项指标包括的总体范围必须前后一致。如研究某地的经济发展状况，如果该地的行政区域扩大或缩小了，就必须根据该地所管辖范围的变化情况对统计指标做必要的调整，使包括的总体范围前后一致。

（三）计算方法应当前后一致

指标的计算方法不同，指标数值就会发生变化。因此动态数列各项指标的计算口径、计量单位和计算方法应该前后一致。例如，工业净产值有生产法和分配法两种方法，由于计算过程中其资料来源的不同，可能导致其两种方法的计算结果有较大的出入。计算方法前后应该统一，其计算的指标才具有可比性。

（四）经济内容应当前后统一

编制动态数列不仅要注意各项指标的名称相同，而且要使各项指标具有相同的经济内容，有的动态数列的指标在名称上是相同的，而经济内容却有了变化，这也是不可比的。例如，工业企业的成本，有时指的是生产过程的成本，即狭义的成本或称为制造成本，其内容只包括按照国家有关财务制度允许列入生产成本的那一部分费用，而有时所指的成本则是企业的完全成本，即广义的成本，内容上包括企业的全部费用。如果把这样一些指标的数值编成动态数列反映现象的变动情况，就容易产生错误的结论，特别是在对不同社会制度国家的统计指标进行对比时，更需要注意。

第二节 现象发展的水平指标分析

动态数列编制出来，只是意味着有了分析现象发展变化的基础资料。为了进一步进行动态分析，就需要计算一系列动态分析指标。一般来说，动态分析指标分成两类：一类是动态水平指标，包括发展水平、平均发展水平、增长量、平均增长量等；另一类是动态速度指标，包括发展速度、增长速度、平均发展速度和平均增长速度等。水平指标是速度指标分析的基础，速度指标是水平指标分析的深入和继续。

一、发展水平

发展水平又称发展量，是动态数列中各时间上具体的指标数值，反映社会经济现象在不同的时间上所达到的规模和发展的程度。发展水平既可以是绝对水平，也可以是相对水平或者是平均水平。它是表明现象发展变化的重要分析指标，是计算其他动态分析指标的基础。

发展水平根据其在动态数列中所处的位置不同，可分为最初水平、中间水平和最末水平。如果将某一动态数列用符号表示为 y_0，y_1，y_2，y_3，y_4，$\cdots$，y_{n-1}，y_n，则数列中第一项指标数值 y_0 称为最初水平，最末一项指标数值 y_n 称为最末水平，其余为中间水平。发展水平根据其作用不同，又可分为基期水平和报告期水平。基期水平是作为比较基础时期的水平，通常以 y_0 表示；报告期水平也称计算期水平，是作为分析研究时期的水平，通常以 y_n 表示。应该注意的是，上述最初水平与最末水平、报告期水平与基期水平等概念并不是一成不变的，是随着研究目的的改变而变化的，该场合下的报告期水平可能是另一场合下的基期水平，该数列的最末水平可能是另一数列的最初水平。

发展水平在文字表述上习惯用"增加到""增加为"或"降低到""降低为"表示，例如我国 2000 年第五次人口普查的人口数为 126 583 万人，2010 年第六次人口普查的人口数增加为 133 972 万人。这两个数据都是发展水平。

二、平均发展水平

平均发展水平又称序时平均数，是动态数列中不同时期的发展水平的平均数。它表明现象在较长一段时间中发展变化的一般水平，是根据动态数列各个时间上的发展水平加以平均计算的平均数，用以表明现象发展水平在不同时间上变动的一般水平。

由于动态数列可分为绝对数动态数列、相对数动态数列和平均数动态数列三种，故根据动态数列计算平均发展水平也分为三种情况。

（一）由绝对数动态数列计算平均发展水平

绝对数动态数列可分为时期数列和时点数列，两者各有其不同的特点，因此，其计算序时平均数的方法也就不同，现分述如下。

1. 由时期数列计算平均发展水平

由于时期数列的各项指标数值可以相加，所以计算平均发展水平可用简单算术平均数的方法。其计算公式为

$$\bar{y} = \frac{y_1 + y_2 + y_3 + \cdots + y_n}{n} = \frac{\sum y_i}{n} \tag{9.1}$$

式中：$\bar{y}$ 表示平均发展水平；y_i 表示各期发展水平（i=1，2，…，n）；n 代表时期项数。

【例 9-1】根据表 9-1 的数据，计算我国 2011—2019 年国内生产总值的年平均发展水平。

解：由式（9.1）得

$$\bar{y} = \frac{\sum y_i}{n} = \frac{487\,940.2 + 538\,580.0 + 592\,963.2 + \cdots + 990\,865.0}{9}$$

$$= \frac{6\,398\,747}{9} = 710\,971.89（亿元）$$

表明我国 2011—2019 年间平均每年的国内生产总值为 710 971.89 亿元。

2. 由时点数列计算平均发展水平

时点数列可分为连续时点数列和间断时点数列两种。根据掌握资料的不同，计算平均发展水平所采取的方法也就不同。

（1）由连续时点数列计算平均发展水平。由连续时点数列计算平均发展水平分以下两种情况。

第一种情况：如果时点数列资料是逐日登记且逐日排列，则可用简单算术平均法计算。其计算公式同式（9.1）。如已知某企业某月内每天的职工人数，要求计算该月平均每天职工人数，则可将每天职工人数相加再除以该月的日历天数即可。

第二种情况：如果时点数列的资料不是逐日提供，而是发生变动时的资料，则可用加权算术平均法计算。其计算公式为

$$\bar{y} = \frac{\sum y_i f_i}{\sum f_i} \tag{9.2}$$

式中：y_i 为各时点指标数值；f_i 为两相邻时点之间的间隔长度。

【例 9-2】某企业 4 月份职工人数变动资料如表 9-2 所示。

表 9-2 某企业 4 月份职工人数统计表

日期	1 日	9 日	16 日
职工人数/人	2 000	2 200	2 300

试计算该企业该月份平均每天职工人数。

解：将表 9-2 中的数据代入式（9.2）得

$$\bar{y} = \frac{\sum y_i f_i}{\sum f_i} = \frac{2\,000 \times 8 + 2\,200 \times 7 + 2\,300 \times 15}{8 + 7 + 15}$$

$$= \frac{65\,900}{30} \approx 2\,197 \text{（人）}$$

（2）由间断时点数列计算平均发展水平。间断时点数列通常是指间隔一段时间（如按月末、季末、年末等）对其时点数据进行登记而得的时点数列。如果每隔相同的时间登记一次，所得数列称为间隔相等的间断时点数列；如果每两次登记中间的间隔不尽相同，所得数列称为间隔不等的间断时点数列。两种时点数列在计算平均发展水平时各采用不同的方法。

第一，如果由间隔相等的间断时点数列计算平均发展水平，则采用"首末折半法"。其计算公式为

$$\bar{y} = \frac{\dfrac{y_1 + y_2}{2} + \dfrac{y_2 + y_3}{2} + \cdots + \dfrac{y_{n-1} + y_n}{2}}{n-1}$$

$$= \frac{\dfrac{y_1}{2} + y_2 + y_3 + \cdots + y_{n-1} + \dfrac{y_n}{2}}{n-1} \quad (9.3)$$

式中：y_1，y_2，y_3，…，y_{n-1}，y_n 为各个时点上的水平；n 为时点数。

【例 9-3】根据表 9-1 中各年年末就业人员数，计算 2011—2019 年间平均每年的就业人员数。

解：该数列属于间隔相等的间断时点数列，故用式（9.3）来计算。

$$\bar{y} = \frac{\dfrac{y_1}{2} + y_2 + y_3 + \cdots + y_{n-1} + \dfrac{y_n}{2}}{n-1}$$

$$= \frac{\dfrac{76\,105}{2} + 76\,420 + 76\,704 + \cdots + \dfrac{77\,471}{2}}{10 - 1} = 77\,158 \text{（万人）}$$

第二，如果由间隔不等的间断时点数列计算平均发展水平，则应用时期间隔做权数进行加权计算。其计算公式为

$$\bar{y} = \frac{\dfrac{y_1 + y_2}{2} f_1 + \dfrac{y_2 + y_3}{2} f_2 + \cdots + \dfrac{y_{n-1} + y_n}{2} f_{n-1}}{\sum f_i} \quad (9.4)$$

式中：$f_1, f_2, \cdots, f_{n-1}$ 为各间隔的时间长度。

【例 9-4】某公司某年职工人数资料如表 9-3 所示。试计算该企业该年平均每月的职工人数。

表 9-3　某公司某年职工人数

时间	1月初	4月初	9月初	12月末
职工人数/人	1 300	1 280	1 450	1 530

解：该数列属于间隔不等的间断时点数列，应用式（9.4）进行计算。

$$\bar{y} = \frac{\frac{y_1+y_2}{2}f_1 + \frac{y_2+y_3}{2}f_2 + \cdots + \frac{y_{n-1}+y_n}{2}f_{n-1}}{\sum f}$$

$$= \frac{\frac{1\,300+1\,280}{2}\times 3 + \frac{1\,280+1\,450}{2}\times 5 + \frac{1\,450+1\,530}{2}\times 4}{3+5+4}$$

$$\approx 1\,388(人)$$

应当说明的是，在上述间断时点数列计算平均发展水平的过程中，是以假定在相邻两个时点之间指标数值是均匀变动为前提的，而现实中这种均匀变动是极其少见的，所以按照此方法计算的结果只能是近似值。时点数列的时间间隔越小，求得的时序平均数越接近真实。

（二）由相对数动态数列和平均数动态数列计算平均发展水平

由于相对数动态数列和平均数动态数列是由两个相互联系的绝对数动态数列相对比而得的，因此，求其平均发展水平，可先找到形成相对数或平均数的分子、分母两个绝对数动态数列，分别计算这两个绝对数动态数列的平均发展水平，然后将其对比即得到相对数或平均数动态数列的平均发展水平。若以 z 表示相对数数列或平均数数列中的各项指标数值，y 表示形成相对数或平均数动态数列的分子数列，x 表示形成相对数或平均数动态数列的分母数列。则其计算公式可表示为

$$\bar{z} = \frac{\bar{y}}{\bar{x}} \tag{9.5}$$

式中：$\bar{z}$ 代表相对数数列或静态平均数数列的序时平均数；$\bar{y}$ 代表作为分子的动态数列的序时平均数；$\bar{x}$ 代表作为分母的动态数列的序时平均数。

【例 9-5】根据表 9-1 中的数据，计算我国 2011—2019 年平均每年的劳动生产率。

解：在例 9-1 和例 9-3 中已经得出：2011—2019 年间平均每年国内生产总值为 710 971.89 亿元，平均就业人数为 77 158 万人，将计算结果代入式（9.5）得出我国平均每年的劳动生产率为

$$\bar{z} = \frac{\bar{y}}{\bar{x}} = \frac{710\,971.89}{77\,158} = 92\,144.94(元/人)$$

三、增长量与平均增长量

（一）增长量

增长量也称增减量，是报告期发展水平与基期发展水平之差，说明社会经济现象在一定时期内增减变化的绝对数量。其基本计算公式为

$$\text{增长量} = \text{报告期发展水平} - \text{基期发展水平} \tag{9.6}$$

增长量可为正值，也可为负值。如果为正值，表明报告期比基期增加的数量；如果为负值，则表明报告期比基期减少的数量。有些现象的增长量为正值时是好现象，例如利润额的增长量；而有些现象的增长量为负值时才是好现象，例如产品单位成本的增长量等。

由于采用的基期不同，增长量可分为逐期增长量和累计增长量。

逐期增长量是各报告期水平与其前一期水平之差，说明现象逐期增减的数量，用符号表示为

$$y_1 - y_0, y_2 - y_1, y_3 - y_2, \cdots, y_n - y_{n-1}$$

累计增长量是各报告期水平与某一固定基期水平（通常为最初水平 y_0）之差，说明现象从某一固定基期到报告期这一段时间内增减的总量，用符号表示为

$$y_1 - y_0, y_2 - y_0, y_3 - y_0, \cdots, y_{n-1} - y_0, y_n - y_0$$

累计增长量和逐期增长量之间存在着密切的联系：累计增长量等于相应的若干逐期增长量之和。

$$y_n - y_0 = (y_1 - y_0) + (y_2 - y_1) + \cdots + (y_n - y_{n-1}) \tag{9.7}$$

同理，两个相邻的累计增长量之差等于相应的逐期增长量之差，即

$$(y_n - y_0) - (y_{n-1} - y_0) = y_n - y_{n-1} \tag{9.8}$$

在实际工作中，有时为了消除季节变动的影响，可以计算同比增长量。所谓同比增长量，就是报告期水平与上年同期水平之差。其计算公式为

$$\text{同比增长量} = \text{报告期水平} - \text{上年同期水平} \tag{9.9}$$

（二）平均增长量

平均增长量又称平均增减量，是现象在一段时期内各个逐期增长量的序时平均数，说明现象在一定时期内平均每期增加或减少的数量。其计算公式为

$$\text{平均增长量} = \frac{\text{逐期增长量之和}}{\text{逐期增长量的个数}} \tag{9.10}$$

由于各个逐期增长量之和等于累计增长量，因此，上述公式又可表述为

$$\text{平均增长量} = \frac{\text{累计增长量}}{\text{时间数列项数} - 1} \quad (9.11)$$

【例 9-6】根据表 9-1 中的数据，计算我国 2014—2019 年国内生产总值的增长量和平均增长量，如表 9-4 所示。

表 9-4　2014—2019 年我国国内生产总值的增长量　　　单位：亿元

年　份	2014	2015	2016	2017	2018	2019
国内生产总值	641 280.6	685 992.9	740 060.8	820 754.3	900 309.5	990 865.0
逐期增长量	—	44 712.3	54 067.9	80 693.5	79 555.2	90 555.5
累计增长量	—	44 712.3	98 780.2	179 473.7	259 028.9	349 584.4

由式（9.12）可得到我国 2014—2019 年国内生产总值的平均增长量为

$$\frac{44\,712.3 + 54\,067.9 + 80\,693.5 + 79\,555.2 + 90\,555.5}{5} = \frac{349\,584.4}{5} = 69\,916.88 \text{（亿元）}$$

如果由式（9.13）可得

$$\frac{990\,865.0 - 641\,280.6}{6 - 1} = \frac{349\,584.4}{5} = 69\,916.88 \text{（亿元）}$$

即 2014—2019 年我国国内生产总值平均每年增加 69 916.88 亿元。

第三节　现象发展的速度指标分析

反映现象在一段时间内发展变化的指标有发展速度、增长速度、平均发展速度、平均增长速度等。

一、发展速度

发展速度是将报告期发展水平与基期发展水平相对比而计算的动态相对指标，用以反映现象报告期发展水平比基期发展水平的相对程度，一般用百分数或倍数表示。其计算公式为

$$\text{发展速度} = \frac{\text{报告期发展水平}}{\text{基期发展水平}} \times 100\% \quad (9.12)$$

由于基期不同，发展速度分为环比发展速度和定基发展速度。

环比发展速度是各报告期发展水平与其前一期发展水平之比，说明现象逐期发展的相对速度。其计算公式为

$$\text{环比发展速度} = \frac{\text{报告期发展水平}}{\text{前一期发展水平}} \times 100\% \quad (9.13)$$

用符号表示为

$$\frac{y_1}{y_0}, \frac{y_2}{y_1}, \frac{y_3}{y_2}, \ldots, \frac{y_n}{y_{n-1}}$$

定基发展速度是各报告期发展水平与某一固定基期水平（通常是最初水平 y_0）之比，说明现象从某一固定基期到报告期这一段较长时期之内的总发展速度，因此也被称为总速度。其计算公式为

$$定基发展速度 = \frac{报告期发展水平}{固定基期水平} \times 100\% \tag{9.14}$$

用符号表示为

$$\frac{y_1}{y_0}, \frac{y_2}{y_0}, \frac{y_3}{y_0}, \ldots, \frac{y_n}{y_0}$$

环比发展速度和定基发展速度存在着密切的联系，具体如下：

（1）各期环比发展速度的连乘积等于相应的定基发展速度。其用符号表示为

$$\frac{y_1}{y_0} \times \frac{y_2}{y_1} \times \frac{y_3}{y_2} \times \cdots \times \frac{y_{n-1}}{y_{n-2}} \times \frac{y_n}{y_{n-1}} = \frac{y_n}{y_0}$$

（2）两个相邻时期的定基发展速度之比等于相应的环比发展速度，即

$$\frac{\left(\dfrac{y_i}{y_0}\right)}{\left(\dfrac{y_{i-1}}{y_0}\right)} = \frac{y_i}{y_{i-1}} \tag{9.15}$$

利用定基发展速度和环比发展速度的相互关系，可以进行定基或环比发展速度的推算，此方法对于整理推算某些短缺的历史资料具有重要作用。

在实际工作中，也经常计算同比发展速度，其目的是为了消除季节变动的影响，以便更准确地反映现象的变化趋势。其计算公式为

$$同比发展速度 = \frac{报告期水平}{上年同期水平} \tag{9.16}$$

二、增长速度

增长速度是将报告期增长量与基期发展水平对比而计算的相对指标，用以反映现象报告期水平比基期水平纯增减的相对程度，一般用百分数或系数表示。其计算公式为

$$增长速度 = \frac{增长量}{基期水平} = 发展速度 - 1 \tag{9.17}$$

从式（9.17）可以看出，发展速度和增长速度之间既有联系又有区别。发展速度说明报告期水平发展到基期水平的多少倍或百分之几，增长速度只是说明增长了多少或减少了百分之几。当发展速度大于 1 时，增长速度为正值，表示现象增长的程度；当发展速度小于 1 时，增长速度为负值，表示现象降低的程度，所谓"负增长"即指这种情况。

增长速度由于采用的基期不同，可分为环比增长速度和定基增长速度。

环比增长速度是报告期逐期增长量与前一期水平之比，说明社会经济现象较前期的相对增减程度。其计算公式为

$$环比增长速度 = \frac{逐期增长量}{前一期水平} = 环比发展速度 - 1 \tag{9.18}$$

定基增长速度是报告期累计增长量与固定基期发展水平之比，说明社会经济现象在较长时间内总的增减程度。其计算公式为

$$定基增长速度 = \frac{累计增长量}{固定基期水平} = 定基发展速度 - 1 \tag{9.19}$$

同样，为了消除季节变动的影响，也可计算同比增长速度。其计算公式为

$$同比增长速度 = \frac{同比增长量}{上年同期水平} = 同比发展速度 - 1 \tag{9.20}$$

必须指出，由于定基增长速度和环比增长速度都是发展速度的派生指标，它们只反映增长部分的相对程度，因此，各环比增长速度的连乘积并不等于相应的定基增长速度。如果要由环比增长速度求定基增长速度，必须先将各环比增长速度分别加 1 变为各期环比发展速度；然后将各环比发展速度连乘得到定基发展速度；最后将所得结果减去 1 即为所求的定基增长速度。

【例 9-7】仍用表 9-1 的资料，计算 2014—2019 年我国国内生产总值的发展速度和增长速度。

解：将计算结果列入表 9-5 中。

表 9-5　2014—2019 年我国国内生产总值的发展速度和增长速度

年份	2014	2015	2016	2017	2018	2019
国内生产总值/亿元	641 280.6	685 992.9	740 060.8	820 754.3	900 309.5	990 865.0
环比发展速度/%	—	106.97	107.88	110.90	109.69	110.06
定基发展速度/%	100	106.97	115.40	127.99	140.39	154.51
环比增长速度/%	—	6.97	7.88	10.90	9.69	10.06
定基增长速度/%	—	6.97	15.40	27.99	40.39	54.51

三、平均发展速度和平均增长速度

由于各时期现象发展有快有慢，增减幅度不一，表现在现象发展变化的速度上即为其

环比发展速度和环比增减速度各不相同。为了反映现象在一个较长时期内的平均发展程度和平均增长程度，就有必要把现象在各个时期的环比发展速度和环比增长速度加以平均，计算平均发展速度和平均增长速度指标。平均发展速度和平均增长速度统称平均速度，它们均属于序时平均数。

平均发展速度是各时期环比速度的平均数，用以反映现象在一个较长时间内的逐期发展的平均程度。

平均增长速度是现象在研究时间内的各个时期的环比增长速度的平均数，用以反映现象在一个较长的时间内逐期递增或递减的平均速度。但不能直接将各环比增长速度加以平均，而应根据它与平均发展速度之间的关系来加以推算。

平均发展速度与平均增长速度之间的关系式为

$$\text{平均增长速度} = \text{平均发展速度} - 1 \tag{9.21}$$

如果平均发展速度大于 1，表明现象在某段时期内是平均逐期递增的，这时的平均增长速度可称为平均递增率；如果平均发展速度小于 1，表明现象在某段时期内是平均逐期递减的，这时的平均增长速度可称为平均递减率。

平均速度的计算首先是平均发展速度的计算。

平均发展速度是环比发展速度的序时平均数。但是，由于环比发展速度的连乘积等于定基发展速度，即两者之间的关系并非算术和的关系，而是几何和的关系。因而，计算平均发展速度不能采用算术平均的方法。在统计实践中，平均发展速度指标通常是采用几何平均法（也叫水平法）和方程式法（也叫累计法）来计算的。

1. 几何平均法

用几何平均法计算平均发展速度就是对各期环比发展速度求几何平均数。根据掌握的资料不同，所采用的计算公式也有所不同。

（1）当已知各期环比发展速度时，求平均发展速度的公式为

$$\bar{x} = \sqrt[n]{x_1 x_2 x_3 \cdots x_n} = \sqrt[n]{\Pi x} \tag{9.22}$$

式中：$\bar{x}$ 代表平均发展速度；n 代表环比发展速度的项数；x_1，x_2，x_3，$\cdots$，x_n 依次代表各期的环比发展速度。

（2）当已知期初水平 y_0 和期末水平 y_n 时，可用以下公式计算

$$\bar{x} = \sqrt[n]{\frac{y_1}{y_0} \times \frac{y_2}{y_1} \times \frac{y_3}{y_2} \times \cdots \times \frac{y_n}{y_{n-1}}} = \sqrt[n]{\frac{y_n}{y_0}} \tag{9.23}$$

（3）当已知某期的定基发展速度 R（总速度）时，则可用下式进行计算

$$\bar{x} = \sqrt[n]{R} \tag{9.24}$$

【例 9-8】 根据表 9-5 的资料，求 2014—2019 年我国国内生产总值的平均发展速度和平均增长速度。

解： 表 9-5 数据齐全，可分别采用式（9.22）、式（9.23）和式（9.24）进行计算。

将各期环比发展速度数据代入式（9.22）得 2014—2019 年我国国内生产总值的平均发展速度为

$$\bar{x} = \sqrt[n]{x_1 x_2 x_3 \cdots x_n}$$
$$= \sqrt[5]{1.0697 \times 1.0788 \times 1.1090 \times 1.0969 \times 1.1006}$$
$$= 109.09\%$$

平均增长速度 $= \bar{x} - 1 = 109.09\% - 100\% = 9.09\%$

将 2019 年和 2014 年国内生产总值的数据代入式（9.23）得

$$\bar{x} = \sqrt[n]{\frac{y_n}{y_0}} = \sqrt[5]{\frac{990\,865.0}{641\,280.6}} = 109.09\%$$

将 2019 年定基发展速度的数据代入式（9.24）得

$$\bar{x} = \sqrt[n]{R} = \sqrt[5]{1.5451} = 109.09\%$$

从以上计算可知，式（9.22）、式（9.23）和式（9.24）本质上是一致的，在实际应用中应根据所掌握的资料选择合适的公式进行计算。

2. 方程式法

方程式法又叫累计法，它是以各期发展水平的总和与基期水平之比为基础来计算的。方程式法计算公式是利用基期水平与各期定基发展速度的乘积得出各期发展水平，在此基础上计算各期发展水平之和，进而计算平均发展速度。其计算公式为

$$(\bar{x}) + (\bar{x})^2 + (\bar{x})^3 + \cdots + (\bar{x})^n = \frac{\sum y_i}{y_0} \qquad (9.25)$$

这个方程式的正根就是所求的年平均发展速度。但是，要求解这个方程式是比较复杂的，因此，在实际统计工作中，应用手工计算是根据事先编好的《平均增长速度查对表》来进行查对应用的，那是一件十分烦琐的事情。随着计算机应用的普及，应用方程式法将不再是个困难。关于利用计算机采用方程式法计算平均发展速度和平均增长速度的问题，将在本章第五节中介绍。

第四节 现象变动的趋势与季节变动分析

一、动态数列的影响因素分析

(一) 动态数列的构成因素

影响动态数列变动的具体因素很多，难以细分，从内容上看，有政治因素、经济因素、自然因素等。如果按其性质不同加以分类，通常将动态数列的总变动（Y）归纳为 4 个主要影响因素：长期趋势（T）、季节变动（S）、循环变动（C）、不规则变动（I）。

1. 长期趋势

长期趋势是指使各期发展水平在相当长的时间内沿着某一方向上升或下降的一种态势或规律性，如生产力的不断发展、科学技术的不断进步等。

2. 季节变动

季节变动是指由于自然因素、社会条件的影响从而造成社会经济现象在一年内随着季节的变化而出现的周期性波动。引起季节变动的原因有自然因素，也有人为因素。前者是指由于自然界季节变化对现象发生影响而产生的周期性波动。例如，农作物的生产、某种商品的销售、某种商品的需求等。后者是指由于制度、习惯、法规、法律等而产生的周期性变动。例如，我国商品销售量在春节、端午节、中秋节等会出现大幅上升，而某些国家的商品销售又在圣诞节、复活节等特别活跃，这是一种习惯引起的季节变动。

3. 循环变动

循环变动是造成社会经济现象以若干年为周期的涨落起伏波动，其特点是在短时间内不易被消除。循环变动不同于长期趋势，因为它是涨落起伏相间或扩张与紧缩相交替的变动，不是朝单一方向的持续变动。循环变动与季节变动不同，一是由于其规律性变动周期常在一年以上，变动周期不固定，上下波动幅度差异较大，其变动规律是一种自由规律；而季节变动是一种固定的变动，通常以一年 12 个月或一年 4 个季度为一个变动周期。二是由于模型的可识别性低于季节变动，季节变动的模型通常很容易被识别，而循环变动模型的识别则有较大难度。例如，资本主义的经济危机属于循环变动。

4. 不规则变动

不规则变动是指现象除了受以上三种因素的影响外，还受临时的、偶然性因素或不明原因引起的非周期性的随机波动。这种波动在目前科学技术条件下还不能预测或控制。但由于这种因素具有偶然性，根据概率论原理，如果这类因素很多且相互独立，则有相互抵消的可能；若这些因素相互存在着联系而且受一两个重大因素所支配，则难以相互抵消，极有可能形成经济波动，而且振幅往往会较大。如自然灾害、政策变动、战争或情况不明等原因而引起的变动都可称为偶然性因素。

动态数列分析的重要任务之一是对动态数列中的这几类影响因素给以统计测定和分析，从数列的变动中划分出各种变动的具体作用和动向，揭示出各种变动（除不规则变动）的规律性特征，为正确认识事物并预测事物的发展提供科学的依据。

（二）动态数列的组合模型

动态数列中的各项指标数值是各种不同的影响因素共同作用的结果，即数列中每个时间上的指标数值，同时包含着各种不同的因素。以 Y 代表数列中的指标数值，则 Y 可分别表示为

$$Y=T+S+C+I \quad （加法模型） \tag{9.26}$$

$$Y=T \cdot S \cdot C \cdot I \quad （乘法模型） \tag{9.27}$$

其中，乘法模型是分析时间数列最常用的模式，它以趋势因素（绝对量）为基础，其余各因素均用比率（相对量）来表示。而在加法模型中，各组成因素均为独立的、计量单位一致的绝对量。

但是，时间数列中的几个因素并不总是在每一个数列中都同时存在，或者说，并不是每种现象都会同时受到上述四类因素的影响，往往在一个数列中仅包含其中部分因素，从而形成时间数列的不同组合类型。

二、长期趋势的测定

长期趋势的测定和分析是时间数列构成因素分析中最重要和最基础的部分。它应用一定的数学方法，对原动态数列进行加工、整理，以排除季节变动、循环变动和不规则变动等因素的影响，从而形成一个新的动态数列，以更好地显示出现象发展变化的规律性，为预测和决策提供依据。

长期趋势测定的方法主要有时距扩大法、移动平均法和数学模型分析法。其中，最常用的是移动平均法和数学模型分析法，现就这两种方法分别介绍如下。

（一）移动平均法

移动平均法是将原动态数列中各指标数值按事先确定的时间距离，依次逐一递推移动计算一系列序时平均数，形成一个新的、派生的序时平均数时间数列，并以这一系列移动平均数作为对应时期的变动趋势值的统计方法。采用移动序时平均形成的动态数列进行分析研究，其目的在于消除或削弱原数列中各指标数值在短期内因偶然因素的影响所引起的波动，从而呈现出现象在较长时间的基本发展趋势。这种方法适用于时期数列和时点数列。

移动平均指标的计算公式为

$$\bar{y}_{(n+1)/2} = \frac{y_1 + y_2 + \cdots + y_n}{n} \tag{9.28}$$

式中：y 代表观察值；n 代表平均的项数；$\bar{y}$ 代表移动平均数；$(n+1)/2$ 代表 $\bar{y}$ 的位置。

【例 9-9】 某企业 2005—2019 年的产品销售收入数据如表 9-6 所示,分别计算 3 年移动平均数和 5 年移动平均数。

表 9-6　某企业销售收入的移动平均数

年　份	年份序号	产品销售收入/万元	3 年移动平均数/万元	5 年移动平均数/万元
2005	1	4 000	—	—
2006	2	3 500	4 000.000	—
2007	3	4 500	4 216.667	4 350.000
2008	4	4 650	4 750.000	4 378.000
2009	5	5 100	4 630.000	4 522.000
2010	6	4 140	4 486.667	4 702.000
2011	7	4 220	4 586.667	4 834.000
2012	8	5 400	4 976.667	4 936.000
2013	9	5 310	5 440.000	5 018.000
2014	10	5 610	5 156.667	5 114.000
2015	11	4 550	4 953.333	4 956.000
2016	12	4 700	4 620.000	5 058.000
2017	13	4 610	5 043.333	5 136.000
2018	14	5 820	5 476.667	—
2019	15	6 000	—	—

从表 9-6 可以看出,15 年各年资料分别按 3 年和 5 年移动平均后可以计算出 13 个和 11 个序时平均数组成的新的动态数列。重新编制后的数列消除了原数列中因偶然因素所引起的工业产品销售收入上下无规律的波动,更为清楚地表明了某工业企业产品销售收入连续 15 年生产稳定增长的趋势。

原序列的实际值与移动平均得到的趋势值序列可用图 9-1 来进行比较。

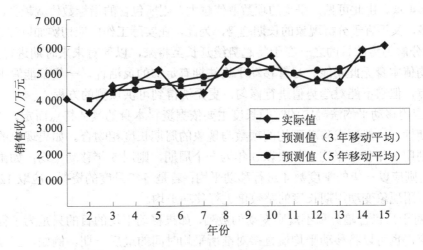

图 9-1　某企业产品销售收入与移动平均趋势线

表 9-6 中按 3 年移动平均的和按 5 年移动平均的各序时平均数的计算过程如下。

3年移动平均的第一个平均数为

$$\bar{y} = \frac{y_1 + y_2 + y_3}{3} = \frac{4\,000 + 3\,500 + 4\,500}{3} = 4\,000（万元）$$

第二个平均数为

$$\bar{y} = \frac{y_2 + y_3 + y_4}{3} = \frac{3\,500 + 4\,500 + 4\,650}{3} = 4\,216.667（万元）$$

其余依此类推。

5年移动平均的第一个平均数为

$$\bar{y} = \frac{y_1 + y_2 + y_3 + y_4 + y_5}{5} = \frac{4\,000 + 3\,500 + 4\,500 + 4\,650 + 5\,100}{5} = 4\,350（万元）$$

第二个平均数为

$$\bar{y} = \frac{y_2 + y_3 + y_4 + y_5 + y_6}{5} = \frac{3\,500 + 4\,500 + 4\,650 + 5\,100 + 4\,140}{5} = 4\,378（万元）$$

其余依此类推。

应用移动平均法应该注意的问题如下。

（1）移动平均的结果使短期的偶然因素引起的波动被削弱，使整个动态数列被修匀得更加平滑，波动趋于平稳，即移动平均对数列具有平滑修匀作用，平均项数越大，对数列的平滑修匀作用越强。

（2）当平均项数为奇数时，只需一次移动平均即可，其平均值即对准某一时期；而当平均项数为偶数时，则需再进行一次移动平均，其平均值才能对准某一时期。

（3）若数列中包含周期变动，平均项数必须和周期长度一致才能消除数列中的周期波动，揭示现象的长期趋势。

（4）移动平均后，其平均数数列项数较原数列的项数要少。平均时距 n 为奇数项时，新数列首尾各少$(n-1)/2$项；n 为偶数时，首尾各少 $n/2$ 项。如例9-9中，原数列为15项产品销售收入。按3项移动平均后，首尾各少1项，共少2项；按5年移动平均后，首尾各少2项，共少4项。由此可见，平均的项数取值越大，则所包含的指标数值就越少，但是，减少项数过多，又不宜于分析现象的长期趋势，为此，在实际工作中应切实加以注意。

（5）分解趋势的目的之一在于将趋势线延长至将来，以便对未来时期进行外推预测，但移动平均值本身无此功能。尽管移动平均法拥有足够的灵活性，一般都能看出现象趋势变动的特点，但它不能对趋势值进行修匀，更无法得到可供预测的方程。

（6）应用移动平均法确定的时距长度主要依据资料本身的具体特点而定。如果现象的变化有周期性，一般要求移动平均的项数与现象的周期长度相吻合。如果现象的变动周期为3年，则用3年移动平均；如果以5年为一个周期，则用5年移动平均；如果是各年的季度资料，则应以一年的季度数4进行移动平均；若是各年月度的资料，应取12进行移动平均。也可用现象变动周期长度的整数倍进行移动平均。

（7）对于只包含趋势和不规则变动的数列，如果移动平均的目的只是为了得到数列的趋势估计值，也可以将移动平均值直接对准所平均时间的最后一期。例如，三项移动平均时，第一个移动平均值对准第三期，第二个移动平均值对准第四期，依此类推；四项移动平均时，第一个平均值对准第四期，第二个平均值对准第五期，依此类推。Excel中的移动平均法程序即是这样处理的。

（二）数学模型分析法

数学模型分析法是应用适当的数学模型对动态数列配合一个方程式，据以计算和分析各期的趋势值，以测定长期趋势的一种分析方法。该方法一般又分为直线趋势和非直线趋势。这里仅介绍直线趋势的测定方法。

直线趋势的测定就是采用数学方法对原动态数列配合一个适当的直线方程式，用以测定现象长期趋势的一种数学方法。如果现象的发展趋势是每期增长量的变动大体上相同，或被研究现象的系列数据描绘在直角坐标图中大致呈现出一种直线趋势，则可以配合直线方程式求解出其理论值对其直线进行修匀，以此反映现象的变动趋势。该直线方程的一般形式可表示为

$$\hat{y} = a + bt \tag{9.29}$$

式中：$\hat{y}$ 代表理论值（或称趋势值）；t 代表时间序号；a 代表趋势线的截距；b 代表趋势线的斜率，它表示当时间 t 每变动一个单位时趋势值的平均变动量。

如何使直线方程符合我们所研究现象的发展趋势，关键是要根据所掌握的资料计算出方程中的参数 a、b。计算参数的方法较多，最常用的方法是最小二乘法。

用最小二乘法求解参数 a、b 的公式与第八章中介绍的直线回归方程参数的计算公式相同，其计算公式为

$$\begin{cases} b = \dfrac{n\sum ty - \sum t \sum y}{n\sum t^2 - (\sum t)^2} \\ a = \bar{y} - b\bar{t} = \dfrac{\sum y}{n} - b\dfrac{\sum t}{n} \end{cases} \tag{9.30}$$

【例 9-10】现仍以表 9-6 的资料为例，用最小二乘法配合直线方程，求该工业企业 15 年产品销售收入的增长趋势，计算结果如表 9-7 所示。

表 9-7 最小二乘法配合直线方程计算表　　　　　　　　　　单位：万元

年　份	年份序号 t	工业产品销售收入 y	t^2	ty	$\hat{y}$
2005	1	4 000	1	4 000	4 031.08
2006	2	3 500	4	7 000	4 141.98
2007	3	4 500	9	13 500	4 252.87
2008	4	4 650	16	18 600	4 363.76
2009	5	5 100	25	25 500	4 474.66
2010	6	4 140	36	24 840	4 585.55
2011	7	4 220	49	29 540	4 696.44
2012	8	5 400	64	43 200	4 807.33
2013	9	5 310	81	47 790	4 918.23
2014	10	5 610	100	56 100	5 029.12

续表

年份	年份序号 t	工业产品销售收入 y	t^2	ty	$\hat{y}$
2015	11	4 550	121	50 050	5 140.01
2016	12	4 700	144	56 400	5 250.91
2017	13	4 610	169	59 930	5 361.80
2018	14	5 820	196	81 480	5 472.69
2019	15	6 000	225	90 000	5 583.58
合　　计	120	72 110	1 240	607 930	—

设所配合的直线方程为

$$\begin{cases} b = \dfrac{n\sum ty - \sum t \sum y}{n\sum t^2 - \left(\sum t\right)^2} \\ \quad = \dfrac{15 \times 607\,930 - 120 \times 72\,110}{15 \times 1\,240 - 120^2} = \dfrac{465\,750}{4\,200} = 110.89 \\ a = \bar{y} - b\bar{t} = \dfrac{\sum y}{n} - b\dfrac{\sum t}{n} \\ \quad = \dfrac{72\,110}{15} - 110.89 \times \dfrac{120}{15} = 4\,807.3 - 887.11 = 3\,920.19 \end{cases}$$

所以，用最小二乘法配合的直线方程为

$$\hat{y} = a + bt = 3\,920.19 + 110.89t$$

根据此方程，分别取 $t=1$，$t=2$，$t=3$，…，$t=15$ 代入上式，求出的各 $\hat{y}$ 值，即为时间数列的各个时间序号下的长期趋势值，如表 9-7 所示。

将原动态数列的实际值与趋势值绘制成图 9-2，以便对照分析。

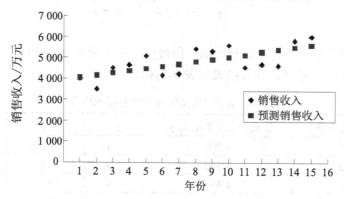

图 9-2　某企业产品销售收入及其直线趋势图

三、季节变动的测定

测定季节变动的意义在于掌握现象的季节变动规律，为决策和预测提供重要依据，此外也是为了从原时间序列中剔除季节变动的影响，以便更好地分析其他因素。

测定季节变动的常用方法有两种：一种是虽然现象实际存在着长期趋势的影响，但在具体分析时可忽略该因素的存在，即不剔除长期趋势因素的同月（季）平均法；另一种是考虑到长期趋势的存在，并将其影响因素剔除而求季节变动趋势因素的移动平均趋势剔除法。无论哪种测定方法，都至少要有三个以上季节周期的数据。例如，月份数据就要有不少于三年（即36个月）的数据。如果季节变动的规律性不是很稳定，则所需要的数据还应更多一些。为了叙述简便，下面的讨论都以周期为一年的季节变动来说明，但其测定基本原理和方法同样适用于周期小于一年的各种季节变动。

（一）同期平均法

同期平均法是假定时间序列呈水平趋势，即长期趋势值是一常数，通过对多年的同期数据进行简单算术平均，以消除各个季节周期上的不规则变动，再将剔除不规则变动后的各季节水平（同期平均数）与水平趋势值（全部数据的总平均数）对比，即可得到季节指数（也称为季节比率），以此来表明季节变动的规律。

同期平均法计算季节指数的一般步骤如下。

（1）计算同期平均数 $\bar{y}_i$（$i=1, 2, \cdots, L$。L 为一年所包含的时序数据项数），即将不同年份同一季节的多个数据进行简单算术平均。其目的是消除不规则变动的影响。为了计算方便，一般要先将各年同一季节的数据对齐排列，如将历年的月（季）度数据按月（季）对齐排列。

（2）计算全部数据的总平均数 $\bar{y}$，用以代表消除了季节变动和不规则变动之后的全年平均水平，亦即整个时间序列的水平趋势值。

（3）计算季节指数 S_i，它等于同期平均数与总平均数的比率，即

$$S_i = \frac{\bar{y}_i}{\bar{y}} \times 100\% \tag{9.31}$$

从多个季节周期平均来看，同期平均法计算的季节指数表示各季节水平相对于平均水平的相对变化程度。当季节指数 S_i 大于 100% 时，表示所研究现象在第 i 期处于旺季；当季节指数 S_i 小于 100% 时，表示第 i 期是个淡季。

季节指数应满足一个平衡关系，即在一个完整的季节周期中，季节指数的总和等于季节周期的时间项数，或季节指数的平均值等于 1，即

$$\sum_{i=1}^{L} S_i = L \text{ 或 } \bar{S} = \frac{1}{L}\sum_{i=1}^{L} S_i = 100\% \tag{9.32}$$

若计算结果不满足式（9.32），就需要对其进行调整（即归一化处理），这种调整实质上就是将误差平均分摊到各期季节指数中去。调整方法是用各项季节指数除以全部季节指数的均值，或者说，将所求的各项季节指数都乘以一个调整系数，即可得到最终所求的季节指数。此调整系数的计算公式为

$$\text{季节指数的调整系数} = \frac{1}{\bar{S}} = \frac{L}{\sum_{i=1}^{L} S_i} \tag{9.33}$$

【例 9-11】某公司某商品销售额（万元）资料如表 9-8 所示。试用同期平均法计算各月的季节指数。

表 9-8　某公司商品销售额季节指数计算表

月 份	年 份			合 计	同 月 平 均	季节指数/%
	2017	2018	2019			
1	207	254	298	759	253	92.8
2	404	479	434	1 317	439	161.0
3	263	296	359	918	306	112.3
4	161	241	336	738	246	90.2
5	125	162	133	420	140	51.4
6	94	103	184	381	127	46.6
7	199	291	365	855	285	104.5
8	214	302	397	913	304.3	111.6
9	245	333	427	1 005	335	122.9
10	217	316	358	891	297	108.9
11	209	324	346	879	293	107.5
12	183	233	320	736	245.3	90.0
合计	2 521	3 334	3 957	9 812	3 270.6	1 199.7
月平均	210.1	277.8	329.8	817.7	272.6	100.0

其计算过程如下。

首先，计算三年同月的平均商品销售额。例如，1 月份的商品平均销售额为(207+254+298)/3=253 万元，2 月份的商品平均销售额为(404+479+434)/3=439 万元等。

其次，求出三年所有月份的总平均数，即表中的 272.6 万元。它可以用 36 个月的销售额求平均而得，也可以用 12 个月平均销售额求得，或者用 3 年的月平均销售额求得。

最后，把同月份平均商品销售额与总平均商品销售额进行对比，得出各个同月的商品销售额季节变动指数。这里，12 个月的季节变动指数之和应等于 1 200%（按季度计算则应为 400%），平均应等于 100%，如果误差较大，应按各月份（季度）指数比例进行调整。表中资料 12 个月的季节变动指数之和为 1 199.7%，可以不进行调整。

上述计算的季节变动指数表明，该公司的商品销售季节波动幅度较大，销售最旺的月份是 2 月份，达到了 161%，最淡的月份是 6 月份，仅为 46.6%，7、8、9、10、11 月份则相对平稳。于是该公司应针对这种情况，在春季前后把握好机会，切实加强管理和组织，搞好商品销售工作。

同期平均法分析季节变动的优点是简便易行，缺点是没有消除完全可能存在的长期趋势的影响。从表 9-8 中各年的月平均销售额，可明显地观察出该现象存在着增长趋势。现象中存在着长期趋势影响而又未被消除，就会影响季节变动分析的准确性，因为长期趋势在其中起着权数的作用。

（二）移动平均趋势剔除法

趋势剔除法是假定时间序列有明显的上升或下降趋势，首先测定出时间序列各期的趋势值，然后设法从原序列中消除趋势成分，最后再通过平均的方法消除不规则变动，从而测定出季节变动程度。

长期趋势的测定可用移动平均法，也可用趋势方程拟合法，还可以先采用移动平均法修匀时间序列，再采用趋势方程拟合法。但在计算季节指数的过程中，测定长期趋势最简便、最常用的方法是移动平均法。采用移动平均法测定长期趋势，再剔除长期趋势来计算季节指数，这种方法称为移动平均趋势剔除法。

移动平均趋势剔除法计算季节指数的具体方法和步骤如下。

（1）计算移动平均值（M）。对原序列计算中心化移动平均值且移动平均项数应等于季节周期的长度。通过这样的移动平均可消除原序列中的季节变动 S 和不规则变动 I 的影响。若序列不包含循环变动，即 $Y=T \cdot S \cdot I$，则所求移动平均值就作为长期趋势值，即 $M=T$。假定时间序列也包含循环变动，即 $Y=T \cdot S \cdot C \cdot I$，则所求移动平均值包含着趋势和循环变动，即 $M=T \cdot C$，可称为趋势-循环值。

（2）剔除原序列中的趋势成分（或趋势-循环成分）。用原序列各项数据 Y 除以对应的移动平均值（M），得到消除了长期趋势（或消除了长期趋势和循环变动）的序列，即得到只含季节变动和不规则变动的比率序列。其计算公式为

$$\frac{Y}{M}=\frac{T \cdot S \cdot I}{T}=S \cdot I \text{ 或 } \frac{Y}{M}=\frac{T \cdot S \cdot C \cdot I}{T}=S \cdot I \tag{9.34}$$

（3）消除不规则变动（I）。将各年同期（同月或同季）的比率（$S \cdot I$）进行简单算术平均，可消除不规则变动（I），从而可得到季节指数（S）。

（4）调整季节指数（S）。经由上述过程所得的季节指数通常不满足式（9.32），因此需要根据式（9.33）计算调整系数对所求季节指数进行归一化处理。

【例 9-12】某公司 2017—2019 年某商品销售额的季度数据如表 9-9 所示，试用移动平均趋势剔除法计算各季度的季节指数。

表 9-9 某公司 2017—2019 年某商品销售额的季度数据   单位：万元

年　份	季　度			
	1	2	3	4
2017	25	92	110	18
2018	30	104	132	28
2019	40	108	127	32

解：先计算四项中心化移动平均值（M），并计算趋势（或趋势-循环）剔除值（Y/M）。计算结果如表 9-10 和表 9-11 所示。

表 9-10 商品销售额的趋势值和趋势剔除值计算表

年　份	季　度	销售额 Y	中心化四季移动平均值 M	趋势剔除值 Y/M
2017	1	25	—	—
	2	92	—	—
	3	110	61.88	1.777 6
	4	18	64.00	0.281 3

续表

年 份	季 度	销售额 Y	中心化四季移动平均值 M	趋势剔除值 Y/M
2018	1	30	68.25	0.439 6
	2	104	72.25	1.439 4
	3	132	74.75	1.765 9
	4	28	76.50	0.366 0
2019	1	40	76.38	0.523 7
	2	108	75.25	1.435 2
	3	127	—	—
	4	32	—	—

为便于计算,可将表 9-10 中的趋势剔除值按季对齐排列,再计算出同季平均,经调整后即得各季度的季节指数（S）,如表 9-11 所示。

表 9-11 某公司商品销售额的季节指数计算表

年 份	季 度				总 和
	1	2	3	4	
2017	—	—	1.777 6	0.281 3	—
2018	0.439 6	1.439 4	1.765 9	0.366 0	—
2019	0.523 7	1.435 2	—	—	—
合计	0.963 3	2.874 6	3.543 5	0.647 3	—
同季平均	0.481 7	1.437 3	1.771 8	0.323 7	4.014 5
季节指数/%	48.00	143.21	176.54	32.25	400.00

由此可见,该公司某商品的销售额在第二季度、第三季度是旺季,分别比其趋势值高出 43.21%和 76.54%。而第一季度、第四季度是销售淡季,其销售额分别只相当于当期趋势值的 48.00%和 32.25%。

第五节 Excel 在动态数列分析中的应用

一、利用 Excel 的函数功能计算平均发展水平

平均发展水平的计算可利用 AVERAGE 函数来完成。

（一）用例 9-1 来说明时期数列的平均发展水平的计算

（1）数据输入。在单元格 A1 中输入"年份",在单元格 A2～A10 中分别输入 2011—2019（可用自动填充功能）；在单元格 B1 中输入"国内生产总值",在单元格 B2～B10 中分别输入对应的国内生产总值数值。

（2）在单元格 A11 中输入"国内生产总值的年平均水平"字样,在单元格 B11 中输入计算公式"=AVERAGE(B2:B20)",按 Enter 键后即在单元格 B11 中显示计算结果

"710 971.89"。

（二）用例 9-4 来说明间隔不等的时点数列的平均发展水平的计算

（1）数据输入。在单元格 A1 中输入"职工人数"，在单元格 A2～A5 中分别输入各时点的数值；在单元格 B1 中输入"间隔长度（月）"，在单元格 B3～B5 中分别输入"3""5""4"，在单元格 B6 中单击自动求和图标 Σ，或输入公式"=SUM(B3:B5)"得到分母的数值"12"。

（2）在单元格 C1 中输入"两时点间的平均"，在单元格 C3 中输入公式"=(A2+A3)/2"，在单元格 D3 中输入公式"=C3*B3"，按 Enter 键后用鼠标选定单元格 C3 和 D3，将它们的公式向下复制到单元格 C5 和 D5；在单元格 D6 中单击自动求和图标 Σ，或输入公式"=SUM(D3:D5)"得到分子的数值"16 655"。

（3）在任一空白单元格中输入公式"=D6/B6"，按 Enter 键后即显示平均职工人数的计算结果"1 387.917"。

二、利用 Excel 计算增长量和速度指标

（一）利用 Excel 的函数和公式复制功能可计算各种增长量和速度指标

下面以例 9-6 至例 9-8 的计算过程来说明。

（1）数据输入。在单元格 A1 中输入"年份"，在单元格 A2～A7 中分别输入 2014—2019；在单元格 B1 中输入"国内生产总值"，在单元格 B2～B7 中分别输入对应的国内生产总值数值。

（2）在单元格 C1 中输入"逐期增长量"字样，在单元格 C3 中输入公式"=B3-B2"，按 Enter 键后将单元格 C3 的公式向下复制到 C7，即可得到各年的逐期增长量。

（3）在单元格 D1 中输入"累计增长量"字样，在单元格 D3 中输入公式"=B3+$B$2"，按 Enter 键后将单元格 D3 的公式向下复制到 D7，即可得到各年的累计增长量。

（4）在 E1 中输入"环比发展速度（%）"字样，在单元格 E3 中输入公式"=B3/B2*100"，按 Enter 键后将单元格 E3 的公式向下复制到 E7，即可得到各年的环比发展速度。

（5）在单元格 F1 中输入"定基发展速度（%）"字样，在单元格 F3 中输入公式"=B3/$B$2*100"，按 Enter 键后将单元格 F3 的公式向下复制到 F7，即可得到各年的定基发展速度。

（6）在单元格 G1 和 H1 中分别输入"环比增长速度（%）"和"定基增长速度（%）"字样，在单元格 G3 中输入公式"=E3-100"，按 Enter 键后将单元格 G3 的公式向右复制到 H3，按 Enter 键后再用鼠标选定单元格 G3 和 H3，将它们的公式向下复制到单元格 G7 和 H7，即可得到各年的环比增长速度和定基增长速度。

（7）在单元格 A8（或任一空白单元格）中输入"平均发展速度（%）"字样，在其后的单元格 B8 中输入公式"=(B7/B2)^(1/5)*100"；亦可在单元格 E8 中输入公式"=(E3*E4*E5*E6*E7)^(1/5)"，或者在单元格 F8 中输入公式"=(F7/100)^(1/5)*100"，按 Enter 键后都显示计算结果"109.09"。

（二）利用 Excel 实现方程式法求平均发展速度的计算

采用上例的数据来说明。根据方程式法的公式（9.25），所求平均发展速度 $\bar{x}$ 应满足条件

$$(\bar{x}) + (\bar{x})^2 + (\bar{x})^3 + (\bar{x})^4 + (\bar{x})^5 = \frac{4\,137\,982.5}{641\,280.6} = 6.453$$

利用 Excel 求解 $\bar{x}$ 的具体步骤如下。

（1）在单元格 A1 中输入"平均发展速度"字样，在单元格 B1 中存放所求平均发展速度的数值。先输入一个初步的估计值，在单元格 A2 中输入"方程式左端"字样，在单元格 B2 中输入公式"=B1+B1^2+B1^3+B1^4+B1^5"，按 Enter 键后显示按初步估计值计算的方程式左端的数值（如 B1 中输入"1.10"，则 B2 中会显示"6.715 61"），如图 9-3 所示。

（2）选择"数据"→"假设分析"→"单变量求解"命令，弹出"单变量求解"对话框，在"目标单元格"数值框中输入"B2"，在"目标值"的输入框中输入方程式右端的值（本例中为"6.453"），在"可变单元格"数值框中输入"B1"，如图 9-3 所示。然后单击"确定"按钮即可得到求解结果，显示"单变量求解状态"并同时将求解结果保存于单元格 B2 中，如图 9-4 所示。本例所求得的平均发展速度为 1.086 324 56，即 108.632 456%。

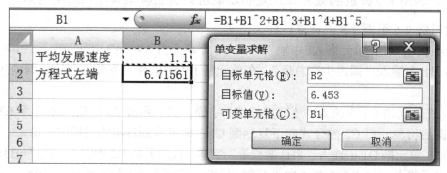

图 9-3 "单变量求解"对话框

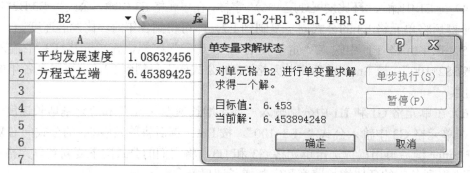

图 9-4 利用"单变量求解"得到的方程式法平均发展速度

三、利用 Excel 计算移动平均序列，绘制移动平均线

利用 Excel 计算移动平均序列的方法：选择"数据"→"数据分析"→"移动平均"命令，在随即弹出的对话框中指定数据所在区域（如果未包括指标名称，不选中"标志位

于第一行"复选框)、间隔(即移动平均的项数)和输出区域的起点单元格,选中"图表输出"复选框,如图 9-5 所示。

图 9-5 Excel 的"移动平均"对话框

若不选中"图表输出"复选框,在单击"确定"按钮后只输出移动平均序列(如图 9-6 中阴影部分)。选中"图表输出"复选框,则不仅可得到移动平均序列,还可以同时得到原数列(实际值)与移动平均序列(预测值)的折线图,如图 9-6 所示。

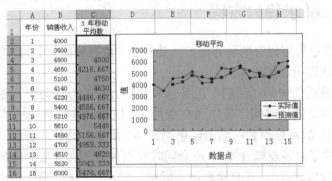

图 9-6 Excel 的移动平均输出结果

从图 9-6 可见,Excel 计算的移动平均数均放在各相应计算期的末尾一期,3 年移动平均序列缺少的项都在前两项。对于存在上升或下降趋势的序列,这样处置会使所求的移动平均数产生明显的滞后偏差,不能反映实际的趋势水平。因此,通常需要将移动平均数放在各相应计算期的中间一期,作为该期的趋势值(预测值),这就需要对 Excel 的输出结果进行调整。其具体操作方法是:用鼠标选定新序列前面的一个空白单元格,单击鼠标右键后在弹出的快捷菜单中选择"删除"命令,并选择"下方单元格上移"命令即可。由于 Excel 输出的图和移动平均序列的数值是相链接的,调整移动平均序列的位置后,图中的预测值也会自动调整。图 9-1 中的移动平均线就是经过调整后的图形。

图 9-1 还同时显示了 5 年移动平均的预测值。其具体操作方法是:先在单元格 D2～D16 生成 5 年移动平均序列,再删除上方的两个空白单元格并选择"下方单元格上移"命令,使 5 年移动平均序列如图 9-7 中的 D 列所示。然后,单击 3 年移动平均的输出图(选定图表区),单击鼠标右键后在弹出的快捷菜单中选择"数据"命令,在相应的对话框的"系列"选项卡中单击"添加"按钮,在其右边的数值框中输入"预测值(5 年移动平均)",在其下的"值"数值框中输入"$D$2:$D$16"。还可以选择"系列"列表框中原有的"预测值"

选项,再将其名称改为"预测值(3年移动平均)",如图9-7所示。单击"确定"按钮后即可得到图9-1。

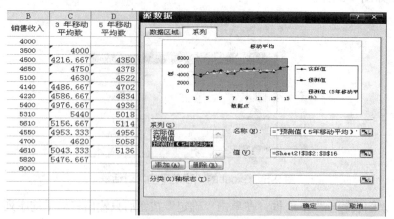

图9-7 在图中添加系列

四、利用 Excel 求趋势方程

利用 Excel 求趋势方程有两种方法:一是利用"数据分析"中的"回归"工具;二是直接在时间序列折线图上添加趋势线。

利用"数据分析"中的"回归"工具来求趋势方程的方法与第八章中介绍的求回归方程的方法相同,只需要以时间序号作为自变量 x、以时间序列所分析的指标为因变量 y 即可,如根据例 9-10 的数据得到的输出结果如图 9-8 所示。此外,若在"回归"对话框中的"残差"部分选中了"残差拟合图",还会同时输出与各期实际值对应的回归预测值和残差(即实际值与预测值之差),并且绘制出实际值与预测值的散点图,如图 9-2 所示。

SUMMARY OUTPUT					
回归统计					
Multiple R	0.693037173				
R Square	0.480300523				
Adjusted R Sq	0.44032364				
标准误差	535.3410214				
观测值	15				
方差分析					
	df	SS	MS	F	Significance F
回归分析	1	3443223.2	3443223.2	12.01446	0.004176
残差	13	3725670.1	286590.01		
总计	14	7168893.3			
	Coefficients	标准误差	t Stat	P-value	Lower 95%	Upper 95%
Intercept	3920.190476	290.88191	13.476914	5.13E-09	3291.778	4548.6026
年份序号	110.8928571	31.992745	3.4661876	0.004176	41.77673	180.00898

图 9-8 利用 Excel 的回归分析求直线趋势方程的输出结果

图 9-8 中阴影区域显示的数值即为直线趋势方程的两个参数估计值,因此可写出所求的直线趋势方程为

$$\hat{y} = a + bt = 3\,920.19 + 110.892\,8t \text{ [1]}$$

直接在时间序列折线图上添加趋势线的方法是：先根据时间序列实际值（本例中的销售收入）绘制出折线图，如图 9-10 中带点的折线，然后用鼠标在这条折线上的任意一点单击鼠标右键，在弹出的快捷菜单中选择"添加趋势线"命令，出现"设置趋势线格式"对话框。在"趋势线选项"中有几种趋势线类型可供选择，本例选择"线性"，勾选下方的"显示公式"和"显示 R 平方值"复选框，这样就不仅能够显示趋势线，而且在图中同时显示该趋势线的方程式和 R^2（相当于回归分析中的判定系数 R Square，有助于判断该趋势线的拟合效果），如图 9-9 所示。此外，可选择趋势线的线条颜色和线型，单击"确定"按钮后得到的输出结果如图 9-10 所示。

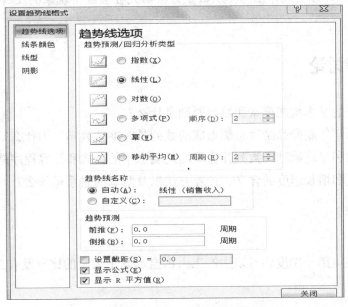

图 9-9 Excel 的"设置趋势线格式"对话框

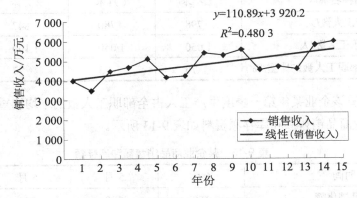

图 9-10 在折线图中添加趋势线

---

[1] 例题中每步的计算结果因为四舍五入都有一定的误差，所以例题中列式计算得到的数值与此处 Excel 输出的精确结果略有出入。

使用添加趋势线的方法较为简便，尤其是在拟合非线性趋势方程时，这一优势更为突出。读者不妨自己试试。

本章小结

本章从时间的发展变化角度研究事物在不同时间上的发展状况，探索其随着时间推移的演变趋势和规律，揭示其数量变化和时间的关系，预测事物在未来时间上可能达到的数量和规模。本章共分五节，主要从现象发展的水平指标、现象发展的速度指标、现象的趋势及季节变动分析等方面来介绍怎样从数量方面研究社会经济现象的发展变化过程和发展趋势。

思考与讨论

1. 动态数列的基本构成要素和编制原则是什么？
2. 某企业历年年底商品结存总额形成的数列是时期数列吗？为什么？
3. 由相对数和平均数动态数列计算平均发展水平的公式和计算程序是什么？
4. 发展速度和增长速度的含义、计算方法以及两者的联系是什么？

实训题

1. 某企业某年第一季度各月末生产工人占全部职工人数的比重及有关资料如表 9-12 所示。

表 9-12　生产工人占全部职工人数比重表

指标名称	上年末	1月末	2月末	3月末
生产工人数/人	798	780	847	880
全部职工人数/人	1 050	1 040	1 100	1 100
生产工人占全部职工人数的比重/%	76	75	77	80

要求：计算该企业某年第一季度生产工人占全部职工人数的平均比重。

2. 某企业商品销售额和库存额资料如表 9-13 所示。

表 9-13　某企业商品销售额和库存额　　　　　　　　单位：万元

时间	4月	5月	6月	7月
商品销售额	150	220	240	160
月初库存额	50	43	55	60

要求：根据资料计算该企业第二季度平均每月的商品流转次数。

3. 某厂生产工人数和产量资料如表 9-14 所示。

表 9-14　某厂生产工人数和产量

指标	1月	2月	3月	4月
产量/t	1 200	1 440	1 050	1 650
月初工人数/人	60	60	65	64

要求：计算第一季度平均每月的劳动生产率。

4．我国 2013—2019 年普通高中招生人数如表 9-15 所示。

表 9-15　我国 2013—2019 年普通高中招生人数

年份	2013	2014	2015	2016	2017	2018	2019
招生人数/万人	822.7	796.6	796.6	802.9	800.1	792.7	839.5

要求根据上述资料计算：

（1）逐期增长量、累计增长量以及平均增长量。

（2）定基发展速度、环比发展速度、定基增长速度、环比增长速度。

（3）2013—2019 年我国普通高中招生人数的平均发展速度和平均增长速度。

5．某地区人口数从 2010 年起每年以 9‰的增长率增长，截至 2019 年人口数为 2 100 万人。该地区 2010 年人均粮食产量为 350kg，到 2019 年人均粮食产量达到 400kg。试计算该地区粮食总产量平均增长速度。

6．某地区的耕地面积资料如表 9-16 所示。

表 9-16　某地区的耕地面积

年份	2015	2016	2017	2018	2019
耕地面积/万公顷	85	82	78	75	72

要求：用最小二乘法配合趋势直线，并预计到 2025 年时，该地的耕地面积将减少到多少？

7．某地区 2010 年平均人口数为 120 万人，2019 年人口变动情况如表 9-17 所示。

表 9-17　某地区 2019 年人口变动情况

月份	1月	2月	5月	9月	11月	次年1月
月初人数/万人	122	125	132	147	151	157

要求：

（1）计算 2019 年平均人口数。

（2）计算 2010—2019 年该地区人口的平均增长速度。

（3）假设从 2020 年起该地区人口以 9‰的速度增长，则经过多少年人口将增长到 180 万人？

案例分析

【案例 9-1】 人身意外伤害险保费收入的变化

保险可分为财产保险和人身保险两大类，人身意外伤害险是人身保险的一部分。随着国民经济的快速发展，保险业也呈现出不断增长的态势，由人身意外伤害险的保费收入的变化可见一斑。

表 9-18 是某地区近五年各月的人身意外伤害险保费收入，根据这些数据可以分析研究各地区人身意外伤害保险的发展水平、增长速度、长期趋势和季节影响等各种数量特征，为研究保费收入变化的数量规律、分析保费收入变化的影响因素、制订发展计划以及指导保险机构发展相关业务等提供重要的参考信息。

表 9-18　某地区近五年各月人身意外伤害险保费收入　　单位：千万元

	2015 年	2016 年	2017 年	2018 年	2019 年
1 月	115	150	192	182	258
2 月	80	80	99	143	134
3 月	195	212	267	264	313
4 月	129	168	192	190	249
5 月	118	150	183	174	229
6 月	174	195	155	245	277
7 月	96	121	135	167	202
8 月	112	137	140	167	207
9 月	248	281	248	323	320
10 月	138	156	175	167	196
11 月	119	135	136	144	191
12 月	101	116	114	134	178

案例思考与分析要求：

1. 利用 Excel 绘制出该动态序列的折线图。

2. 按本章第四节中所讲的动态数列构成因素的分类和特征，观察折线图并说明该地区人身意外伤害险保费收入（下面简称保费收入）的变化中受哪几种构成因素的影响。

3. 分别计算各年度的保费收入总额，并进一步计算 2015—2019 年度保费收入总额的如下指标（尽可能将计算结果列在一张表中）：

（1）年平均发展水平。

（2）各年的逐期增长量、累计增长量和年平均增长量，验证逐期增长量与累计增长量之间的关系。

（3）各年的发展速度（环比、定基）、增长速度（环比、定基）、平均发展速度和平均增长速度，并指出增长速度超过一般水平的是哪几年？

4. 另知，2010—2014 年度的保费收入分别为 748 千万元、787 千万元、996 千万元、

1 171 千万元、1 409 千万元。试观察年度保费收入序列呈现出哪种形态的长期趋势，用恰当的数学模型将这种长期趋势表达出来（利用 Excel 拟合出具体的方程式），说明拟合效果的好坏，并据以预测 2020 年和 2021 年的保费收入。

5. 对保费收入的月度数据计算同比增长速度和环比增长速度各有什么意义？
6. 选择适当的方法分析保费收入的季节变动，计算各月季节比率。
7. 如果要对 2020 年各月保费收入进行预测，应该如何预测？请指出具体步骤和方法。

第十章 指数分析

【学习目标】

① 了解统计指数的意义及其分类。
② 掌握总指数的编制方法及其在现实中的应用。
③ 掌握运用指数体系进行因素分析的方法。
④ 熟悉用 Excel 进行指数分析的方法。

第一节 指数的意义和种类

表 10-1 反映了 2010—2018 年我国城镇非私营单位就业人员平均工资和指数变动情况，你能看懂这张表吗？表中"指数（2018 年=100）"指的是什么？怎样计算？"货币工资"和"实际工资"有什么关系？要明白这些问题，就需要对指数的基本知识有所了解。本章主要讨论指数的概念、指数的编制及计算分析方法和应用问题。

表 10-1 我国历年城镇非私营单位就业人员平均工资和指数统计表

年 份	平均工资/元	指数（2018 年=100）	
		平均货币工资	平均实际工资
2010	36 539	113.3	109.8
2011	41 799	114.4	108.6
2012	46 769	111.9	109.0
2013	51 483	110.1	107.3
2014	56 360	109.5	107.2
2015	62 029	110.1	108.5
2016	67 569	108.9	106.7
2017	74 318	110.0	108.2
2018	82 413	110.9	108.6

资料来源：《中国统计年鉴 2019》。

一、指数的意义

（一）指数的概念

指数是统计指数的简称，是表明社会经济现象数量对比关系的相对数。从广义上看，指数泛指一般社会经济现象的相对数。经初步核算，2019 年全年我国国内生产总值 990 865 亿元，比 2018 年增长 6.1%。其中，第一产业增加值 70 467 亿元，增长 3.1%；第二产业增加值 386 165 亿元，增长 5.7%；第三产业增加值 534 233 亿元，增长 6.9%。第一产业增加值占国内生产总值的比重为 7.1%，第二产业增加值占国内生产总值的比重为 39.0%，第三产业增加值占国内生产总值的比重为 53.9%[①]。这段文字中出现了几个相对数，从广义上说，它们都叫指数。在第四章中所涉及的其他相对数，如比较相对数、计划完成程度相对数等都可以叫作指数。

狭义的指数是一种特殊的相对数，它是反映多种不能直接相加的现象总体数量变动的相对数。它不同于一般的相对数，一般的相对数只是用来说明个别现象的变动，或者说明那些可以直接相加和对比的现象变动情况。而狭义概念的指数，仅仅反映复杂现象总体数量上的变动，如综合说明市场多种零售商品的销售量或价格的发展变动程度。因为各种商品的使用价值不同、性质不同，不能直接相加进行对比，这就需要编制综合反映全部商品销售量或价格变动的指数。

（二）统计指数的作用

统计指数在统计工作中应用广泛，其主要作用有如下几个方面。

（1）综合反映复杂现象总体数量上的变动状态。它以相对数的形式表明多种产品或商品的数量指标或质量指标的综合变动方向和程度。编制统计指数的根本目的就在于将多种不同使用价值的产品或商品过渡到可以综合比较，从而计算出诸如工业产品产量、商品零售价格等的总指数，来反映它们的总变动状态。

（2）分析某一社会经济现象总体数量变动中，各构成因素变动的影响程度，包括现象总体总量指标和平均指标的变动受各因素变动的影响程度分析。

（3）说明总平均数变动中，各组平均水平和总体结构变动的作用。

（4）分析社会经济现象在长时期内的发展变化趋势。利用连续编制的指数数列，对复杂现象总体长时间发展变化趋势进行分析。

二、指数的种类

（一）按其所反映的对象范围分类

指数按其所反映的对象范围的不同可分为个体指数和总指数。

个体指数是反映个别现象数量变动的相对数，如反映个别产品产量变动的产量指数、反映个别商品价格变动的价格指数等。

总指数是综合表明全部现象总体数量变动的相对数，如全部工业产品总产值指数、全部商品零售物价总指数等。

总指数是在复杂现象总体的条件下进行编制的，它的计算形式有综合指数和平均指数两种。总指数的计算和分析是本章内容的核心。

（二）按其所表明的指标性质分类

指数按其所表明的指标性质的不同可分为数量指标指数和质量指标指数。

---

① 资料来源：中华人民共和国国家统计局《中华人民共和国 2019 年国民经济和社会发展统计公报》。

数量指标指数是反映生产、经营或经济工作中数量变动的指数，如工业产品产量指数、商品销售量指数等，反映研究现象总体总规模的变动程度。

质量指标指数是说明产品或工作等质量变动的指数，如产品成本指数、商品价格指数、劳动生产率指数等，它可以说明生产经营所取得的效益状态以及生产工作质量的提高程度。

在统计指数的应用中，必须区分数量指标指数和质量指标指数，因为这两种指数在计算方法和实际应用中是有区别的。

（三）按其所反映的时间状况分类

指数按其所反映的时间状况的不同可分为动态指数和静态指数。

动态指数是用来反映现象在不同时间上的数量变动的相对数，用来反映现象随时间变化而变动的方向和程度。如表 10-1 中的指数就属于动态指数，它反映了我国 2010—2018 年就业人员工资的变动情况。将指数按年、季或月连续排列所形成的数列叫作指数数列。根据选择的基期不同，动态指数又分为环比指数和定基指数。在指数数列中，各指数均以其前一时期为对比基期，称为环比指数；各期指数以某一固定时期为对比基期，称为定基指数。

静态指数主要是指区域指数和计划完成情况指数两种。区域指数是指同一时间不同空间的同类现象数量对比的相对数，它反映同类现象在不同区域的差异程度；而计划完成情况指数则是利用总指数的方法，将多项计划任务的实际数与计划数进行对比，以综合反映计划完成情况。

静态指数是动态指数应用上的拓展，其计算原理和分析方法与动态指数基本相同。本章主要介绍动态指数的计算和分析方法。

第二节　总指数的编制方法

综合指数和平均指数是总指数的两种计算形式，下面分别介绍综合指数和平均指数的编制方法。

一、综合指数

（一）编制综合指数的基本思路

【例 10-1】某商场三种商品的价格和销售量资料如表 10-2 所示，现以此表资料为例说明综合指数的编制思路。

表 10-2　某商场三种商品的价格和销售量表

商品	计量单位	价格/元		销售量	
		基期	报告期	基期	报告期
甲	个	30	28	1 000	1 200
乙	双	20	22	2 000	1 600
丙	台	23	25	1 500	1 500

由表 10-2 中的数据可以计算出甲、乙、丙三种商品的个体指数，反映单个商品的价格或销售量的变动情况。但如果要综合说明甲、乙、丙三种商品价格或销售量的总体数量变动情况，首先就会遇到这三种不同性质的商品其价格或销售量不能直接相加的问题。

如要反映表 10-2 中三种商品单价的变动情况，就需要编制价格总指数。在编制价格总指数时，要求把报告期的价格加总后再除以基期价格，但三种商品的使用价值、计量单位不同，不能把其价格进行直接相加。其原因有三点：第一，各种不同商品的单价代表着不同使用价值的商品价值，将各种商品单价简单相加没有经济意义；第二，各种商品的销售量大小也是不同的，在反映各种商品的价格变动时，应考虑商品销售量因素的影响；第三，各种不同性质的商品的单价，其计量单位可大可小，如布匹的单价计量单位可以是米也可以是尺，而大米的计量单位可以是克、千克也可以是吨。各种不同性质的商品随着使用计量单位的不同，其单价也会不同。所以，将各种商品的单价进行简单相加以反映不同性质商品价格的总变动是不合理的。因此，在编制价格总指数时，必须找一个因素，将不同度量的各种商品的单价转化为可以同度量的数值。对于单价来说，这个起同度量作用的因素就是各种商品的销售量。因为销售量×价格=销售额，而各种商品的销售额是可以相加的，在这里，销售量实际起到了一种媒介作用，它使本身不能直接加总的单价变成了可以加总的销售额，我们可以通过加总后的报告期销售额与基期销售额对比来反映销售额的总变动情况，由此得到的是销售额指数。假设我们以 p 代表价格，q 代表销售量，p_0 代表基期价格，p_1 代表报告期价格，q_0 代表基期销售量，q_1 代表报告期销售量，I_{qp} 代表销售额指数，则销售额指数的计算可用公式表示为

$$I_{qp} = \frac{\sum p_1 q_1}{\sum p_0 q_0} \times 100\% \tag{10.1}$$

根据表 10-2 可以计算出三种商品的基期销售总额为 104 500 元，报告期销售总额为 106 300 元，如表 10-3 所示。于是可得销售额指数为

$$I_{qp} = \frac{\sum p_1 q_1}{\sum p_0 q_0} \times 100\% = \frac{106\,300}{104\,500} \times 100\% = 101.72\%$$

$$\sum p_1 q_1 - \sum p_0 q_0 = 106\,300 - 104\,500 = 1\,800（元）$$

表 10-3　某商场三种商品销售额计算表

商品	计量单位	价格 p/元		销售量 q		销售额 pq/元			
		基期 p_0	报告期 p_1	基期 q_0	报告期 q_1	基期 $p_0 q_0$	报告期 $p_1 q_1$	假定 $p_0 q_1$	假定 $p_1 q_0$
甲	个	30	28	1 000	1 200	30 000	33 600	36 000	28 000
乙	双	20	22	2 000	1 600	40 000	35 200	32 000	44 000
丙	台	23	25	1 500	1 500	34 500	37 500	34 500	37 500
合计	—	—	—	—	—	104 500	106 300	102 500	109 500

这说明，报告期三种商品销售额比基期增长了 1.72%，即增加 1 800 元，但销售总额的

变动反映的是销售量和价格共同变动的结果。为了测定价格因素的变动程度，就必须假设销售量不变，消除销售量因素变动的影响，只反映价格一个因素的变动情况，这样对比的相对数就是价格指数，其计算公式可表示为

$$I_p = \frac{\sum p_1 q_m}{\sum p_0 q_m} \times 100\% \qquad (10.2)$$

式中：I_p 代表价格指数；q_m 代表各种商品某一期的销售量（m 可以是 0，1 或其他）。分子和分母都是价格与销售量相乘的结果，所以都是销售总额，但其中销售量因素 q 是被固定在同一时期的，所以分子与分母两个销售总额对比的结果中消除了销售量因素的影响，只反映的是价格一个因素的变动综合程度。

同理，为了测定销售量因素的变动程度，就必须假设价格不变，消除价格因素变动的影响，只反映销售量一个因素的变动情况，这样对比的相对数就是销售量指数，其计算公式可表示为

$$I_q = \frac{\sum p_m q_1}{\sum p_m q_0} \times 100\% \qquad (10.3)$$

式中：I_q 代表销售量指数；p_m 代表各种商品某一期的价格（m 可以是 0，1 或其他）。分子和分母也都是销售总额，但其中价格因素 p 是被固定在同一时期的，所以分子与分母两个销售总额对比的结果中消除了价格因素的影响，只反映的是销售量一个因素的变动综合程度。

式（10.2）和式（10.3）两个指数都是通过两个综合总量对比来计算的指数，它们综合反映了多个个体的变动程度，称为综合指数。综合指数中指数所要测定其变动的因素称为指数化指标，被固定的因素称为同度量因素。具体地说，在价格综合指数中，价格就是指数化指标，同度量因素是销售量；在销售量综合指数中，销售量是指数化指标，而价格就是同度量因素。

（二）固定同度量因素的时期

1. 关于质量指标指数同度量因素时期的固定问题

【例 10-2】以表 10-3 的资料为例，如果要计算价格指数，其同度量因素应该固定在基期还是固定在报告期？从理论上讲，只要同度量因素均采用同一时间的水平，基期和报告期两个时间的综合总量指标对比的结果都可以反映指数化指标的变动程度。但是，同度量因素所属时间不同，计算出的指数不仅在数值上表现出差异，而且指数所表示的经济意义也有所不同。

若以基期销售量为同度量因素，其计算价格指数的公式为

$$I_p = \frac{\sum p_1 q_0}{\sum p_0 q_0} \times 100\% \qquad (10.4)$$

将表 10-3 中的数据代入式（10.4），计算三种商品的价格指数为

$$I_p = \frac{\sum p_1 q_0}{\sum p_0 q_0} \times 100\% = \frac{109\,500}{104\,500} \times 100\% = 104.78\%$$

$$\sum p_1 q_0 - \sum p_0 q_0 = 109\,500 - 104\,500 = 5\,000（元）$$

以上结果表明，报告期三种商品价格比基期上涨了 4.78%，由于价格的上升，使销售总额上升了 5 000 元。

再以报告期销售量为同度量因素来计算价格指数，其计算公式为

$$I_p = \frac{\sum p_1 q_1}{\sum p_0 q_1} \times 100\% \tag{10.5}$$

将表 10-3 中的数据代入式（10.5），计算三种商品销售量指数为

$$I_p = \frac{\sum p_1 q_1}{\sum p_0 q_1} \times 100\% = \frac{106\,300}{102\,500} \times 100\% = 103.7\%$$

$$\sum p_1 q_1 - \sum p_0 q_1 = 106\,300 - 102\,500 = 3\,800（元）$$

以上结果表明，报告期三种商品价格比基期上涨了 3.7%，由于价格的上涨，使销售总额上升了 3 800 元。

通过上述计算可以看到，同一质量指标指数的同度量因素，由于其固定时期不同，其计算出的指数结果也不同。那么，质量指标指数的同度量因素究竟应该固定在什么时期好呢？

编制价格总指数的目的是要综合反映多种商品价格的变动情况。用式（10.4）计算的三种商品价格指数，是报告期价格按基期销售量计算的假定销售额 $\sum p_1 q_0$ 与基期实际销售额 $\sum p_0 q_0$ 的对比，以销售量维持在基期水平为前提，不能反映价格变动对报告期销售情况的影响。用式（10.5）计算三种商品的价格指数，是报告期实际销售总额 $\sum p_1 q_1$ 与报告期销售量按基期价格计算的假定销售总额 $\sum p_0 q_1$ 的对比，其测定的是报告期实际销售商品的价格水平的变动情况。这样计算的价格总指数符合统计研究的目的，具有现实意义。所以，在计算价格指数时，其同度量因素应固定在报告期为好。

2. 关于数量指标指数同度量因素时期的固定问题

【例 10-3】仍以表 10-3 的资料为例，如果要计算销售量指数，其同度量因素应该固定在基期还是固定在报告期？

以基期价格为同度量因素，其计算销售量指数的公式为

$$I_q = \frac{\sum p_0 q_1}{\sum p_0 q_0} \times 100\% \tag{10.6}$$

将表 10-3 中的数据代入式（10.6），计算三种商品销售量指数为

$$I_q = \frac{\sum p_0 q_1}{\sum p_0 q_0} \times 100\% = \frac{102\,500}{104\,500} \times 100\% = 98.1\%$$

$$\sum p_0 q_1 - \sum p_0 q_0 = 102\,500 - 104\,500 = -2\,000（元）$$

以上结果表明，报告期三种商品销售量比基期下降了 1.9%，由于销售量的下降，使销售总额下降了 2 000 元。

再以报告期价格为同度量因素来计算销售量指数，其计算公式为

$$I_q = \frac{\sum p_1 q_1}{\sum p_1 q_0} \times 100\% \tag{10.7}$$

将表 10-3 中的数据代入式（10.7），计算三种商品销售量指数为

$$I_q = \frac{\sum p_1 q_1}{\sum p_1 q_0} \times 100\% = \frac{106\,300}{109\,500} \times 100\% = 97.08\%$$

$$\sum p_1 q_1 - \sum p_1 q_0 = 106\,300 - 109\,500 = -3\,200（元）$$

以上结果表明，报告期三种商品销售量比基期下降了 2.92%，由于销售量的下降，使销售总额下降了 3 200 元。

通过上述计算可以看到，同一数量指标指数的同度量因素，由于其固定时期不同，其计算出的指数结果也不相同。那么，数量指标指数的同度量因素究竟应该固定在什么时期好呢？

编制销售量指数的目的是为了综合反映多种商品销售量的变动。用式（10.6）来计算销售量指数，是假定价格不变，报告期销售总额的计算不受价格变动的影响，因而，对比的结果反映的是销售量的变动情况。可见，由基期价格作为同度量因素计算的销售量总指数是符合研究目的的。而用式（10.7）计算的三种商品销售量指数，是以报告期价格作为同度量因素计算的销售额。报告期价格 p_1 是由基期价格 p_0 变化而来的，用 p_1 作为同度量因素，把价格变化的影响带入指数中，使销售量降低幅度增加 1.02%（97.08%～98.1%）。究其原因，是因为甲商品销售量上升，价格下降，同时乙商品销售量下降，价格上升，两者影响抵消后使销售量指数变小。从中可以看出，用报告期价格作为同度量因素来计算销售量指数，其数值大小会受到各种商品价格变化的影响。另外，式（10.7）的分子是按照报告期价格计算的销售额，而该公式中的分母则是由基期销售量按报告期价格计算的假定销售额。两者之差除了包括因销售量变化而引起的销售额变化外，还包括由于两个时期价格差额影响而增减的销售额。显然，用式（10.7）来分析销售量的变动是不理想的。通过以上分析可以得出，编制数量指标综合指数，一般将其同度量因素固定在基期水平上。

综上所述，编制质量指标综合指数，一般将其同度量因素固定在报告期；而编制数量指标综合指数，一般将其同度量因素固定在基期。应该注意的是，立足于现实经济意义的

分析来确定综合指数中的同度量因素所属时期具有普遍的应用意义，但不是固定不变的原则，因而不能机械地加以应用。编制综合指数，往往要注意研究现象总体的不同情况和分析任务的不同要求，来具体确定同度量因素所属时期。

二、平均指数

在实际工作中，有时由于受资料的限制，无法利用综合指数进行计算，这时可以采用总指数的另一种计算形式——平均指数进行计算分析。

平均指数是以个体指数为基础，对若干个体指数进行加权平均而编制的总指数。它是先计算出各种产品或商品的数量指标或质量指标的个体指数，而后对个体指数进行加权平均计算来测定现象的总变动程度。平均指数也是编制总指数的一种重要形式，有其独立的应用意义。

平均指数与综合指数既有区别又有联系。在特定的权数条件下，平均指数是综合指数的变形形式，即加权算术平均数指数是数量指标指数的变形；加权调和平均数指数是质量指标指数的变形。但是，作为一种独立指数形式的平均指数，不仅是作为综合指数的变形而使用，其本身也具有广泛的应用价值。

平均指数的计算形式有两种：算术平均指数和调和平均指数。

（一）算术平均指数

算术平均指数是将各种产品或商品的数量指标的个体指数进行算术平均而得出的总指数。若以 K_q 表示各产品或商品数量指标的个体指数，即

$$K_q = \frac{q_1}{q_0}$$

则算术平均指数为

$$\bar{K}_q = \frac{\sum K_q p_0 q_0}{\sum p_0 q_0} \times 100\% \tag{10.8}$$

式中：$\bar{K}_q$ 表示算术平均指数；$p_0 q_0$ 表示基期总值指标，以它为权数计算的算术平均指数是比较常用的形式。

【例 10-4】如果只知道表 10-2 中三种商品的销售量及其基期销售额，如表 10-4 所示。求三种商品的销售量算术平均指数，其计算过程如下。

销售量的算术平均指数为

$$\bar{K}_q = \frac{\sum K_q p_0 q_0}{\sum p_0 q_0} \times 100\% = \frac{102\,500}{104\,500} \times 100\% = 98.1\%$$

$$\sum K_q p_0 q_0 - \sum p_0 q_0 = 102\,500 - 104\,500 = -2\,000（元）$$

计算结果表明，三种商品销售量报告期比基期下降了 1.9%，由于销售量的下降，使销售总额下降了 2 000 元。

表 10-4 某商场三种商品销售量指数计算表

商　品	计量单位	销售量 基期 q_0	销售量 报告期 q_1	基期销售额 p_0q_0 /元	销售量个体指数 $K_q=\dfrac{q_1}{q_0}$ /%	个体指数和基期总值的乘积 $K_q p_0 q_0$ /元
甲	个	1 000	1 200	30 000	120.00	36 000
乙	双	2 000	1 600	40 000	80.00	32 000
丙	千克	1 500	1 500	34 500	100.0	34 500
合　计	—	—	—	104 500	—	102 500

资料栏　　　　　　　　　计算栏

（二）调和平均指数

调和平均指数是将各种产品或商品的质量指标的个体指数进行调和平均而得出的总指数。若以 K_p 表示各产品或商品质量指标的个体指数，$K_p=p_1/p_0$，则调和平均指数为

$$\bar{K}_p = \dfrac{\sum p_1 q_1}{\sum \dfrac{p_1 q_1}{K_p}} \times 100\% \tag{10.9}$$

式中：$\bar{K}_p$ 表示调和平均指数；p_1q_1 表示报告期总值指标，以它为权数计算的调和平均指数是比较常用的形式。

【例 10-5】仍以表 10-2 的资料为例，假如已知三种商品的销售价格及报告期销售额，如表 10-5 所示。求三种商品的价格调和平均指数，计算过程为

$$\bar{K}_p = \dfrac{\sum p_1 q_1}{\sum \dfrac{p_1 q_1}{K_p}} \times 100\% = \dfrac{106\,300}{102\,500} \times 100\% = 103.7\%$$

$$\sum p_1 q_1 - \sum \dfrac{p_1 q_1}{K_p} = 106\,300 - 102\,500 = 3\,800（元）$$

计算结果表明，三种商品的价格上涨了 3.7%，由于价格上涨使销售总额增长了 3 800 元。

从上面算术平均指数和调和平均指数的举例计算结果来看，它们与综合指数方法所计算的结论都是相同的。但是，这种相同是有条件的：当数量指标的算术平均指数，在采用基期总值 p_0q_0 为权数的特定情况下，和一般综合指数的计算结论相同；而质量指标的调和平均指数，在采用报告期总值 p_1q_1 为权数的特定情况下，计算结果和综合指数相一致。

表 10-5 某商场三种商品销售价格指数计算表

商品	计量单位	销售价格/元 基期 p_0	销售价格/元 报告期 p_1	报告期销售额/元 p_1q_1	价格个体指数 $K_p=p_1/p_0$	报告期销售额除以个体指数/元 p_1q_1/K_p
甲	个	30	28	33 600	93.33	36 000
乙	双	20	22	35 200	110.00	32 000
丙	千克	23	25	37 500	108.70	34 500
合计	—	—	—	106 300	—	102 500

资料栏　　　　　　　　　　计算栏

简单证明如下。

由于数量指标的个体指数 $K_q = \dfrac{q_1}{q_0}$，所以 $K_q p_0 q_0 = p_0 q_1$

则算术平均指数为

$$\bar{K}_q = \frac{\sum K_q p_0 q_0}{\sum p_0 q_0} = \frac{\sum \dfrac{q_1}{q_0} p_0 q_0}{\sum p_0 q_0} = \frac{\sum p_0 q_1}{\sum p_0 q_0}$$

同时，质量指标的个体指数的倒数为

$$\frac{1}{K_p} = \frac{p_0}{p_1}, \quad p_1 q_1 \frac{1}{K_p} = p_1 q_1 \frac{p_0}{p_1} = p_0 q_1$$

则调和平均指数为

$$\bar{K}_p = \frac{\sum p_1 q_1}{\sum \dfrac{p_1 q_1}{K_p}} = \frac{\sum p_1 q_1}{\sum p_1 q_1 \dfrac{p_0}{p_1}} = \frac{\sum p_1 q_1}{\sum p_0 q_1}$$

因此，以基期总值指标作为权数计算的数量指标的算术平均指数和以报告期总值指标为权数计算的质量指标的调和平均指数是综合指数的变形。

第三节　指数体系与因素分析

一、指数体系

指数体系是由若干个有联系的指数结合形成的一个整体，即由若干个有关指数所形成的数量关系式。这种关系式表现为：一个总量指数等于各因素指数的乘积。例如：

生产总值指数=产量指数×出厂价格指数
总成本指数=产量指数×单位成本指数
销售额指数=销售量指数×销售价格指数
利税额指数=销售量指数×销售价格指数×利税率指数

利用指数体系可以分析现象总变动中各个因素变动的影响程度。例如，测定不同时期销售额变动中，销售量的变动和价格变动对销售额变动的影响程度。同时还可以从实际效果方面分析各个构成因素对总增减量的作用。

利用指数体系还可以进行估计推算，即根据指数体系，可利用已知指数来推算未知指数。

【例 10-6】某企业本年与去年同期相比产品销售数量增加了 5%，产品销售收入增加了 10%，求产品价格指数。

解：$\text{产品价格指数} = \dfrac{\text{产品销售收入指数}}{\text{产品销售数量指数}} = \dfrac{110\%}{105\%} = 104.76\%$

二、因素分析

因素分析就是借助于指数体系来分析社会经济现象变动中各种因素变动发生作用的影响程度。

因素分析主要包括以下两个方面内容。

（1）相对数分析，是把互相联系的指数组成乘积关系的体系，从指数计算结果本身指出现象总体总量指标或平均指标的变动是哪些因素变动作用的结果。指数分析一般是指这种分析。

（2）绝对数分析，是由指数体系中各指数分子与分母指标之差所形成的绝对值上的因果关系。

利用指数体系，可以对总量变动中各因素的影响从相对数和绝对数两方面一一进行分析，这种分析方法不仅适合于两因素分析，也适合于多因素分析；不仅适合于总量指标的因素分析，也适合于平均指标的因素分析。下面分别就总量指标和平均指标的两因素分析方法进行介绍。

（一）总量指标变动的两因素分析

若一个总量指标等于两个因素指标的乘积，要对其总量指标变动进行因素分析，应该用综合指数所形成的指数体系，分析其中数量指标和质量指标的自身变动及其对总量指标的影响程度。

对总量指标进行两因素分析，可建立指数体系

$$\frac{\sum p_0 q_1}{\sum p_0 q_0} \times \frac{\sum p_1 q_1}{\sum p_0 q_1} = \frac{\sum p_1 q_1}{\sum p_0 q_0} \qquad (10.10)$$

根据上述指数体系，不仅可以从相对数上分析现象总量的变动程度中各因素的影响程度，还可以从绝对数上分析各因素变动对总量指标变动的绝对影响程度。

各因素变动对总量指标变动的绝对影响程度可用计算公式表示为

$$\left(\sum p_0 q_1 - \sum p_0 q_0\right) + \left(\sum p_1 q_1 - \sum p_0 q_1\right) = \left(\sum p_1 q_1 - \sum p_0 q_0\right) \qquad (10.11)$$

现举例说明总量指标的两因素分析方法。

【例 10-7】仍以表 10-3 的资料为例，对该企业三种商品销售额的变动情况进行因素分析。

解：第一步，计算销售额指数：

$$I_{qp} = \frac{\sum p_1 q_1}{\sum p_0 q_0} \times 100\% = \frac{106\,300}{104\,500} \times 100\% = 101.72\%$$

$$\sum p_1 q_1 - \sum p_0 q_0 = 106\,300 - 104\,500 = 1\,800（元）$$

第二步，计算销售量指数和价格指数：

$$I_q = \frac{\sum p_0 q_1}{\sum p_0 q_0} \times 100\% = \frac{102\,500}{104\,500} \times 100\% = 98.1\%$$

$$\sum p_0 q_1 - \sum p_0 q_0 = 102\,500 - 104\,500 = -2\,000（元）$$

$$I_p = \frac{\sum p_1 q_1}{\sum p_0 q_1} \times 100\% = \frac{106\,300}{102\,500} \times 100\% = 103.7\%$$

$$\sum p_1 q_1 - \sum p_0 q_1 = 106\,300 - 102\,500 = 3\,800（元）$$

第三步，利用指数体系进行综合分析：

销售量指数、价格指数和销售额指数之间的关系为

$$98.1\% \times 103.7\% = 101.72\%$$

销售量变动对销售额影响的绝对额加上价格变动对销售额影响的绝对额等于销售额变动的数额，即

$$-2\,000 + 3\,800 = 1\,800（元）$$

以上结果说明，报告期三种商品销售额比基期增长了 1.72%，报告期销售额比基期增长的绝对额为 1 800 元。分析其原因，是因为报告期三种商品销售量比基期下降了 1.9%，使销售额下降了 2 000 元；报告期三种商品价格比基期上涨了 3.7%，使销售额上升了 3 800 元。

（二）平均指标变动的因素分析

在第五章中我们已经知道，加权算术平均数的计算公式为

$$\bar{x} = \frac{\sum xf}{\sum f} = \sum x \frac{f}{\sum f}$$

即在已分组资料情况下，平均指标受两个因素的影响：一是各组标志值 x；二是各组次数 f 或各组次数占总次数的比重 $f/\sum f$，即总体的结构。所以，要对平均指标的变动情况进行因素分析，就应分别分析各因素变动对平均指标变动的影响，这就需要建立一个平均指标指数体系。

下面以平均工资分析为例来说明平均指标指数体系的建立。

平均工资的高低不仅取决于各组职工的工资水平，还取决于各组的职工人数或所占的比重。为了分别测定工资水平和职工人数结构变动对平均工资的影响作用，可以利用指数体系来进行因素分析。其分析原理与总量指标的因素分析原理相同，即要分析其中一个因素的变动，就将另一个因素固定起来，一般是将数量指标性质的因素固定在报告期，而将质量指标性质的因素固定在基期。具体地说，对平均工资变动进行因素分析需要计算以下三个指数。

1. 可变构成指数（总平均数指数）

它反映总平均工资的总变动程度，是报告期平均工资 $\bar{x}_1$ 与基期平均工资 $\bar{x}_0$ 对比的结果。其计算公式为

$$可变构成指数 I_{\bar{x}} = \frac{\bar{x}_1}{\bar{x}_0} = \frac{\dfrac{\sum x_1 f_1}{\sum f_1}}{\dfrac{\sum x_0 f_0}{\sum f_0}} \tag{10.12}$$

式中：x_0 代表基期工资水平；x_1 代表报告期工资水平；f_0 代表基期职工人数；f_1 代表报告期职工人数。

2. 固定构成指数（组平均数指数）

它反映各组工资水平或各组平均数的平均变动程度对总平均指标变动的影响程度。依据综合指数编制的原理，为了消除结构因素的变动影响，反映各组工资水平的变动程度，要把职工人数结构 $f/\sum f$ 加以固定，而且固定在报告期。这种职工人数结构固定的总平均工资指数，称为平均工资的固定构成指数。其计算公式为

$$固定构成指数 I_x = \frac{\dfrac{\sum x_1 f_1}{\sum f_1}}{\dfrac{\sum x_0 f_1}{\sum f_1}} \tag{10.13}$$

3. 结构变动影响指数

它反映职工人数结构变动对总平均指标变动的影响程度。为了分析职工人数结构变动对企业总平均工资的变动影响程度，要计算结构变动影响指数。在这个指数中，必须把各组职工的工资水平因素固定起来，并把它固定在基期水平上。其计算公式为

$$结构变动影响指数 I_f = \frac{\dfrac{\sum x_0 f_1}{\sum f_1}}{\dfrac{\sum x_0 f_0}{\sum f_0}} \tag{10.14}$$

各指数之间的关系可表述为

$$\frac{\dfrac{\sum x_1 f_1}{\sum f_1}}{\dfrac{\sum x_0 f_0}{\sum f_0}} = \frac{\dfrac{\sum x_1 f_1}{\sum f_1}}{\dfrac{\sum x_0 f_1}{\sum f_1}} \times \frac{\dfrac{\sum x_0 f_1}{\sum f_1}}{\dfrac{\sum x_0 f_0}{\sum f_0}} \qquad (10.15)$$

可变构成 = 固定构成 × 结构变动
指数　　　 指数　　　 影响指数

同样,对总平均指标变动进行因素分析也可以从绝对数方面来进行,其关系式可表示为

$$\frac{\sum x_1 f_1}{\sum f_1} - \frac{\sum x_0 f_0}{\sum f_0} = \left(\frac{\sum x_1 f_1}{\sum f_1} - \frac{\sum x_0 f_1}{\sum f_1} \right) + \left(\frac{\sum x_0 f_1}{\sum f_1} - \frac{\sum x_0 f_0}{\sum f_0} \right) \qquad (10.16)$$

现举例说明平均指标变动因素分析方法。

【例 10-8】下面是某公司平均工资变动分析的资料,如表 10-6 所示。

表 10-6　某公司平均工资变动计算表

职工组别	职工人数		平均工资/元		工资总额/元		
	基期 f_0	报告期 f_1	基期 x_0	报告期 x_1	基期 $x_0 f_0$	报告期 $x_1 f_1$	假定 $x_0 f_1$
甲	200	290	3 800	3 900	760 000	1 131 000	1 102 000
乙	160	160	4 100	4 280	656 000	684 800	656 000
丙	140	150	4 800	5 000	672 000	750 000	720 000
合　计	500	600	—	—	2 088 000	2 565 800	2 478 000

第一步,计算可变构成指数以测定总平均工资的变动。

$$\text{可变构成指数} I_{\bar{x}} = \frac{\bar{x}_1}{\bar{x}_0} = \frac{\dfrac{\sum x_1 f_1}{\sum f_1}}{\dfrac{\sum x_0 f_0}{\sum f_0}} = \frac{\dfrac{2\,565\,800}{600}}{\dfrac{2\,088\,000}{500}} \times 100\% = \frac{4\,276.33}{4\,176} \times 100\% = 102.40\%$$

$$\frac{\sum x_1 f_1}{\sum f_1} - \frac{\sum x_0 f_0}{\sum f_0} = 4\,276.33 - 4\,176 = 100.33\,(\text{元})$$

计算结果说明,公司全体职工的平均工资报告期比基期提高了 2.4%,报告期平均工资比基期增加了 100.33 元。

第二步,进行因素分析。

该公司平均工资变化,一方面受各组职工工资水平变化的影响,另一方面受各组职工人数结构变化的影响。这两个因素同时变化会影响总平均工资的变动。下面分别对这两个因素进行分析。

首先,分析由于各组工资水平的变动对平均工资变动的影响程度,这就需要计算固定构成指数。将表 10-6 中的数据代入式(10.13)得

$$\text{固定构成指数} I_x = \frac{\frac{\sum x_1 f_1}{\sum f_1}}{\frac{\sum x_0 f_1}{\sum f_1}} = \frac{\frac{2565800}{600}}{\frac{2478000}{600}} \times 100\% = \frac{4\,276.33}{4\,130} \times 100\% = 103.54\%$$

$$\frac{\sum x_1 f_1}{\sum f_1} - \frac{\sum x_0 f_1}{\sum f_1} = 4\,276.33 - 4\,130 = 146.33 \text{（元）}$$

计算结果说明，由于各组职工工资报告期比基期上升，使总平均工资提高了 3.54%，增加的绝对额为 146.33 元。

其次，分析由于职工结构变动对总平均工资变动的影响程度。将表 10-6 中的数据代入式（10.14）得

$$\text{结构变动影响指数} I_f = \frac{\frac{\sum x_0 f_1}{\sum f_1}}{\frac{\sum x_0 f_0}{\sum f_0}} = \frac{\frac{2\,478\,000}{600}}{\frac{2\,088\,000}{500}} \times 100\% = \frac{4\,130}{4\,176} \times 100\% = 98.90\%$$

$$\frac{\sum x_0 f_1}{\sum f_1} - \frac{\sum x_0 f_0}{\sum f_0} = 4\,130 - 4\,176 = -46 \text{（元）}$$

计算结果说明，由于该企业职工人员结构的变化，使总平均工资下降了 1.10%，下降的绝对额为 46 元。

以上结果的数量关系为

$$103.54\% \times 98.90\% = 102.40\%$$
$$146.33 - 46 = 100.33 \text{（元）}$$

这说明，该公司职工的平均工资报告期为基期的 102.40%，提高了 2.40%，其中由于各组职工工资水平上升使总平均工资提高了 3.54%，由于职工结构变化使总平均工资下降了 1.10%。而从绝对数来看，总平均工资增加了 100.33 元，其中由于工资水平的上升使总平均工资增加了 146.33 元，人员结构变化使总平均工资下降了 46 元。

第四节　几种常见的经济指数

一、居民消费价格指数

居民消费价格指数（Consumer Price Index，CPI）也称消费者价格指数，是反映一定时期内城乡居民所购买的生活消费品价格和服务项目价格变动程度和趋势的综合价格指数。编制居民消费价格指数的目的，是了解全国各地价格变动的基本情况，分析研究价格变动对社会经济和居民生活的影响，满足各级政府制定政策和计划、进行宏观调控的需要，以

及为国民经济核算提供参考依据。

其编制程序如下。

（1）对生活消费品和服务项目进行分类。计算该指数时，将其调查内容按用途划分为食品烟酒、衣着、居住、生活用品及服务、交通和通信、教育文化和娱乐、医疗保健、其他用品和服务 8 个大类，在此基础上进一步划分为 262 个基本分类。

（2）选择代表商品和代表规格品及服务项目。居民生活消费品和服务项目种类繁多，国家统计局在各类商品中选择了数百种必报商品和服务项目来编制居民消费价格指数。而各种商品又存在不同规格，其价差也较大，故从中选择若干规格品作为该商品的代表，通过调查其价格，计算其个体价格指数，以反映该商品的价格变动情况。

（3）权数的确定。计算居民消费价格指数所用的权数，是每一种商品或服务项目在居民所有消费商品和服务总支出中所占的比重，反映了各调查项目的价格变动对总指数变动的影响程度。基期年份的权数根据基期年份的居民家庭住户调查资料及相关统计资料整理得出，同时辅以典型调查数据或专家评估予以补充和完善。市（县）权数主要根据 2015 年城市居民家庭消费支出调查资料、人口资料整理计算；县权数主要根据 2015 年农村居民家庭消费支出调查资料和人口资料整理计算；省（区）城市和农村权数，分别根据省（区）城镇居民家庭生活消费支出调查资料和农村居民家庭生活消费支出资料以及人口资料整理计算；省（区）权数根据城市和农村权数、人口资料，按城市和农村居民消费支出金额计算。全国城市和农村权数，分别根据全国城镇居民家庭生活消费支出调查资料和农村居民家庭生活消费支出资料、人口资料整理计算；国家权数，根据各省（区、市）城市、农村的权数以及人口资料，按各省（区、市）城市、农村居民消费支出金额计算。

（4）居民消费价格指数的计算方法。

①代表规格品平均价格的计算。代表规格品的月度平均价格采用简单算术平均方法计算，首先计算规格品在一个调查点的平均价格，再根据各个调查点的价格算出月度平均价。

$$P_i = \frac{1}{m}\sum_{j=1}^{m}(\frac{1}{n}\sum_{k=1}^{n}P_{ijk}) = \frac{1}{m}\sum_{j=1}^{m}P_{ij} \qquad (10.17)$$

式中：P_{ijk} 为第 i 个规格品在第 j 个价格调查点的第 k 次调查的价格；P_{ij} 为第 i 个规格品在第 j 个调查点的月度平均价格；m 为调查点的个数；n 为调查次数。

②基本分类指数的计算。

◆ 规格品相对数的计算。

代表规格品价格变动的相对数为

$$G_{ti} = \frac{P_{ti}}{P_{(t-1)i}} \times 100\% \qquad (10.18)$$

式中：G_{ti} 为第 i 个代表规格品报告期（t）价格与上期（$t-1$）价格对比的相对数。

◆ 基本分类月环比指数的计算。

根据所属代表规格品变动相对数，采用几何平均法计算各基本分类的月环比指数，其

计算公式为

$$K_i = \sqrt[n]{G_{i1} \times G_{i2} \times \cdots \times G_{in}} \times 100\% \tag{10.19}$$

式中：$G_{i1}, G_{i2}, \cdots, G_{in}$ 分别为第 1 个至第 n 个规格品在第 t 期与上期价格对比的相对数。

③各类定基指数的计算。

$$L_t = L_{t-1} \times \frac{\sum P_t Q_{2015}}{\sum P_{t-1} Q_{2015}} \tag{10.20}$$

式中：t 代表报告期；$t-1$ 代表报告期的上一期；L 代表定基指数；$P_t Q_{2015}$ 代表固定篮子商品和服务的金额[①]。

$$P_t Q_{2015} = P_{t-1} Q_{2015} \times K_i \tag{10.21}$$

④全省（区）指数的计算。全省（区）指数根据全省（区）城市和农村指数按城乡居民消费支出数据加权平均计算。

⑤全国指数的计算。全国指数根据全国城市和农村指数按城乡居民消费支出数据加权平均计算。

⑥指数的换算方法。

$$I_{环比} = \frac{报告期（月）定基指数}{上期（月）定基指数} \tag{10.22}$$

$$I_{同比} = \frac{报告期（月）定基指数}{上年同期（月）定基指数} \tag{10.23}$$

$$I_{年度} = \frac{本年各月定基指数的简单算术平均数}{上年各月定基指数的简单算术平均数} \tag{10.24}$$

二、商品零售价格指数

商品零售价格指数（Retail Price Index，RPI）是反映一定时期内城乡商品零售价格变动趋势和程度的一种相对数。它反映了工业、商业、餐饮业和其他零售企业向城乡居民、机关团体出售的生活消费品和办公用品价格的综合变动情况。商品零售价格的变动直接影响城乡居民的生活支出和购买力水平，也对市场的供求关系有着非常重要的影响。

其编制程序如下。

（1）对调查项目进行分类。计算该指数时，将其调查内容按用途分为食品、饮料烟酒、服装鞋帽、纺织品、家用电器及音像器材、文化办公用品、日用品、体育娱乐用品、交通通信用品、家具、化妆品、金银饰品、中西药品及医疗保健用品、书报杂志及电子出版物、

---

① 目前我国计算居民消费价格指数的固定基期及商品篮子确定在 2015 年。

燃料、建筑材料及五金电料等 16 个大类，197 个基本分类。

（2）选择代表规格品。基本分类的代表规格品，由各地根据当地的实际情况自行决定，但每一基本分类的代表规格品数量原则上不能少于制度规定的最低标准。

（3）权数的确定。计算商品零售价格指数所用的权数，是每一种商品在所有零售商品中所占的比重，它反映了各商品价格的变动对总指数变动的影响程度。基期年份的权数根据基期年份的零售贸易统计资料及相关统计资料整理得出，同时辅以典型调查数据或专家评估。目前我国计算商品零售价格指数的固定基期及商品篮子确定在 2015 年。大类权数根据 2015 年批发零售贸易统计中的相关资料和其他相关资料推算，小类及基本分类的权数参考居民消费价格指数中的相关权数进行调整，并辅之以典型调查资料。全省（区）城市（农村）权数根据该省批发零售贸易统计中的相关资料和城市（农村）居民消费价格指数中的权数资料进行推算，并辅之以典型调查进行补充。全省（区）权数根据全省（区）城乡相应类别的权数，按城乡零售额加权平均计算。全国城市（农村）权数根据全国批发零售贸易统计中的相关资料和城市（农村）居民消费价格指数中的权数资料进行推算，并辅之以典型调查进行补充。全国权数根据城市和农村相应类别的权数，按城乡零售额加权平均计算。

（4）商品零售价格指数的计算方法。商品零售价格指数与居民消费价格指数的计算方法基本相同，故这里不再对其进行阐述（可参看居民消费价格指数的计算方法）。

三、工业生产者出厂价格指数

工业生产者出厂价格指数（Producer Price Index，PPI）是反映一定时期内全部工业产品第一次出售时的出厂价格总水平的变动趋势和变动幅度的相对数。它可以反映出厂价格变动情况及其对工业总产值及增加值的影响，从而为研究国民经济运行情况、制定价格政策、改革价格体系提供依据。

其编制程序如下。

（1）确定调查产品目录。我国工业生产者出厂价格调查产品目录包括 41 个行业大类、201 个行业中类、581 个行业小类、1 638 个基本分类的 20 000 多种工业产品。调查产品的确定，严格遵循对工业行业代表性强，对国计民生影响大、生产稳定、有发展前景等原则。

（2）确定调查企业。对全部规模以上工业企业（即年主营业务收入 2 000 万元以上的工业企业）通过主观选样和抽样相结合的方式确定调查企业；对规模以下工业企业通过随机抽样方式确定调查企业。全国工业生产者价格调查企业近 6 万家，分布在 430 个调查市、县。

（3）确定权数。权数是衡量每个项目重要性的指标。由于每个调查项目在工业经济中的地位和作用不同，其价格变动对全部工业生产者出厂价格指数的影响程度也有所不同。为合理反映价格变化的平均趋势，工业生产者出厂价格指数是根据每个调查项目的价格指数加权平均计算而得。工业生产者出厂价格统计中，小类及小类以上权数资料来源于工业统计中分行业工业销售产值数据资料；基本分类的权数资料来源于独立的工业企业产品权数调查。基本分类及以上类别权数，一般五年更换一次。在五年期间，若出现产品结构变动较大，以致影响权数代表性的情况时，可及时进行合理修正。

（4）工业生产者出厂价格指数的计算方法。

①省级及省级以下指数的计算。

◆ 基本分类指数的计算。代表产品（服务）月环比指数的计算。根据该代表产品（服务）下所属代表规格品价格变动相对数，采用几何平均法计算，其计算公式为

$$K_i = \sqrt[n]{G_{i1} \times G_{i2} \cdots \times G_{in}} \times 100\% \tag{10.25}$$

式中：$G_{i1}, G_{i2}, \cdots, G_{in}$ 分别为第 i 个产品（服务）下第 1 个至第 n 个规格品报告期价格（t）与上期价格（t-1）价格对比的相对数。

基本分类月环比指数的计算公式为

$$J_i = \sqrt[n]{K_1 \times K_2 \times \cdots \times K_n} \times 100\% \tag{10.26}$$

式中：$K_1, K_2, \cdots, K_n$ 分别为第 i 个基本分类下第 1 个至第 n 个代表产品（服务）的月环比价格指数。

基本分类定基指数的计算公式为

$$I = J_1 \times J_2 \times \cdots J_t \tag{10.27}$$

式中：$J_1, J_2, \cdots, J_t$ 分别表示基期至报告期间各期的月环比指数。

◆ 基本分类以上各类及总的定基指数采用逐级加权平均计算。其计算公式为

$$L_t = \left(\sum W_{t-1} \times \frac{P_t}{P_{t-1}} \right) \times L_{t-1} \tag{10.28}$$

式中：L 代表定基指数；W 代表权数；P 代表价格；t 代表报告期；t-1 代表报告期的前一期。

②全国指数的计算方法。全国各类月度环比指数通过对各省（区、市）相关指数加权汇总计算得出。由月度环比指数再分别计算各类定基、同比指数。不同对比基期指数的换算方法同式（10.22）～式（10.24）。

四、股票价格指数

股票价格指数是反映某一股票市场上多种股票价格综合变动程度的相对数，是由证券交易所或金融服务机构编制的表明股票行市变动的一种供参考的指示数字。投资者据此可以检验自己投资的效果，并用以预测股票市场的动向。同时，新闻界、企业管理层以及政界领导人等也以此为参考指标来观察、预测社会政治与经济发展形势。

股票价格指数的计算方法有多种，一般采用的是综合指数法，以发行量（或流通量）为权数来计算。股票指数通常以"点"为单位，将基期水平固定为 100 或 1 000，股价比基

期每变动 1%或 1‰，称变动了一点（一个百分点或一个千分点）。

世界各地的股票市场都有自己的股票指数，其中比较著名并有一定代表性的有如下几个。

（一）道琼斯股票指数

道琼斯指数最早是在 1884 年由道琼斯公司的创始人查尔斯·亨利·道（Charles Henry Dow，1851—1902 年）开始编制的一种算术平均股价指数。道琼斯指数是世界上历史最为悠久的股票指数，它的全称为股票价格平均指数。

道琼斯股票价格平均指数以 1928 年 10 月 1 日为基数，因为这一天收盘时的道琼斯股票价格平均指数恰好约为 100 美元，所以就将其定为基准日。而以后的股票价格同基期相比计算出的百分数，就成为各期的股票价格指数，所以现在的股票指数普遍用点来做单位，而股票指数每一点的涨跌就是相对于基数日的涨跌百分数。道琼斯指数目前入编股票为 65 种，其中包括 30 种工业股、20 种运输业股、15 种公用事业股。其中最有代表性的是道琼斯工业指数。

道琼斯股票价格平均指数最初的计算方法是简单算术平均法，当遇到股票的除权除息时，用简单算术平均法计算的股票指数将发生不连续的现象。1928 年后，道琼斯股票价格平均指数采用了新的计算方法，即在股票除权或除息时采用连接技术，以保证股票指数的连续，从而使该股票指数的计算方法得到了完善，并逐渐推广到全世界。

（二）标准普尔 500 指数

除了道琼斯股票价格指数外，标准普尔 500 指数在美国也很有影响，它是由美国最大的证券研究机构——标准普尔公司编制的股票价格指数。该公司于 1923 年开始编制发表股票价格指数，最初采选了 230 种股票，编制两种股票价格指数。到 1957 年，这一股票价格指数的范围扩大到 500 种股票，分成 95 种组合，其中最重要的四种组合是工业股票组、铁路股票组、公用事业股票组和 500 种股票混合组。从 1976 年 7 月 1 日开始，改为 400 种工业股票、20 种运输业股票、40 种公用事业类股票和 40 种金融业股票。几十年来，虽然有股票更迭，但始终保持为 500 种。标准普尔公司股票价格指数以 1941—1943 年抽样股票的平均市价为基期，以上市股票数为权数，按基期进行加权计算，其基点数为 10。以目前的股票市场价格乘以股票市场上发行的股票数量为分子，用基期股票市场价格乘以基期股票数量为分母，相除之数再乘以 10 就是股票价格指数。该指数具有较强的代表性和广泛的影响力。

（三）纽约证券交易所股票价格指数

纽约证券交易所股票价格指数是由纽约证券交易所编制的股票价格指数。它起自 1996 年 6 月，先是普通股股票价格指数，后来改为混合指数，包括在纽约证券交易所上市的 1 500 家公司的 1 570 种股票。具体计算方法是将这些股票按价格高低分开排列，分别计算工业股票、金融业股票、公用事业股票、运输业股票的价格指数，最大和最广泛的是工业股票价格指数，由 1 093 种股票组成；金融业股票价格指数包括投资公司、储蓄贷款协会、分期付款融资公司、商业银行、保险公司和不动产公司的 223 种股票；运输业股票价格指数包括铁路、航空、轮船、汽车等公司的 65 种股票；公用事业股票价格指数则有电话电报公司、煤气公司、电力公司和邮电公司的 189 种股票。

纽约股票价格指数是以 1965 年 12 月 31 日确定的 50 点为基数，采用的是综合指数形式。纽约证券交易所每半个小时公布一次指数的变动情况。虽然纽约证券交易所编制股票价格指数的时间不长，但它可以全面、及时地反映其股票市场活动的综合状况，因而较受投资者欢迎。

（四）香港恒生股票价格指数

香港恒生股票价格指数是中国香港股票市场上历史最悠久、影响最大的股票价格指数，由香港恒生银行于 1969 年 11 月 24 日开始发表。恒生股票价格指数把从香港 500 多家上市公司中挑选出来的 33 家有代表性且经济实力雄厚的大公司股票作为成分股，分为四大类，包括 4 种金融业股票、6 种公用事业股票、9 种房地产业股票和 14 种其他工商业（包括航空和酒店）股票。这些股票涉及香港的各个行业，并占香港股票市值的 68.8%，具有较强的代表性。

恒生股票价格指数的编制以 1964 年 7 月 31 日为基期，因为这一天香港股市运行正常，成交值均匀，可反映整个香港股市的基本情况，基点数为 100 点。其计算方法是将 33 种股票按每天的收盘价乘以各自的发行股数为计算日的市值，再与基数的市值相比较，乘以 100 就得出当天的股票价格指数。由于恒生股票价格指数所选择的基期适当，因此，不论股票市场狂涨或猛跌，还是处于正常交易水平，恒生股票价格指数基本上都能反映整个股市的活动情况。

我国主要的股票价格指数还有上证综合指数、深证综合指数、上证 30 指数、深证成分股指数等。

第五节　Excel 在指数分析中的应用

在 Excel 中完成各项指数和有关数值的计算，主要用到的是公式和公式复制功能，尤其是当所研究总体包括的个体很多时，公式复制功能就非常重要。下面仅说明如何在 Excel 中实现综合指数及其有关数值的计算。其他指数分析中的计算都与此大同小异，没有特别的技巧，这里不再赘述。

以例 10-1 至例 10-3 中销售总额指数、价格指数和销售量指数以及这三个指数分子与分母之差的计算为例。

第一步，在工作表中输入已知数据的名称和数值（包括商品名称、计量单位、基期价格、报告期价格、基期销售量和报告期销售量），如图 10-1 所示的 A～F 列第 1～6 行。

	A	B	C	D	E	F	G	H	I	J
1	商品	计量单位	价格（元）p		销售量 q		销售额（元）pq			
2			基期	报告期	基期	报告期	基期	报告期	假定	假定
3			p_0	p_1	q_0	q_1	p_0q_0	p_1q_1	p_0q_1	p_1q_0
4	甲	个	30	28	1000	1200	30000	33600	36000	28000
5	乙	双	20	22	2000	1600	40000	35200	32000	44000
6	丙	公斤	23	25	1500	1500	34500	37500	34500	37500
7	合计	—	—	—	—	—	104500	106300	102500	109500
8										
9						指数	分子－分母			
10	销售总额指数(%)：					101.72	1800			
11	价格指数(%)：		q_0 为同度量因素			104.78	5000			
12			q_1 为同度量因素			103.71	3800			
13	销售量指数(%)：		p_0 为同度量因素			98.09	−2000			
14			p_1 为同度量因素			97.08	−3200			

图 10-1　在 Excel 中计算的综合指数及有关数值

第二步，计算综合指数中的各个综合总量。本例下面的计算一共要用到四个销售总额，所以可先在 G1～J1 合并而成的单元格中输入"销售额（元）pq"字样，在单元格 G2、H2、I2 和 J2 中分别输入"基期""报告期""假定""假定"字样，在 G3、H3、I3 和 J3 中分别输入相应的符号"p_0q_0""p_1q_1""p_0q_1""p_1q_0"。这些字符的输入对计算本身而言并不是必需的，但却使得计算结果的含义清晰明了，便于检查，也便于将计算结果复制到分析报告中。

在单元格 G4 中输入公式"=C4*E4"，在 H4 中输入公式"=D4*F4"，在单元格 I4 中输入公式"=C4*F4"，在单元格 J4 中输入公式"=D4*E4"；因为对乙商品和丙商品都需要类似的计算，于是可使用公式复制。最简便的方法是：用鼠标选中单元格 G4～J4，将它们的公式一并向下复制到第 6 行即可。

在单元格 A7 中输入"合计"字样，在单元格 G7 中输入公式"=SUM(G4:G6)"（或单击自动求和图标），按 Enter 键后即可在单元格 G7 中显示出三种商品的基期销售总额为 104 500。再将单元格 G7 的公式向右复制到 J7，即可得到其余三个销售总额的数值。

第三步，分别计算各个综合指数及其分子与分母之差额。

（1）在单元格 A10 中输入"销售总额指数（%）"字样，在单元格 F10 中输入公式"=H7/G7*100"，按 Enter 键后即在单元格 F10 中显示出销售总额指数（%）的计算结果为 101.72；在单元格 H10 中输入公式"=H7−G7"，按 Enter 键后即在单元格 H10 中显示出销售总额指数分子与分母之差（销售总额的增减额）为 1 800。

（2）在单元格 A11 中输入"价格指数（%）"字样，在单元格 F11 中输入公式"=J7/G7*100"，按 Enter 键后即在单元格 F11 中显示以基期销售量 q_0 为同度量因素计算的价格指数（%）为 104.78；在单元格 H11 中输入公式"=J7−G7"，按 Enter 键后即在单元格 H11 中显示出该价格指数分子与分母之差为 5 000。

（3）在单元格 F12 中输入公式"=H7/I7*100"，按 Enter 键后即在单元格 F12 中显示以报告期销售量 q_1 为同度量因素计算的价格指数（%）为 103.71。在单元格 H12 中输入公式

"=H7-I7",按 Enter 键后即在单元格 H12 中显示出该价格指数分子与分母之差为 3 800。

（4）在单元格 A13 中输入"销售量指数（%）"字样，在单元格 F13 中输入公式"=I7/G7*100"，按 Enter 键后即在单元格 F13 中显示以基期价格 p_0 为同度量因素计算的销售量指数（%）为 98.09；在单元格 H13 中输入公式"=I7-G7"，按 Enter 键后即在单元格 H13 中显示出该销售量指数分子与分母之差为-2 000。

（5）在单元格 F14 中输入公式"=H7/J7*100"，按 Enter 键后即在单元格 F14 中显示以报告期价格 p_1 为同度量因素计算的销售量指数（%）为 97.08。在单元格 H14 中输入公式"=H7-J7"，按 Enter 键后即在单元格 H14 中显示出该销售量指数分子与分母之差为-3 200。

计算结果如图 10-1 所示。

本章小结

指数分析是统计分析的重要方法之一，通过指数分析，可以对复杂的社会经济现象数量上的变动情况进行全面掌握，还可以对各因素的影响进行深入细致的认识。本章主要介绍综合指数、平均指数的编制以及利用指数体系进行因素分析的方法，同时对几种主要的经济指数（如居民消费价格指数、商品零售价格指数、工业生产者出厂价格指数、股票价格指数等）进行了简要介绍。

思考与讨论

1．什么是同度量因素？在编制综合指数时如何确定同度量因素的时期？
2．什么是平均指数？综合指数与平均指数有什么区别与联系？
3．什么是指数体系？如何利用指数体系来对现象的变动进行因素分析？
4．什么是平均指标指数？对平均指标的变动进行因素分析时应分别编制哪些指数？
5．某公司员工工资在一次工资调整前后的有关资料如表 10-7 所示。

表 10-7　某公司员工工资调整表

工资级别	月工资/元		增幅/%	员工数/人	
	基　期	报　告　期		基　期	报　告　期
1	3 800	3 850	1.32	50	40
2	4 000	4 050	1.25	100	85
3	4 200	4 300	2.38	200	70
4	4 500	4 600	2.22	70	125
5	5 000	5 150	3.00	50	55
6	5 500	5 650	2.73	30	25
合　计	—	—	4.09	500	400

请思考：为什么总平均工资的增长幅度为 4.09%，而全部 6 个等级中却没有一个等级的增长幅度达到或超过 4.09%的水平？

实训题

1. 某企业生产的三种产品的价格和产量资料如表 10-8 所示，试分析该企业产品总产值变动的原因（要求从绝对数和相对数两方面进行分析）。

表 10-8　某企业生产的三种产品的价格和产量资料

名　称	单　位	价格/元		产　量	
		基　期	报告期	基　期	报告期
甲	件	70	83	720	800
乙	台	150	180	100	124
丙	t	425	470	210	245

2. 某企业生产的两种产品的有关资料如表 10-9 所示。

表 10-9　某企业生产的两种产品情况表

产品名称	产量/件		单位成本/元	
	基　期	报告期	基　期	报告期
甲	200	300	10	12
乙	1 500	2 000	20	21

要求：从相对数和绝对数两方面来分析由于产量和单位成本的变动对总成本的影响程度。

3. 某市 2018 年社会商品零售额为 12 亿元，2019 年增加为 15 亿元。物价指数提高 10%，试计算零售量指数，并分析零售量变动和物价变动对零售额总额变动的影响绝对值。

4. 某企业生产某产品的总成本和产量资料如表 10-10 所示。

表 10-10　某企业生产某产品的总成本和产量表

产品种类	产量/件		基期总成本/万元
	基　期	报告期	
A	1 000	1 500	50
B	2 000	2 800	80

要求：计算产量总指数以及由于产量增长而增加的总成本绝对值。

5. 某商场对三类商品的收购价格和收购额资料如表 10-11 所示。

表 10-11　某商场对三类商品的收购价格和收购额表

商品种类	价格/元		报告期收购额/元
	基　期	报告期	
A	10	12	10 000
B	15	13	15 000
C	22	25	25 000

要求：计算价格总指数和价格变动引起的收购额变动的绝对数。

6. 某公司销售的三种商品的销售额及价格提高幅度资料如表 10-12 所示。

表 10-12 某公司销售的三种商品的销售额及价格提高幅度表

种 类	单 位	商品销售额/万元		价格提高幅度/%
		基 期	报 告 期	
甲	条	100	150	1
乙	件	50	45	5
丙	块	500	510	-2

要求：计算价格总指数和销售额总指数。

7. 某企业职工按中老年和青年分成两组，人数和工资资料如表 10-13 所示。

表 10-13 某企业两组职工人数和工资表

职 工 分 组	工资总额/元		职工人数/人	
	基 期	报 告 期	基 期	报 告 期
中老年组	21 000	31 200	300	400
青年组	8 000	25 200	200	600

要求：从相对数和绝对数两个方面分析该企业总平均工资变动受各组工资水平及职工总体内部构成变动的影响程度。

案例分析

【案例 10-1】　　解读 2019 年的价格水平及其影响 [①]

　　2019 年我国全年居民消费价格比 2018 年上涨 2.9%，工业生产者出厂价格比 2018 年下降 0.3%，工业生产者购进价格比 2018 年下降 0.7%，固定资产投资价格比 2018 年上涨 2.6%，农产品生产者价格比 2018 年上涨 14.5%。2019 年 12 月，70 个大中城市新建商品住宅销售价格同比上涨的城市个数为 68 个，下降的为 2 个。

　　2019 年居民消费价格比 2018 年的涨跌幅度及各月涨跌幅度分别如表 10-14 和图 10-2 所示。

表 10-14　2019 年居民消费价格比 2018 年涨跌幅度　　　单位：%

指 标	全 国	城 市	农 村
居民消费价格	2.9	2.8	3.2
其中：食品烟酒	7.0	6.7	7.9
衣着	1.6	1.7	1.2
居住	1.4	1.3	1.5
生活用品及服务	0.9	0.9	0.8
交通和通信	-1.7	-1.8	-1.4
教育文化和娱乐	2.2	2.3	1.9

---

① 摘编自国家统计局 2020 年 2 月 28 日发布的中华人民共和国 2019 年国民经济和社会发展统计公报，引自国家统计局网站。

续表

指　标	全　国	城　市	农　村
医疗保健	2.4	2.5	2.1
其他用品与服务	3.4	3.5	3.1

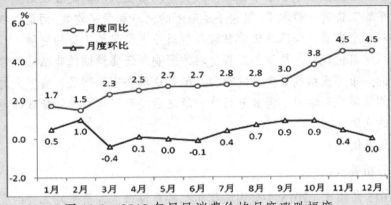

图 10-2　2019 年居民消费价格月度涨跌幅度

此外，2019 年全年全国居民人均可支配收入 30 733 元，比 2018 年增长 8.9%，扣除价格因素，实际增长 5.8%。按常住地分，城镇居民人均可支配收入 42 359 元，比 2018 年增长 7.9%，扣除价格因素，实际增长 5.0%。农村居民人均可支配收入 16 021 元，比 2018 年增长 9.6%，扣除价格因素，实际增长 6.2%。

2019 年全年全国居民人均消费支出 21 559 元，比 2018 年增长 8.6%，扣除价格因素，实际增长 5.5%。按常住地分，城镇居民人均消费支出 28 063 元，比 2018 年增长 7.5%，扣除价格因素，实际增长 4.6%；农村居民人均消费支出 13 328 元，比 2018 年增长 9.9%，扣除价格因素，实际增长 6.5%。

案例思考与分析要求：

1. "指数"与"增减率"有何关系？2019 年全国居民消费价格总指数是多少？
2. "全国居民消费价格指数"是分几个大类计算的（按消费支出类别划分）？"全国居民消费价格指数"与各个大类消费价格指数应该存在什么样的数量关系？对我国 2019 年居民消费价格指数影响最大的是哪一类？
3. 为什么我国要分城乡计算居民消费价格指数？
4. 为什么既要计算环比指数也要计算同比指数？从月度涨跌幅度数据来看，2019 年全国居民消费价格的波动有何特点？
5. 上述分析中多处提到"扣除价格因素，实际增长……"，如何理解"实际增长"的含义？研究城乡居民收入水平变化时，这两种增长率分别有何意义？
6. "城镇居民人均可支配收入 42 359 元，比 2018 年增长 7.9%，扣除价格因素，实际增长 5.0%"，这里的两个增长率之间有什么样的数量关系？列出具体计算式。
7. 试根据所给资料，利用指数体系，从相对数和绝对数两个方面，对 2019 年全国居民人均消费支出的变动情况进行两因素分析（与 2018 年相比）。
8. 尝试根据我国几种重要的价格指数对 2019 年的价格变化特征进行简要的说明。

【案例 10-2】 全国城镇非私营单位就业人员平均工资变动的因素分析

在本教材第五章的案例分析案例 5-1 中，我们提到过这样的问题："全国城镇非私营单位就业人员平均工资与各注册类型的非私营单位就业人员平均工资之间存在什么样的数量关系？"显然，全国城镇非私营单位就业人员平均工资反映的是各注册类型城镇非私营单位就业人员平均工资的一般水平，但它不是后者的简单算术平均数，而是加权算术平均数。也就是说，从动态来看，全国城镇非私营单位就业人员平均工资的变动，不仅要受各注册类型城镇非私营单位就业人员平均工资变动的影响，还要受城镇非私营单位就业人员在各注册类型中的分布（或结构）变动的影响。但是这两个因素到底各有多大的影响力呢？如何给予定量的说明呢？学习了指数分析这一章之后，可以运用统计指数的理论和方法来分析研究类似的问题。

数据参见案例 5-1。

案例思考与分析要求：

1. 与 2015 年相比，2018 年全国城镇非私营单位就业人员平均工资的变动程度和变动幅度是多少（分别用相对数和绝对数来表示）？

2. 各注册类型的就业人员平均工资的变动及其对全国城镇非私营单位就业人员平均工资的影响有多大（分别从相对数和绝对数两个方面来分析）？

3. 按注册类型划分的就业人员的结构变动使全国城镇非私营单位就业人员的平均工资提高多少（分别从相对数和绝对数两方面来分析）？

4. 以上三个问题的计算结果之间存在什么样的数量关系？对上述计算结果以及它们之间的关系做出通俗简要的文字说明。

5. 利用 Excel 实现上述计算。

附录 A Excel 的基本操作

Excel 是用来存储和管理数据、将数据图表化、计算和分析数据的电子表格软件。它是美国微软公司 Microsoft Office 系列办公自动化软件的重要组成部分，被广泛应用于会计、统计、金融、营销和行政管理等领域。

作为一种通用的电子表格软件，Excel 不仅取代了传统的笔、账簿和计算器，而且有强大的数据处理功能，可以对数据进行编辑、查询、筛选、排序，进行计算和统计分析，绘制统计图表，打印部分或整个工作表，还具有超链接、在 Web 页上发布数据和图表等网络功能，也可以通过数据库查询、Web 查询或导入文本文件等方式获取外部数据，最大限度地实现信息资源的共享。

一、Excel 的启动与关闭

单击"开始"（Start）按钮，将鼠标指向并单击 Microsoft Office Excel，即可启动 Excel，生成并打开一个新的 Excel 文件——工作簿，并将其自动命名为"Book1"（保存该文件时可将其重新命名）。Excel 文件的文件名后缀为".xlsx"。

若桌面创建了快捷图标 Microsoft Office Excel，则双击该图标也可以启动 Excel，并自动生成并打开一个命名为"Book1"的工作簿。

也可以在桌面空白区域单击鼠标右键，再将鼠标指向"新建（W）"，在弹出的对话框中选择"Microsoft Excel 工作表"选项，随即生成一个新的工作簿，自动命名为"新建 Microsoft Excel 工作表"，再打开此文件即可启动 Excel。

关闭 Excel 只需单击工作簿右上角最顶端的▢按钮即可，也可以单击"文件"菜单，在其下拉菜单中单击"退出"按钮即可。在打开了多个 Excel 文件的情况下，若单击"文件"菜单中的"关闭"按钮或工作簿右上角第二行的关闭窗口按钮▢，则只关闭当前使用的工作簿，而不关闭其他已打开的 Excel 文件。

二、Excel 的用户界面

Excel 是利用工作簿和工作表进行数据存储、管理和运算的。工作簿就是存储和运算数据的 Excel 文件。工作表是由行和列组成的表格。工作簿和工作表的关系就好像会计账簿与账页的关系一样。每个工作簿可以包含多个工作表，也可以只有一个工作表。用户可以同时在多个工作表中进行数据录入和编辑，也可以依据多个工作表的数据进行汇总计算。

工作簿的主要内容有标题栏、菜单栏、常用工具栏、编辑栏、工作表标签、当前工作表标签、滚动栏和状态栏等，如图 A-1 所示。

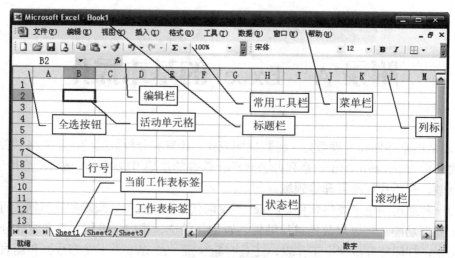

图 A-1　Excel 的用户界面

标题栏显示正在运行的程序名称（如图 A-1 中的 Microsoft Excel）和当前活动的文件的名称（如图 A-1 中的 Book1）。

菜单栏按功能把 Excel 命令分成"文件""编辑""视图"等九组菜单，当用户单击其中一个菜单项时，就引出一个下拉式菜单，用户可从中选取相应的子菜单。

工具栏中的按钮都是菜单中常用命令的副本。当鼠标指向某一按钮，稍等片刻后在该按钮下方会显示该按钮命令的含义。用户可以根据自己的需要来配置工具栏的内容，其方法是通过"视图"菜单中的"工具栏"子菜单的选项来选择。

工作表的列和行分别用字母和数字依次表示。Excel 2007 之后的版本，一张工作表最多可以有 16 384 列、1 048 576 行。位于工作表中列标和行号交叉处的小格称为单元格，它是工作表的组成最小单位。用户进行编辑、修改等操作时只对当前选定的一个单元格起作用，这个单元格称为活动单元格，有粗框包围，如图 A-1 中位于列 B 和行 2 的交叉点的单元格 B2。

编辑栏左边是单元格名称框，显示活动单元格的位置（如图 A-1 中的 B2），编辑栏右边提供活动单元格的内容信息，用户也可以在编辑栏中进行输入和编辑。

工作簿窗口底部的工作表标签显示工作表的名称，Excel 工作簿默认由 3 个工作表组成，它们分别命名为 Sheet1、Sheet2 和 Sheet3。当前活动的工作表标签带有下划线（标签默认为白色），其余工作表是隐藏的（标签默认为灰色）。要从一个工作表转移到另一个工作表进行操作，可单击相应的工作表标签即可。当工作表较多而无法全部显示它们的名称时，利用标签队列左边的一组箭头按钮可显示被隐藏的工作表标签。

当工作表很大时，为了查看表中内容，通常需要使用工作簿窗口右边及下边的滚动栏（包括滚动框、滚动条和滚动箭头等），在工作表中往上、下、左、右移动窗口。

状态栏位于 Excel 窗口底部，它的左端是信息区，右端是键盘状态区。在信息区中，显示的是 Excel 的当前工作状态。例如，当工作表准备接受命令或数据时，信息区显示"就绪"；在键盘状态区中，显示的是若干按键的开关状态。

三、输入数据

（一）直接输入

在工作表中先用鼠标左键选定待输入数据的单元格，直接输入数据之后按 Enter 键或单击上、下、左、右箭头即可，也可以在编辑栏中输入数据。活动单元格的内容同时显示在编辑栏中。

在 Excel 工作表的单元格中用户可以输入数值、文本、公式以及其他内容。

输入的数值可以是整数、小数、整分数（如 96/8）或以科学计数法表示的数字（如 1.25E+8），在数字中可以使用加号（+）、减号（-）、百分号（%）、分号（;）、指数符号（E）和货币符号等数学符号。输入数值的默认格式为靠单元格的右端对齐。

输入的文本可以是任意文字或数字字符的组合，包括大小写字母、数字和符号。如想要将数值、日期一类的数字字符保存为文本，可在数字前加一个单引号。文本的默认格式是靠单元格的左端对齐。

在单元格中输入日期和时间必须使用选定的日期和时间格式的一种，如"2020 年 1 月""2020-01-01""1:30PM"等。

（二）获得数据的其他方式

除了直接输入数据外，Excel 还可以通过复制和输入公式来获得数据（详见后面的介绍），也可以从外部导入所需数据，以便省却数据输入的麻烦，而且可以随着数据源的更新而刷新数据。Excel 提供了三种获取外部数据的方式：导入数据、Web 查询和数据库查询。选择菜单栏中的"数据"→"导入外部数据"命令，用户可根据数据源的情况选择上述三种方式之一，再根据提示进行操作即可。

四、编辑单元格和工作表

（一）单元格的编辑

1. 单元格和区域的选定

选定一个单元格只需用鼠标直接移到指定单元格并单击即可，也可以在编辑栏左端的单元格名称框中输入指定位置。要选定若干单元格组成的一个区域，可先用鼠标单击该区域的第一个单元格，然后按下鼠标左键并将鼠标指针拖至选定区域的最后一个单元格即可。被选定区域以淡蓝色突出显示且有加粗的边框包围。单击行号或列标可选定整行或整列。单击"全选"按钮可选定整张工作表。

2. 单元格格式的定义

选定单元格或区域后，可选择"格式"→"单元格"命令，随即弹出"单元格格式"对话框，可按需要指定所选单元格中数据的类型、对齐方式、字体、边框等格式。例如，数值型数据可以指定保留小数位数和负数的表示形式等，如图 A-2 所示。

图 A-2 "单元格格式"对话框

此外,鼠标指向"格式"菜单下面的"行"或"列",则可定义所选定行的高度或列的宽度。对所选定的一个区域,选择"格式"菜单下的"自动套用格式"命令,在相应的对话框中可选择一种表格格式。

3. 单元格的修改、清除、插入与删除

若要修改已输入的数据,应先选定需修改或编辑的单元格,然后可在编辑栏中进行操作,或双击单元格后在该单元格中进行修改或编辑。

要清除活动单元格或选定区域的内容,按 Delete 键即可,或者单击鼠标右键后从弹出的快捷菜单中选择"清除内容"命令。需注意的是,清除单元格内容时只清除了单元格的数据,但仍然保留着该单元格的格式信息。

要在工作表中插入一个单元格或一个区域,可在选定位置选择"插入"→"单元格"命令,或单击鼠标右键后从弹出的快捷菜单中选择"插入"命令。如果 Excel 不能确定如何移动其他单元格,则会提示用户选择将原单元格右移、下移、插入新行或插入新列。若要插入一行或一列,用户还可以在选定位置选择"插入"→"行"或"列"命令,也可以在行号或列标处单击鼠标右键后从弹出的快捷菜单中选择"插入"命令即可。

删除选定单元格和区域,可以选择"编辑"→"删除"命令,还可以单击鼠标右键后从弹出的快捷菜单中选择"删除"命令,Excel 也会提示用户选择如何处理相邻单元格的移动,与插入单元格的方向相反。删除单元格不仅是删除了其内容,也删除其格式,是完全用其他单元格来取代原单元格。

(二)工作表的编辑

要插入一张工作表,可选择"插入"下拉菜单中的"工作表"命令,或者在工作表标签处单击鼠标右键,在弹出的快捷菜单中选择"插入"命令后再单击工作表选项并确认即可。

要删除一张工作表,先单击相应的工作表标签,单击鼠标右键后在弹出的快捷菜单中选择"删除"命令即可,或在选定要删除的工作表后选择"编辑"→"删除工作表"命令。

若要移动或复制工作表,同样可以在相应的工作表标签处单击鼠标右键,然后在弹出的快捷菜单中选择"移动或复制工作表"命令(或选择"编辑"→"移动或复制工作表"命令),在弹出的对话框中选择将工作表移动或复制到什么位置;如果需要复制,则选中"建立副本"复选框。Excel 允许工作表在一个或多个工作簿中移动或复制。

五、使用自动填充功能、公式和函数

（一）使用自动填充功能

实现 Excel 的自动填充功能，最简单的操作方法就是使用“填充柄”。填充柄是位于活动单元格或选定单元格区域右下角的小黑框。当指针停留在填充柄上时，指针形状变成“+”，按下鼠标左键同时拖动鼠标覆盖希望填充的单元格区域，然后释放鼠标左键，原选定区域和新填充的区域显示为淡蓝色外加粗框，其下方有个名为“自动填充选项”的图标，单击该图标可选择“复制单元格”或“以序列方式填充”命令。例如，若将图 A-3（a）中 A～E 列的数据以“复制单元格”的方式向下自动填充，得到图 A-3（b）中 A～E 列的数据；若将图 A-3（a）中 G～K 列的数据以“序列方式填充”，得到的结果如图 A-3（b）中 G～K 列所示。通过比较，读者不难发现这两种方式所得结果的差别。

	A	B	C	D	E	F	G	H	I	J	K
1	1	10	1月1日	1月1日	星期一		1	10	1月1日	1月1日	星期一
2	2	30	1月2日	2月1日	星期二		2	30	1月2日	2月1日	星期二
3	3	50	1月3日	3月1日	星期三		3	50	1月3日	3月1日	星期三
4											
5											

（a）待填充的序列（部分）

	A	B	C	D	E	F	G	H	I	J	K
1	1	10	1月1日	1月1日	星期一		1	10	1月1日	1月1日	星期一
2	2	30	1月2日	2月1日	星期二		2	30	1月2日	2月1日	星期二
3	3	50	1月3日	3月1日	星期三		3	50	1月3日	3月1日	星期三
4	1	10	1月1日	1月1日	星期一		4	70	1月4日	4月1日	星期四
5	2	30	1月2日	2月1日	星期二		5	90	1月5日	5月1日	星期五
6	3	50	1月3日	3月1日	星期三		6	110	1月6日	6月1日	星期六
7	1	10	1月1日	1月1日	星期一		7	130	1月7日	7月1日	星期日
8	2	30	1月2日	2月1日	星期二		8	150	1月8日	8月1日	星期一
9	3	50	1月3日	3月1日	星期三		9	170	1月9日	9月1日	星期二
10	1	10	1月1日	1月1日	星期一		10	190	1月10日	10月1日	星期三
11	2	30	1月2日	2月1日	星期二		11	210	1月11日	11月1日	星期四
12	3	50	1月3日	3月1日	星期三		12	230	1月12日	12月1日	星期五
13	1	10	1月1日	1月1日	星期一		13	250	1月13日	1月1日	星期六

（b）自动填充的两种结果

图 A-3　使用自动填充功能

在一列中进行自动填充的方向可以是向下，也可以是向上。同理，在一行中进行自动填充的方向可以是向右，也可以是向左。

自动填充的序列可以是一组有规则的数字或字母（如 A、B、C），也可以是一组日期或工作日，用户甚至还可以通过选择“工具”→“选项”→“自定义序列”命令来定义自己的序列。

（二）使用公式

Excel 具有很强的公式功能。使用公式不仅可以从现有数据得到计算结果，便于检查和修改，而且通过公式的复制功能可以大大提高同类计算的工作效率，还具有随数据源的更新而自动更新计算结果的功能。

1. 输入公式

输入公式是指输入一个运算公式，从而对工作簿中现有的某些数值进行数学运算处理并显示计算结果。它可以包括数字、数学运算符、单元格引用和函数命令。Excel 中的所有公式都以等号（=）开头。例如，"=A1/10+A2"表示单元格 A1 的数值除以 10 再加上单元格 A2 的数值，"=SUM(A1:A10)"表示 A1～A10 单元格的所有数值求总和。输入公式时在单元格和编辑栏都显示公式形式，按 Enter 键后则在单元格中显示计算结果，在编辑栏显示公式内容。

Excel 中的函数实际上就是一些预定义的计算公式。在编辑栏中按 Excel 的规定输入函数名和有关参数即可，其大致形式为"=函数名(参数 1,参数 2, …)"。不同的函数需指定不同的参数。使用函数功能最直观的方式是选择"插入"→"函数"命令（使用编辑栏的快捷键 f_x 有同样效果），弹出"插入函数"对话框，如图 A-4 所示。

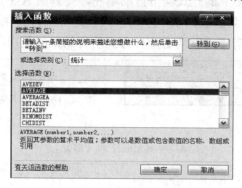

图 A-4 "插入函数"对话框

在"插入函数"对话框中的"或选择类别"下拉列表框中选定函数类型（如统计、数学与三角函数等），在下面的函数列表中选择所需的函数，单击"确定"按钮后弹出"函数参数"对话框，再按提示输入数据区域和相关参数即可。图 A-5 就是利用 AVERAGE 函数计算 A1～A10 单元格这 10 个数据的算术平均数的输入过程，单击对话框中的"确定"按钮，计算结果 5.5 就将显示在预先选定的输出单元格 B1 中。

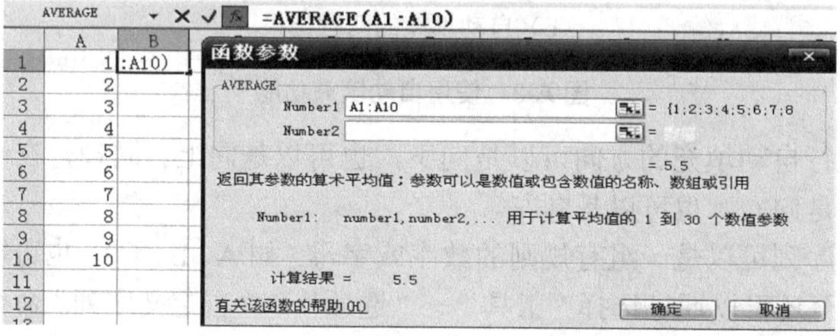

图 A-5 "函数参数"对话框

2. 单元格引用与公式的复制

单元格引用是指公式中包含单元格的名称，公式可自动调用该单元格的数字进行运算。输入所要引用的单元格名称时，可以通过键盘输入字母和数字，也可以单击相应的单元格（如要输入公式"=A1+B1"，可先按"="键，然后单击单元格 A1，再按"+"键，单击单元格 B1，最后按 Enter 键）。

单元格引用的方式分为绝对引用和相对引用。绝对引用的单元格地址的行号和列标前带有"$"符号，无论将公式复制和剪切到哪里，都引用同一个单元格。相对引用不加"$"符号，是指将公式复制和剪切到别处时，公式中所引用的一个单元格地址也会随之相对变动。

假如在单元格 C1 中输入公式"=A1+B1"，该公式使用的便是相对引用。公式所引用的单元格位于计算结果所在单元格同一行的左边 2 列和左边 1 列，此时若将 C1 中的公式复制到其他单元格，则公式引用的单元格地址和公式所在单元格地址保持相同的关系。例如，将单元格 C1 的公式复制到 C2，则相当于 C2 的计算公式为"=A2+B2"；若将单元格 C1 的公式复制到 D2，则单元格 D2 的计算公式为"=B2+C2"。

假如在单元格 C1 中输入公式"=A1+$B$1"，该公式的"A1"是相对引用，而"$B$1"便是绝对引用。此时若将单元格 C1 的公式复制到 C2，则相当于单元格 C2 的计算公式为"=A2+$B$1"；若将单元格 C1 的公式复制到 D2，则单元格 D2 的计算公式为"=B2+$B$1"。

在复制公式时，有时仅要求保持引用单元格的行号或列标不变。如果仅在行号前加"$"，则保持"行"不变，但"列"会随着公式位置而变动；同理，如果仅在列标前加"$"，则保持"列"不变，但"行"会随着公式位置而变动。例如，单元格 C1 中的公式为"=A$1+B$1"，将 C1 的公式复制到单元格 F1，那么公式将变为"=D$1+E$1"。

公式复制是 Excel 数据成批计算的重要操作方法，它可以使用自动填充功能来实现，也可以使用"复制"和"粘贴"命令来实现。如果仅需要将公式的计算结果复制到目标区域，并不想复制公式本身，则在粘贴时应使用"选择性粘贴"，即在目标区域单击鼠标右键，选择"选择性粘贴"命令，在其对话框中选择"数值"或"值与数字格式"选项后再单击"确定"按钮即可。

3. 公式使用过程中的常见错误

如果公式不能正确计算出结果，Excel 将显示一个错误值。了解这些错误情况的表示符号，便于进行相应的检查或调整。例如，若出现"######"，只需将该单元格所在列变宽即可，其操作方法是在相应列标处用鼠标将其向右拉宽，或者选择"格式"→"列"命令指定列宽。

常见的错误值如表 A-1 所示。

表A-1　Excel公式使用过程中的常见错误

错　误　值	说　　明
#DIV/0!	公式中出现 0 为除数的情况
#N/A	没有可用数值
#NAME?	公式中使用了 Excel 不能识别的文本
#NUM!	通常当公式中某个数字有问题时将产生#NUM!
#REF!	公式包含的区域引用无效
#VALUE!	使用了错误的参数或运算对象类型，或公式自动更正功能不能更正公式
######	计算结果太宽，无法在单元格中显示

附录 B 正态分布概率表

$$P\{|Z| \leqslant Z_{\alpha/2}\} = 1-\alpha$$

$Z_{\alpha/2}$	$1-\alpha$	$Z_{\alpha/2}$	$1-\alpha$	$Z_{\alpha/2}$	$1-\alpha$	$Z_{\alpha/2}$	$1-\alpha$
0.00	0.0000	0.31	0.2434	0.62	0.4647	0.93	0.6476
0.01	0.0080	0.32	0.2510	0.63	0.4713	0.94	0.6528
0.02	0.0160	0.33	0.2586	0.64	0.4778	0.95	0.6579
0.03	0.0239	0.34	0.2661	0.65	0.4843	0.96	0.6629
0.04	0.0319	0.35	0.2737	0.66	0.4907	0.97	0.6680
0.05	0.0339	0.36	0.2812	0.67	0.4971	0.98	0.6729
0.06	0.0478	0.37	0.2886	0.68	0.5035	0.99	0.6778
0.07	0.0558	0.38	0.2961	0.69	0.5098	1.00	0.6827
0.08	0.0638	0.39	0.3035	0.70	0.5161	1.01	0.6875
0.09	0.0717	0.40	0.3108	0.71	0.5223	1.02	0.6923
0.10	0.0797	0.41	0.3182	0.72	0.5285	1.03	0.6970
0.11	0.0876	0.42	0.3255	0.73	0.5346	1.04	0.7017
0.12	0.0955	0.43	0.3328	0.74	0.5407	1.05	0.7063
0.13	0.1034	0.44	0.3401	0.75	0.5467	1.06	0.7109
0.14	0.1113	0.45	0.3473	0.76	0.5527	1.07	0.7154
0.15	0.1192	0.46	0.3545	0.77	0.5587	1.08	0.7199
0.16	0.1271	0.47	0.3616	0.78	0.5646	1.09	0.7243
0.17	0.1350	0.48	0.3688	0.79	0.5705	1.10	0.7287
0.18	0.1428	0.49	0.3759	0.80	0.5763	1.11	0.7330
0.19	0.1507	0.50	0.3829	0.81	0.5821	1.12	0.7373
0.20	0.1585	0.51	0.3899	0.82	0.5878	1.13	0.7415
0.21	0.1663	0.52	0.3969	0.83	0.5935	1.14	0.7457
0.22	0.1741	0.53	0.4039	0.84	0.5991	1.15	0.7499
0.23	0.1919	0.54	0.4108	0.85	0.6047	1.16	0.7540
0.24	0.1897	0.55	0.4177	0.86	0.6102	1.17	0.7580
0.25	0.1974	0.56	0.4245	0.87	0.6157	1.18	0.7620
0.26	0.2051	0.57	0.4313	0.88	0.6211	1.19	0.7660
0.27	0.2128	0.58	0.4381	0.89	0.6265	1.20	0.7699
0.28	0.2205	0.59	0.4448	0.90	0.6319	1.21	0.7737
0.29	0.2282	0.60	0.4515	0.91	0.6372	1.22	0.7775
0.30	0.2358	0.61	0.4581	0.92	0.6424	1.23	0.7813

续表

$Z_{\alpha/2}$	$1-\alpha$	$Z_{\alpha/2}$	$1-\alpha$	$Z_{\alpha/2}$	$1-\alpha$	$Z_{\alpha/2}$	$1-\alpha$
1.24	0.7850	1.58	0.8859	1.92	0.9451	2.52	0.9883
1.25	0.7887	1.59	0.8882	1.93	0.9464	2.54	0.9889
1.26	0.7923	1.60	0.8904	1.94	0.9476	2.56	0.9895
1.27	0.7959	1.61	0.8926	1.95	0.9488	2.58	0.9901
1.28	0.7995	1.62	0.8948	1.96	0.9500	2.60	0.9907
1.29	0.8030	1.63	0.8969	1.97	0.9512	2.62	0.9912
1.30	0.8064	1.64	0.8990	1.98	0.9523	2.64	0.9917
1.31	0.8098	1.65	0.9011	1.99	0.9534	2.66	0.9922
1.32	0.8132	1.66	0.9031	2.00	0.9545	2.68	0.9926
1.33	0.8165	1.67	0.9051	2.02	0.9566	2.70	0.9931
1.34	0.8198	1.68	0.9070	2.04	0.9587	2.72	0.9935
1.35	0.8230	1.69	0.9090	2.06	0.9606	2.74	0.9939
1.36	0.8262	1.70	0.9109	2.08	0.9625	2.76	0.9942
1.37	0.8293	1.71	0.9127	2.10	0.9643	2.78	0.9946
1.38	0.8324	1.72	0.9146	2.12	0.9660	2.80	0.9949
1.39	0.8355	1.73	0.9164	2.14	0.9676	2.82	0.9952
1.40	0.8385	1.74	0.9181	2.16	0.9692	2.84	0.9955
1.41	0.8415	1.75	0.9199	2.18	0.9707	2.86	0.9958
1.42	0.8444	1.76	0.9216	2.20	0.9722	2.88	0.9960
1.43	0.8473	1.77	0.9233	2.22	0.9736	2.90	0.9962
1.44	0.8501	1.78	0.9249	2.24	0.9749	2.92	0.9965
1.45	0.8529	1.79	0.9265	2.26	0.9762	2.94	0.9967
1.46	0.8557	1.80	0.9281	2.28	0.9774	2.96	0.9969
1.47	0.8584	1.81	0.9297	2.30	0.9786	2.98	0.9971
1.48	0.8611	1.82	0.9312	2.32	0.9797	3.00	0.9973
1.49	0.8638	1.83	0.9328	2.34	0.9807	3.20	0.9986
1.50	0.8664	1.84	0.9342	2.36	0.9817	3.40	0.9993
1.51	0.8690	1.85	0.9357	2.38	0.9827	3.60	0.99968
1.52	0.8715	1.86	0.9371	2.40	0.9836	3.80	0.99986
1.53	0.8740	1.87	0.9385	2.42	0.9845	4.00	0.99994
1.54	0.8764	1.88	0.9399	2.44	0.9853	4.50	0.999993
1.55	0.8789	1.89	0.9412	2.46	0.9861	5.00	0.999999
1.56	0.8812	1.90	0.9426	2.48	0.9869		
1.57	0.8836	1.91	0.9439	2.50	0.9876		

附录 C　t 分布的临界值表

单侧：$P\{t > t_\alpha\} = \alpha$；双侧：$P\{|t| > t_{\alpha/2}\} = \alpha$

单侧 双侧	α =0.10 α =0.20	0.05 0.10	0.025 0.05	0.01 0.02	0.005 0.01
自由度=1	3.078	6.314	12.706	31.821	63.657
2	1.886	2.920	4.303	6.965	9.925
3	1.638	2.353	3.182	4.541	5.841
4	1.533	2.132	2.776	3.747	4.604
5	1.476	2.015	2.571	3.365	4.032
6	1.440	1.943	2.447	3.143	3.707
7	1.415	1.895	2.365	2.998	3.499
8	1.397	1.860	2.306	2.896	3.355
9	1.383	1.833	2.262	2.821	3.250
10	1.372	1.812	2.228	2.764	3.169
11	1.363	1.796	2.201	2.718	3.106
12	1.356	1.782	2.179	2.681	3.055
13	1.350	1.771	2.160	2.650	3.012
14	1.345	1.761	2.145	2.624	2.977
15	1.341	1.753	2.131	2.602	2.947
16	1.337	1.746	2.120	2.583	2.921
17	1.333	1.740	2.110	2.567	2.898
18	1.330	1.734	2.101	2.552	2.878
19	1.328	1.729	2.093	2.539	2.861
20	1.325	1.725	2.086	2.528	2.845
21	1.323	1.721	2.080	2.518	2.831
22	1.321	1.717	2.074	2.508	2.819
23	1.319	1.714	2.069	2.500	2.807
24	1.318	1.711	2.064	2.492	2.797
25	1.316	1.708	2.060	2.485	2.787
26	1.315	1.706	2.056	2.479	2.779
27	1.314	1.703	2.052	2.473	2.771
28	1.313	1.701	2.048	2.467	2.763
29	1.311	1.699	2.045	2.462	2.756
30	1.310	1.697	2.042	2.457	2.750
50	1.299	1.676	2.009	2.403	2.678
∞	1.282	1.645	1.960	2.326	2.576

附录 D　各章案例分析要点提示

【案例 1-1】　　　　应届大学毕业生就业状况的调研

1. 要了解某高校应届毕业生的就业状况，因此统计总体应该是该校所有的应届毕业生，该校的每名应届毕业生就是一个总体单位。

2. 需要什么信息是由研究目的和研究对象的性质、特点所决定的。这项研究所要了解的信息很多，主要应该包括反映应届毕业生就业意愿的就业单位的类型、工薪起点等，反映应届毕业生求职经历的主要困难和障碍、签约状况等，也要包括应届毕业生的性别结构、专业分布、家庭背景等基本特征。

3. 根据上述需要，不难明确该项调查研究应该设计哪些标志。例如，性别、专业、就业优先考虑的因素、是否签约等品质标志，以及工薪等数量标志。

4. 对上述标志经过汇总最终可生成一系列统计指标，如各类毕业去向的应届毕业生人数、已签约人数等数量指标，应届毕业生的性别比例、读研和出国人数比重、要求工薪 6 000 元以上的应届毕业生所占比重、平均期望工薪、签约率等指标。

【案例 1-2】　　稳中上台阶　进中增福祉——《2019 年统计公报》评读

1. 一个完整的统计指标应包括指标名称、指标数值、空间范围、时间和计量单位等构成因素。值得注意的是，报告中似乎有些指标的要素不齐全，这是由于分析报告要求简洁而有省略的缘故。例如，整篇报告都是全国的经济情况，所以文中的每个指标也都省略了"全国"这一空间要素。又如，"2019 年我国国内生产总值 990 865 亿元，比 2018 年增长 6.1%，增速比 2018 年下降 0.6 个百分点"，这句话实际上包括了国内生产总值、环比增长速度和环比增长速度变动百分点共三个指标。这三个指标完整的表述分别是：2019 年中国国内生产总值 990 865 亿元，2019 年国内生产总值环比增长速度为 6.1%，2019 年中国国内生产总值环比增长速度比 2018 年降低了 0.6 个百分点（百分点是表示两个百分比之差的概念，如 2018 年中国国内生产总值增长速度为 6.7%）。所以在阅读和理解分析报告中的统计指标信息时往往不能脱离前后文，在将所计算的统计指标运用到分析报告中时，文字表述既要准确、清晰，又要简洁明了。

2. 统计指标具有可量性和综合性两个特点。全国粮食生产成果的多少用"粮食总产量 66 384 万吨"来反映，它是由全国所有粮食生产单位的粮食产量汇总而来的综合数值。

3. 数量指标如"2019 年我国国内生产总值 990 865 亿元""2019 年全国城镇新增就业 1 352 万人""2019 年完成造林面积 707 万公顷"等，它们都是用绝对数表示的。质量指标有的是用相对数表示的，如"2019 年居民消费价格比 2018 年上涨 2.9%""常住人口城镇化率为 60.6%"等；有的质量指标是用平均数表示的，如"2019 年全国居民人均可支配收入 30 733 元"。

4. 国民经济统计指标体系至少包括了反映国民经济生产、固定资产投资、国内贸易、对外贸易、价格水平以及居民收入、货币与金融统计等几大方面的规模、结构、速度和效益的统计指标。

【案例 2-1】　　　　××市香烟消费市场调查方案

1. 本次调查是为加强烟草专卖管理，有计划地组织烟草专卖品的生产和经营，维护消费者利益，所以不仅要从消费环节去了解香烟消费者的现状、需求以及消费变化趋势，也要从直接与香烟消费联系的零售环节去了解市场容量、业态结构等状况，但是对消费者和零售商的调查有不同的内容（调查项目）、调查表式和方法等，所以要分别就香烟消费者和零售商进行调查。

2. 这是一个设计得比较周密的调查方案，但完整的调查方案在设计调查内容之后，还应该将调查内容用调查表格或调查问卷的形式恰当地表示出来，以便于调查登记工作的顺利实施，也保障调查数据录入和汇总的方便、可行。

3. 略。

4. 略。

【案例 2-2】　　　　应届毕业生就业状况调查问卷

1. 该调查问卷由说明词、主问卷和个人基本情况等几大部分的内容组成。设计"个人基本情况"的调查项目（问题）的意义在于了解被调查者的基本特征，说明接受调查的对象是否具有广泛的覆盖面和代表性，可以该项特征为分组标志对其他调查项目进行分类汇总，从而深入研究不同类别的学生在就业意愿、行为以及困难等方面的差异。

2. 该调查问卷中所设计的问题大多是封闭式问题，也有开放式问题。

3. 该调查问卷中设计的问题答案选项既有两项选一（是非选择题）和多项选一的问题，也有可选两项甚至多项答案的问题。

有些问题客观上只有一个选择符合实际（如性别、求职现状等），或研究者只需要了解最重要的一个答案，就可以要求被调查者只选择一个答案。

有些问题则要求选择两项甚至多项答案，这是因为每个被调查者对这些答案的选择不是单一的，他可能认为两个甚至多项选项都很必要或差不多同等重要。从研究的角度来讲，也需要尽可能全面地了解客观实际，否则就会遗漏一些重要的信息。

显然，允许选择两项或多项答案时，调查数据的汇总处理和分析要复杂一些。特别要注意的是，选择各项答案的频率（选择各个选项的人数占被调查者总数的比重）的总和不再等于 100%。

4. 该调查问卷中全部问题的排列顺序比较合理，符合先易后难、先具体后抽象、先封闭式问题后开放式问题等顺序的设计原则。

备选答案的表述简洁明了、文字规范；每个问题下备选答案的数量都符合问题本身的性质，备选答案的顺序也合理，如 Q13 的重要程度从"很重要"到"很不重要"，由高到低分为五个等级，既有一定的区分度，又符合一般的习惯。

5. 这份调查问卷基本上也适合于对全国应届本科毕业生的就业状况调查。

6. 影响网上调查数据质量的因素很多。除了一般统计调查中可能遇到的问题外，网上调查还需注意：提供数据的被调查者对所研究总体是否有足够的代表性。总之，对网上调查数据的分析和应用要持科学谨慎的态度。

【案例 3-1】　　　应届毕业生就业状况调查数据的整理结果

1. 输入调查问卷的数据时，通常将调查题目按顺序输入各列（对开放式问题可另行处理），每一行输入一个被调查者的答案（一般只需输入相应的数字或字母编号）。对可选两项或多项答案的问题，可将每个选项都分别看作一个是非问题进行编码和输入。

2. 略。

3. 图 3-11 的数据不能用饼状图来显示。因为饼状图只适合表示各组比重的总和等于 1（或 100%）的场合，而这个问题允许每个被调查者选择两个答案选项，所以各组比重的总和不等于 100%。这类问题一般都用条形图或柱形图来表示各个选项被选择的频数或频率。

4. 对该案例的调查数据进行整理时采用的都是简单分组，即只按一个标志对被调查者进行分组。这种分类方法的局限性是既不能深入研究问题，也不能很好地解释"为什么"，更不能揭示一些复杂的关系。

5. 对本案例的调查数据可以做很多复合分组或交叉分组。如对"求职现状"可以按性别进行分组，这样才能了解男生和女生就业状况的差异；按"是否担任过干部"和"求职的困扰问题"进行交叉分组，分析二者有无相关性；按生源地、专业进行分组来了解不同组别毕业生们在"期望的工薪起点"这一意愿上有何特征；如此等等。

【案例 4-1】　　　统计公报中的总量指标与相对指标

1. 这篇文章和每年的统计公报中都有很多总量指标。其中，2019 年我国国内生产总值 990 865 亿元，粮食总产量 66 384 万吨，城镇新增就业 1 352 万人，这些都是时期指标。2019 年年末我国高速铁路营业总里程超过 3.5 万千米，年末对实体经济发放的人民币贷款余额 151.6 万亿元，国家级自然保护区 474 个，这些都是时点指标。这里的国内生产总值、贷款余额都是货币单位，其余指标是实物单位。采用复合单位的实物指标如"2019 年临时救助 918 万人次，实施门诊和住院救助 6 180 万人次"，统计公报中的"货物运输周转量 199 290 亿吨千米""旅客运输周转量 35 349 亿人千米"等。

2. 这篇文章中的相对指标主要包括动态相对指标（各种增长率）、结构相对指标（如内需对经济增长贡献率、城镇登记失业率、常住人口城镇化率、贫困发生率、入学率）、比例相对指标（可计算性别比、城乡收入比等）、强度相对指标（如人均地区生产总值、万元

GDP 能耗、R&D 经费支出与国内生产总值之比等）。

3. "百分点"是两个百分比之差，以 1% 为单位，是用来反映以百分比表示的相对指标变动幅度大小的概念。例如，"2019 年工业战略性新兴产业增加值比 2018 年增长 8.4%，快于规模以上工业 2.7 个百分点"，即 8.4（%）- 5.7（%）= 2.7（%）。

4. 略。

5. 略。

【案例 5-1】 全国城镇非私营单位就业人员的工资水平与差异

1. 全国城镇非私营单位就业人员平均工资是全国各注册类型的非私营单位就业人员平均工资的一般水平，实际上就等于全国各注册类型的非私营单位就业人员平均工资的算术平均数（加权算术平均数）。

2. 根据所给数据，应该采用加权算术平均法来计算全国城镇非私营单位就业人员平均工资。因为各类型就业人员数有多有少，不能简单平均，所以必须用各注册类型的非私营单位就业人员数进行加权平均（因为就业人数是时点指标，不宜只取某个时点数加权，而应该以各年平均数为权数进行加权平均）。

3. 为了比较，下面同时使用两种方法来计算全国城镇非私营单位就业人员平均工资，计算结果如表 D-1 所示。

表 D-1　两种方法计算全国城镇非私营单位就业人员平均工资

项　　目	简单算术平均数的计算结果	加权算术平均数的计算结果
2015 年的平均工资/元	57 603.00	62 017.90
2018 年的平均工资/元	76 530.33	82 436.78

上述两种平均法计算的结果都是简单算术平均数低于加权算术平均数。这是因为在该案例中，平均工资较高的国有和其他单位就业人数较多，而平均工资较低的集体单位就业人数较少，所以采用简单算术平均数计算，就会使高工资的影响被低估而低工资的影响被高估，从而使得简单算术平均结果较小。

4. 要说明各类型单位就业人员平均工资的差异程度，可以计算极差、平均差、标准差、方差和变异系数。利用 Excel 分别计算出 2015 年和 2018 年的城镇非私营单位就业人员平均工资的主要变异指标，如表 D-2 所示。（注意：平均差、标准差、方差都应该采用加权的方法计算，以年均就业人数为权数）

表 D-2　2015 年和 2018 年的城镇非私营单位就业人员平均工资的主要变异指标

变异指标	2015 年	2018 年
极差	18 689	28 810
平均差/元	2 258.77	4 760.04
方差	11 130 999.81	32 676 123.65

续表

变异指标	2015年	2018年
标准差/元	3 336.32	5 716.30
变异系数	0.054	0.069

5. 由2015年和2018年的平均工资水平和差异程度的计算结果可以看出：2018年与2015年相比，三年间各类型城镇非私营单位就业人员平均工资都有大幅度的提高，平均增加了20 418.88元，即增长了32.92%。与此同时，各类型城镇非私营单位就业人员平均工资的绝对差距和差异的相对程度（变异系数）都有明显扩大。

【案例5-2】　　　　　　投资的收益与风险并存

1. 比较三种类型投资基金收益率水平的高低可使用收益率平均数（平均收益率）。

2. 各类投资基金的风险源于其收益率的波动。若收益率是事先确定的，没有波动，也就没有风险。统计学中的各种变异指标就是衡量变量波动情况的，常用标准差来度量。平均收益率和标准差的计算结果如表D-3所示。

表D-3　平均收益率和标准差的计算结果

项目	偏重债券型	中间型	偏重股票型
平均收益率	5.963	7.645	9.973
标准差	1.286	2.573	5.111

3. 根据收益率标准差的计算结果，收益率波动较小的投资基金是偏重债券型，波动较大的投资基金是偏重股票型。

4. 根据收益率的平均数和标准差的计算结果可以得出一个结论：高收益往往伴随着高风险。

5. 对于一个稳健型的投资者，可建议他应倾向于购买偏重债券型或中间型投资基金，以避免较大的投资风险。

【案例6-1】　　　　　　对本科毕业生薪酬的抽样估计

1. 变量数列和绘制直方图如表D-4和图D-1所示。

表D-4　本科毕业生薪酬调查数据统计表

薪酬/元	人数/人
4 500以下	4
4 500~5 000	12
5 000~5 500	14
5 500~6 000	4
6 000以上	2
合计	36

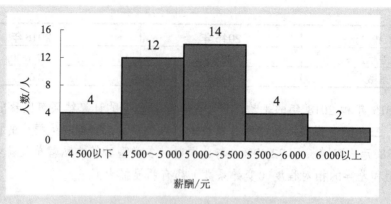

图 D-1 本科毕业生薪酬的直方图

2. 利用 Excel 的"描述统计"工具得到的输出结果如表 D-5 所示。

表 D-5 "描述统计"输出的结果

项　　目	薪酬/元
平均	5 076.667
标准误差	99.888
中位数	5 025.000
众数	4 800.000
标准差	599.328
方差	359 194.300
峰度	6.796
偏度	1.971
区域	5 300.000
最小值	4 200.000
最大值	7 500.000
求和	182 760.000
观测数	36.000
置信度（95%）	202.784

抽样平均误差为 99.888，置信度为 95%所对应的抽样极限误差为 202.784 元，总体平均薪酬的区间估计下限为 4 873.88 元；上限为 5 279.45 元。

3. 若以 90%的置信度再进行上述估计，抽样平均误差不变，相应的抽样极限误差为 168.768，相应的估计区间为(4 907.90，5 245.43)。

若以 99.7%的置信度再进行上述估计，抽样平均误差不变，相应的抽样极限误差为 322.54，相应的估计区间为(4 754.12，5 399.21)。

由此可见，若提高抽样估计的置信度，则抽样极限误差会增大，所估计的区间会变宽。

4. 样本中薪酬在 5 000 元以上的毕业生占 55.56%。抽样平均误差为 8.28%，抽样极限误差为 13.62%，总体比重的区间为(41.93%，69.18%)。

5. 样本中薪酬在 5 500 元以上的毕业生占 16.67%。抽样平均误差为 6.21%，抽样极限误差为 10.22%，总体比重的区间为(6.45%，26.88%)。

【案例 6-2】 应该抽取多少居民进行调查

1. 根据月平均消费支出的允许误差要求计算出的必要样本量为 276 人。
2. 根据不满意率的允许误差要求计算的必要样本量：① 246 人；② 385 人。
3. 为了满足就业率和月平均收入的允许误差要求，可以共用一个调查样本：① 若总体不满意率初步可估计为 20%，则该样本的样本量应为 276 人；② 若以最保险、可靠的原则进行估计，该样本的样本量应为 385 人。这样的样本不仅能够满足不满意率推断的要求，也足以符合月平均消费支出推断的要求。
4. 如果要求推断的置信度下降到 90%，必要样本量的计算结果：满足月平均消费支出推断要求的样本量为 194 人；满足不满意率推断要求的样本量为① 174 人，② 271 人。由上述计算结果的变化可知：其他条件不变的情况下，抽样推断的置信度降低，必要样本量就会减少；抽样推断的置信度越大，必要样本量就越大。

【案例 7-1】 对本科毕业生薪酬水平的推断

1. （1）适宜单侧检验：
原假设 H_0：$\bar{X} = 4\,800$；
备择假设 H_1：$\bar{X} > 4\,800$。
（2）$n=36$，属大样本，检验统计量近似服从正态分布，即 $Z = 2.77$。
（3）本案例中检验的 P 值 $= P\{Z>2.77\} = 0.002\,8$（可根据原始数据运用函数 ZTEST 来计算，也可根据所求 Z 值再用函数式 "=1-NORMSDIST(2.77)" 来计算。
（4）略。
2. 样本成数 $p=$ 样本中首月工薪在 6 000 元以上者所占比重 $=2/36$。由于 $np=2<5$，不符合推断成数时大样本的条件，对相应总体成数的推断不能采用 Z 检验（正态检验）。

【案例 7-2】 文化娱乐支出是否明显增加了

1. H_0：$\bar{X} = 164$；H_1：$\bar{X} > 164$。$\bar{x} = 176.8$，$S = 34.913$，$Z = 2.592$，P 值 $= 0.004\,765$，在 0.05 的显著性水平下，可认为全乡居民用于文化娱乐消费的平均支出有了显著的增加。
2. 在 0.95 的置信度下，总体平均支出的置信区间为 (167.12, 186.48)。
3. 由置信区间可知，零假设的值 164 在不可接受的区间范围内，故应拒绝零假设。
4. H_0：$P = 11.2\%$；H_1：$P \neq 11.2\%$。$Z = 2.525$，P 值 $= 0.011\,557$，在 0.05 的显著性水平下，可认为支出在 200 元以上的家庭所占比重有了显著变化。

【案例 8-1】 农村居民收入与消费的关系

1. 可用相关系数和散点图来反映。相关系数矩阵如表 D-6 所示，散点图此处略。

表 D-6 农村居民收入与消费的关系系数矩阵

	人均可支配收入	人均消费支出	人均文教娱乐支出	人均粮食消费量
人均可支配收入	1.000			

续表

	人均可支配收入	人均消费支出	人均文教娱乐支出	人均粮食消费量
人均消费支出	0.946	1.000		
人均文教娱乐支出	0.383	0.529	1.000	
人均粮食消费量	-0.133	-0.150	-0.265	1.000

2. 农村居民家庭的人均可支配收入与人均消费支出是高度的线性正相关关系，人均可支配收入与人均文教娱乐支出之间成低度正相关。人均可支配收入与人均粮食消费量的关系属于负相关，相关程度很低。

3. 人均可支配收入与人均消费支出的关系可用一元线性回归方程来表达。人均可支配收入 x 与人均消费支出 y 的回归方程为：$\hat{y}=3\,183.937+0.605x$。回归系数 0.605 表示：人均可支配收入每增加 1 元，人均消费支出平均增加 0.605 元。

4. 对本例的人均可支配收入与人均粮食消费量之间的关系不适合建立回归方程进行分析，因为相关程度极低，回归方程无意义。

【案例 9-1】 人身意外伤害险保费收入的变化

1. 利用 Excel 绘制的 2015 年 1 月—2019 年 12 月共计 60 个月的人身意外伤害险保费收入的折线图，如图 D-2 所示。

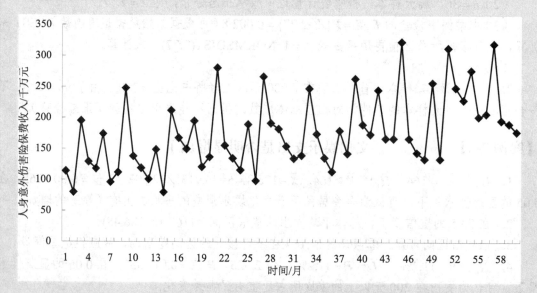

图 D-2　2015 年 1 月—2019 年 12 月人身意外伤害险保费收入折线图

2. 从折线图中可看出，影响该地区人身意外伤害险保费收入的因素明显包括长期趋势、季节变动和不规则变动。

3. 2015—2019 年保费收入总额及其有关动态分析指标如表 D-7 所示。

表 D-7　2015—2019 年保费收入总额及其有关动态分析指标

指标	2015 年	2016 年	2017 年	2018 年	2019 年	平均
年保费收入额/千万元	1 625	1 901	2 036	2 300	2 754	2 123.2
逐期增长量/千万元	—	276	135	265	453	282
累计增长量/千万元	—	276	411	676	1129	—
环比发展速度/%	—	117.01	107.08	113.02	119.69	114.1
定基发展速度/%	100	117.01	125.29	141.59	169.48	—
环比增长速度/%	—	17.01	7.08	13.02	19.69	14.1
定基增长速度/%	—	17.01	25.29	41.59	69.48	—

（1）保费收入的年平均水平为 2 123.2 千万元。

（2）保费收入的年平均增长量为 282 千万元。

（3）保费收入的年平均发展速度为 114.1%。

（4）保费收入的年平均增长速度为 14.1%。

（5）保费收入增长速度超过一般水平的年份有 2016 年、2019 年。

4. 2010—2019 年（$t=1,2,\cdots,10$）年度保费收入总额的长期趋势可用线性模型去拟合。线性趋势方程为 $\hat{y}=364.44+219.67t$，$R^2=0.979$，拟合效果很好。

可预测 2020 年（$t=11$）和 2021 年（$t=12$）的保费收入分别为 2 780.81 千万元和 3 000.48 千万元。

5. 对本例中的月度数据计算同比增长速度，可消除季节变动的影响观察保费收入变化的长期趋势变动程度；环比增长速度保费收入的逐期增长变动程度，其中有季节性因素的影响，也有趋势变动的影响。

6. 由于该动态序列存在明显的上升趋势，故季节比率的计算采用的是移动平均趋势剔除法。季节比率的计算结果如图 D-3 所示。

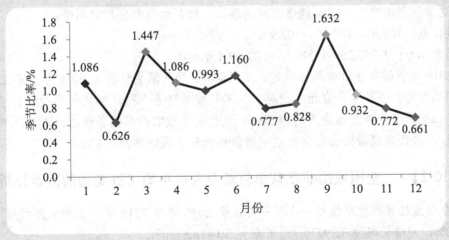

图 D-3　人身意外伤害险保费收入的季节比率图

7. 可以先预测年度收入总额，再根据季节比率分解出各月的预测值，也可以先按季节指数对月度收入序列进行季节调整,根据调整后的序列建立趋势方程来预测各月的趋势值,再分别乘以相应的季节指数即得各月的保费收入预测值。

【案例 10-1】 解读 2019 年的价格水平及其影响

1. 指数-100%=增减率。2019 年全国居民消费价格总指数是 102.9%。
2. "全国居民消费价格指数"通常是分为食品烟酒、衣着、居住、生活用品及服务、交通和通信、教育文化和娱乐、医疗保健以及其他用品与服务等八个消费支出大类计算的。"全国居民消费价格指数"等于上述八个大类消费价格指数的加权算术平均数。对 2019 年居民消费价格指数影响最大的是食品烟酒类,其价格涨幅最大(7%),而且其权重也最大。
3. 分城乡计算居民消费价格指数,是因为我国城乡居民消费结构有较大差异,分别计算才能真实地反映价格变动对城乡居民生活的影响。
4. 环比指数反映现象逐期连续变化的程度,同比指数反映现象本期与去年同期相比的变化程度,两者各有不同的作用。从月度涨跌幅度数据来看,2 月份环比涨幅达到 1%,这主要是受春节因素的影响,而消除了季节性因素的同比涨幅仅为 1.5%,仍然处于合理范围。3 月份环比涨幅为负,但同比涨幅较大,8、9、10 月份连续三个月环比涨幅较大且同比涨幅也较大,这四个月份的价格波动值得重点关注。
5. 将两个根据实际价格(现价)计算的价值量指标进行对比减去 100% 所得到的增长率称为名义增长率,包含价格和物量两个因素的影响;"扣除价格因素,实际增长……"就是剔除了价格变化的影响,仅反映物量因素的增长。研究城乡居民收入水平变化时,实际增长率能够更准确地反映居民生活水平的实际提高程度。
6. "城镇居民人均可支配收入 42 359 元,比 2018 年增长 7.9%,扣除价格因素,实际增长 5.0%"中,城镇居民人均可支配收入名义值指数(107.9%)/城镇居民消费价格指数(102.8%)=城镇居民人均可支配收入名义值指数(105.0%)。所以,城镇居民人均可支配收入实际增长 5.0%。
7. 这里仅列出有关的指标数值之间的联系,计算过程和分析说明略。
指数体系:108.6%=105.5%×102.9%
绝对数体系:1 707.25 =1 099.66+607.59(亿元)
8. 2019 年我国市场价格总体稳定,涨幅温和。居民消费价格比 2018 年上涨 2.9%,低于全年预期目标。工业生产者出厂价格和购进价格都略有下降。固定资产投资价格温和上涨。农产品生产者价格涨幅最大(14.5%),这也是导致农产品销售价格上涨(尤其是猪肉价格上涨),进而造成居民食品支出类消费价格大幅上涨的原因。

【案例 10-2】 全国城镇非私营单位就业人员平均工资变动的因素分析

1. 全国城镇非私营单位就业人员平均工资 2018 年与 2015 年相比的发展程度(指数)为 132.92%,即增长率为 32.92%,增长额为 20 418.877 元。
2. 各注册类型的就业人员平均工资平均提高了 32.786%,使全国城镇非私营单位就业人员平均工资提高 32.786%,即增长了 20 354.557 元。

3. 按注册类型划分的就业人员的结构变动使全国城镇非私营单位就业人员平均工资提高 0.104%，增加 64.32 元。

4. 以上三小题的计算结果之间形成如下的指数体系。由此可见，全国城镇非私营单位就业人员平均工资的提高几乎都归功于各注册类型就业人员平均工资提高的影响，就业人员结构变动很小，影响甚微。

$$132.92\% = 132.786\% \times 100.104\%$$
$$20\,418.877 = 20\,354.557 + 64.32 \text{（元）}$$

5. 略。

参考文献

[1] 罗洪群，王青华．新编统计学[M]．3版．北京：清华大学出版社，2018．

[2] 向蓉美，马丹，王青华．统计学[M]．北京：高等教育出版社，2019．

[3] 罗洪群，王青华．市场调查与预测[M]．2版．北京：清华大学出版社，2016．

[4] 向蓉美，王青华，马丹．统计学[M]．2版．北京：机械工业出版社，2017．

[5] 向蓉美，王青华．统计学导论[M]．3版．成都：西南财经大学出版社，2015．

[6] 曾五一，肖红叶．统计学导论[M]．3版．北京：科学出版社，2019．

[7] 袁卫，庞皓，贾俊平，等．统计学[M]．4版．北京：高等教育出版社，2014．

[8] 黄良文，陈仁恩．统计学原理[M]．北京：中央广播电视大学出版社，2006．

[9] 迟艳芹．统计学原理与方法[M]．北京：清华大学出版社，2005．

[10] 王一夫．新中国统计史稿[M]．北京：中国统计出版社，1986．

[11] 安德森，等．商务与经济统计[M]．张建华，等译．11版．北京：机械工业出版社，2012．

[12] 穆尔．统计学的世界[M]．郑惟厚，译．北京：中信出版社，2003．